U0839924

祁亚平 著

DUPIN ANJIAN ZHONG DE ZHENGJU LILUN YU ZHENGJU SHIJIAN

毒品案件中的证据理论与证据实践

中国政法大学出版社

2019・北京

声　明　1. 版权所有，侵权必究。
2. 如有缺页、倒装问题，由出版社负责退换。

图书在版编目（CIP）数据

毒品案件中的证据理论与证据实践/祁亚平著. —北京:中国政法大学出版社, 2019. 11
ISBN 978-7-5620-9295-7

Ⅰ. ①毒… Ⅱ. ①祁… Ⅲ. ①毒品－刑事犯罪－证据－研究－中国 Ⅳ. ①D924. 364

中国版本图书馆 CIP 数据核字(2019)第 256154 号

出版者　中国政法大学出版社
地　址　北京市海淀区西土城路 25 号
邮寄地址　北京 100088 信箱 8034 分箱　邮编 100088
网　址　http://www.cuplpress.com (网络实名：中国政法大学出版社)
电　话　010-58908586(编辑部) 58908334(邮购部)
编辑邮箱　zhengfadch@126.com
承　印　北京鑫海金澳胶印有限公司
开　本　720mm×960mm　1/16
印　张　12.75
字　数　210 千字
版　次　2019 年 11 月第 1 版
印　次　2019 年 11 月第 1 次印刷
定　价　39.00 元

本书部分内容系2017年度甘肃省哲学社会科学规划项目“甘肃省毒品案件证据参考（学者建议稿）”（YB105）阶段性成果

本书系2017年度甘肃政法学院校级重大项目“毒品案件中证据问题研究”（2017XZD01）最终成果

甘肃政法学院科研资助项目

毒品、毒品组织、毒品黑金对于社会具有极大的威胁，被现代各国所禁止，毒品的制造、运输、贩卖等行为被各国刑事法律所明文禁止。毒品破坏人们的生理和心理机能，危害国家社会的良好秩序；毒品黑金破坏国家金融秩序，危害经济健康发展；毒品组织自向封闭并具有暴力性，侵犯普通人的合法利益；毒品贩卖行为侵蚀国家掌控力，诱发反社会文化，破坏国家统治秩序，危害社会利益。但是在法律层面上，毒品犯罪问题一直存在某些具体而现实的理论争议，也存在一些比较棘手的司法实践问题。例如，按照罪刑法定原则，刑事法律进行毒品认定的范围应该是具体的、明确的，但是现实的毒品种类却一直在发生变化；按照刑事法律的谦抑性原则，毒品犯罪的范围只能针对最严重的毒品使用行为，但是各国法律所规定的毒品犯罪并不是完全统一的；按照刑事司法的基本原则，证据适用应该在各种案件中基本统一，但是，现实中毒品案件明显存在一些特有的证据适用现象。

针对吸毒行为的刑罚处罚，欧美各国的政策实际上在一定时间内曾发生动摇，总体呈现从入罪到出罪的变化。20 世纪 40 年代以前，欧美国家均将吸毒视为犯罪行为并普遍进行刑罚处罚；但是到第二次世界大战前后，吸毒逐渐被视为个人问题，各国不再进行刑罚处罚。到 20 世纪 80 年代后期，因为日益严重的毒品滥用，欧美国家吸毒行为入罪议题被再次提起，但并未被国家采纳。至 21 世纪后，一些国家开始对于某些“软毒品”小剂量合法化。至此，吸毒问题成功完成除罪化，毒品犯罪被局限于毒品制造、贩卖、运输、洗钱等环节。刚开始，“吸毒非刑罚化”使用吸毒问题的“合法化（legalization）”术语，后来为防止人们的误解，改为使用“（吸毒）除罪化（decriminalization）”术语。欧美各国一般从经济犯罪角度进行毒品犯罪研究，所以很自然地提出着重进行对毒品集团犯罪的严厉打击，适度放开吸毒禁令以打击毒品市场垄断，因此对于吸毒问题的政策稍微宽松了一些。基于特定的历史经历和民族感情，我国对于毒品相关犯罪惩处较为严厉，对所有毒品犯罪人员和吸毒人员均持坚决否定态度。在中国现行法律体系下，虽然也认为吸毒行为不构成犯罪，但是与欧美国家不同，未构成刑事犯罪的吸毒行为存在较小的界定范围：第一，诸如“非法持有毒品”“强迫、引诱、教唆、欺骗他人吸食、注射毒品”“容留他人吸食、注射毒品”“走私、贩卖、运输、制造毒品”等行为，即使目的是自己吸食毒品的，仍旧构成毒品犯罪。第二，自己吸食毒品即使没有构成犯罪，依旧必须接受治安管理处罚以及强制戒毒。《禁毒法》第62条明文规定，吸食、注射毒品的，依法给予治安管理处罚，主动到公安机关登记或者接受戒毒治疗的除外。

在毒品犯罪中，有组织毒品犯罪是各国主要针对的毒品犯罪形式。其原因在于：第一，受毒品的高额利润刺激，毒品犯罪组织最终会形成暴力犯罪团伙。毒品的生产成本低廉，毒品利润来自于“反秩序利润”。毒品的流通渠道决定了毒品的巨额利润，而这种利润最终决定于国家权力的受侵蚀程度。由于个体毒贩，对国家权力的侵蚀存在各种不确定性和风险，而团伙型犯罪，却能够在较长时间内，持续保持这种影响力、侵蚀力，所以团伙相对更容易垄断毒品流通和利润。毒品在社会中流通，反向也标志着毒品有组织犯罪已经开始抬头，国家的社会现实掌控能力开始出现缺口。一定规模的毒品（地下）市场的出现和流通，就可以视为国家掌控力失控的开端。有组织毒品犯罪致力于对国家掌控力进行侵蚀、腐化、沾染，并通过种种手段谋取毒品售卖机会。毒品（地下）市场和毒品（地下）流通，对于国家秩序构成严重威胁。第二，有组织毒品犯罪导致暴力犯罪增加。毒品对于国家掌控力的侵蚀，不仅增加毒品犯罪机会，往往也同时伴随着其他暴力犯罪的增加。国家掌控力遭到破坏后，对于社会秩序的掌控力下降，就会导致各种犯罪激增。毒品犯罪与国家对毒品案件的缉查力度相对抗，毒品案件的犯罪团伙通过与国家缉查力量的争斗获取毒品利润，毒品犯罪带有鲜明的反国家、反社会的色彩。这些团伙对于毒品、毒品市场的争夺、贩毒集团内部倾轧等问题的处理方式，往往也是采用暴力手段。毒品与暴力往往具有天生的亲近关系，涉毒案件一般都具有反社会性和暴力性。第三，有组织毒品犯罪团伙推动毒品的“市场化”。个体毒贩往往表现为“捞一把就走”，毒品组织却可以有意识进行长期市场规划。毒品犯罪组织往往会采用一些手段，不断吸引、扩大吸毒人群；毒品的高额利润与吸毒人群对于毒品的依赖性具有相当明显的关系。扩大吸毒人群就成为毒品犯罪团伙的“市场培养”手段，这种“市场培养”会导致潜在、长期的社会危害。在预计毒品控制成本时，必须考虑毒品市场对于社会的这种持续危害，以及未来消除这些危害的社会整体成本。如果迫于毒品案件的司法成本，而进行一定范围的毒品合法化，将可能因此导致温和毒品市场的流弊。第四，有组织毒品案件证据收集难度大。毒品案件的“贩卖”流通环节已经发生较大改变，传统毒品案件的侦破、证据收集方式面临较大压力。传统的鸦片、海洛因来源于种植毒品的加工、提炼，制毒程序相对依赖于自然条件；但是化工合成毒品只需要对某些化工原料进行简单的实验室加工就能完成，使得毒品的生产、制造更加隐蔽，更易扩散。网络销售方式，使得毒品销售发生在一定网络空间，呈现多地区、多环节的并发，涉及人员多，证据收集难度大；网络提供了“交易平台”，毒品的制造、流通、销售环节出现不固定联系的特征，网络语言的隐蔽、多意，难以作为证据使用；证据收集、固定，甚至案件的证明，产生明显的变化。

毒品犯罪分子和毒品吸食人群疏离正常社会，隐匿在正常社会之下形成一种毒品亚文化。这种亚文化利用人们的欲望，侵蚀权力机关、攫取社会资金，不断增强自己的反社会能力。毒品吸食者也被视为毒品亚文化的一部分，容易被主流文化所驱离、无视。毒品亚文化者与正常社会成员之间的这种间隔、漠视状态，导致毒品案件的线索收集和情报收集极为困难；毒品案件的犯罪发现方式、侦查开启方式、证据取得方式不得不严重依赖于侦查机关的技术侦查（包括“线人”）等方式。一方面，普通群众难以察觉或者发现毒品犯罪现象的存在。毒品的制售已经具有较高的反社会能力，能规避普通群众的注意力。对于“人货分离”“零包售贩”等毒品犯罪，普通群众难以向公安机关提供线索；而毒品犯罪集团在组织、资金方面的能力，更是超出普通群众的应对可能。另一方面，有关毒品案件的信息来源非常有限，公众对于毒品犯罪问题缺乏基本的了解。社会各界对于毒品案件的信息，基本依赖办案机关的通报、报道。为了防止消息走漏或者为了保证侦查员的安全，办案机关往往隐匿了毒品犯罪的具体形式，以及目前毒品的主要流通环节等信息。普通群众已经习惯于疏离与毒品相关联的人或事，导致公安机关在办理毒品案件时，犯罪线索发现、证据收集方面难以继续依赖“被动式”侦查方式，案件的报案、控告、检举、自首等情况出现的概率几乎为零。与此同时，这种疏离关系也使得普通群众对于毒品案件的办理方式、侦查手段多有不解，即使是一些审判人员也不熟悉毒品案件的侦查过程。毒品案件中的证据往往被隐匿在侦查卷宗当中，庭审证据使用存在较大风险：一方面，毒品案件已经成为目前适用死刑最多的一类案件，也是适用特殊侦查方式最多的一类案件；另一方面，毒品案件实际正在成为普通群众甚至一般法官最不了解的一类案件。

毒品案件中的案件侦查、证据收集难度，既存在于毒品犯罪集团，也存在于个人毒品犯罪。第一，毒品案件的案件侦破长期依赖于截堵方式，案件信息来源非常有限，既难以对毒品犯罪进行全面的信息把控，也难以抓获、证明毒品犯罪的组织环节、毒品黑金流转环节。毒品侦查不得不严重依靠“特情”“线报”，但是这些“特情”，往往自身属于吸毒分子，基于警察的骚扰、诱惑，提供上线毒品来源信息，或者打探消息。一方面，这些“特情”的信息往往具有明显的“趋利性”，为了获得奖金并不会在意事实的真假问题或证据的使用规则；另一方面，这些人出庭确实存在一些风险和顾虑，但是像目前这样一概由办案警察包办情况说明，容易因证据查证的困难，出现错案。在既往司法实践中，一些“特情”证言的使用，导致司法实践中出现错案、假案，从而危及刑事司法公信力。第二，毒品案件中警方所收集的证据，质量参差不齐，易导致出现冤案或者易放纵罪犯。毒品亚文化的隐蔽性导致毒品案件信息来源的缺陷，这种信息缺陷进一步导致毒品侦查所采用的侦查方式存在较大的证据风险。甚至有些时候的侦查手段，实际介于合法与非法的边际之间，只是由于普通群众对于毒品涉案人员的疏离、厌恶情感，不会宣之于众。这种情况的持续存在，不利于警方行为的规范发展，甚至可能导致警方人员利用权力参与或者组织毒品犯罪。第三，毒品案件的质证过程相较其他案件更为“形式化”。技术侦查证据长期进行“证据转化”，或者以“情况说明”等文书说明取证过程，控辩审各方对于技术侦查实施过程难以进行调查。部分法官对于鉴定意见持一种迷信态度，难以中立主持鉴定意见的证据调查。侦查人员、证人、鉴定人出庭，目前仍旧比较困难，法庭的证据质证程序缺乏保障。

自改革开放以来，在毒品案件办理中形成了一系列的毒品缉查办法和毒品证据使用经验，需要理论界予以分析研究。第一，改革开放初期，国家未能注意到毒品犯罪的巨大危害，当时法律规定的惩处力度过小，缺乏可操作性。如，1982年3月全国人大常委会在《关于严惩严重破坏经济的罪犯的决定》中对贩毒罪首次扩充规定“情节特别严重的，可以判处十年以上有期徒刑、无期徒刑、死刑”。在原文中，贩毒罪只是与走私、盗窃、投机倒把、盗卖文物、索贿受贿并列，进行相同刑罚处罚，而且仅限于“情节特别严重的”，才能处以10年以上有期徒刑以上刑罚，所以并不算重罚 。第二，改革开放十年后，由于快速增长的毒品犯罪，国家不得不加大对毒品案件的惩罚力度。1990年12月，全国人大常委会《关于禁毒的决定》第一次明确规定了毒品种类、毒品案件从重处罚的条件、非法持有毒品、包庇毒品犯罪、严管毒品制造原料、非法毒品种植、引诱教唆欺骗他人吸毒等方面的内容。1988年公安部出台的《关于刑事侦察部门分管的刑事案件及其立案标准和管理制度的规定》才规定了对于毒品案件进行立案的规范，并明确对于毒品案件根据毒品数量规定“数量巨大”“数量极其重大”标准。第三，改革开放第三个十年期间，毒品禁政基本完成，但是毒品案件已经呈现一定规模，毒品地下市场也基本成型，毒品证据问题的压力越来越大。2007年12月29日第十届全国人大常委会第三十一次会议审议通过《禁毒法》，并于2008年6月1日起正式施行。2011年6月26日，国务院颁布实施《戒毒条例》，为建立集生理脱毒、身心康复、回归社会于一体的新型戒毒工作和康复模式提供了重要法律保障。2000年至2016年期间，最高人民法院组织全国部分法院就毒品案件进行座谈，并形成一系列内部法律文件《全国部分法院审理毒品犯罪案件工作座谈会纪要》。这些会议纪要主要对毒品案件的罪名认定、刑罚适用、证据认定等问题进行了更加细致的解释，实际属于一种秘密的司法解释，对全国各级法院具有约束力。第四，改革开放第四个十年，地方性毒品证据规则开始出现。2010年后，某些省级人民法院、省级检察院、公安厅（局）联合出台规定，形成了地方规范性文件。如，云南省公检法机关在2014年下发《毒品案件证据参考》，安徽省公检法机关在2014年下发《毒品案件证据收集审查判断规则》，辽宁省高级人民法院、省检察院联合下发《关于办理毒品犯罪案件审查判断证据若干问题的规定》等文件。尽管这些文件的名称不完全统一，有的称为“参考”，有的称为“规定”，有的称为“规则”，但是在各自司法辖区内实际具有法律效力。主要内容是对于毒品案件的证据问题进行进一步细化，具体规范了从讯问到毒品检验的各个诉讼阶段取证的细节性问题。

进行毒品类案件研究，不是为了强调特定案件种类的独特性。毒品案件只是刑事案件中的一种类型，所以对于刑事程序的证明标准、取证环节、非法证据排除、认罪认罚等问题，应该适用统一的刑事诉讼法规定。但是，由于毒品案件中案件线索有限，证据收集难度大，既有侦查制度中侦查能力不足的问题更加凸显。在其他类型刑事案件中，也同样存在控辩不平等、控方证据开示不充分、证据移送程序虚化、庭审形式化、鉴定意见缺乏有效质证等司法实践问题，由于特定原因，这些问题在毒品案件中表现得更加突出。证据裁判主义是确立侦查制度、检察制度、审判制度的牢固基础，也应该是目前进行司法改革的核心问题。在侦查程序中设置适当的证据收集程序、建立符合办案实际过程的证据收集方式，提高侦查人员的实际证据收集能力；在起诉程序中，建立真实有效的证据审查机制、完善控方证据开示制度，加强侦查刚性监督；在审判程序中，建立证据质证程序、提高法庭事实发现能力，增强证据质证的现实途径，加强辩方对于技术侦查证据的质证能力，保证证据法定调查程序的真正运行。通过完善上述程序才能有效增强庭审中心主义，才能够有效防止毒品案件出现冤假错案。

毒品问题需要多种措施并举，才能有效遏制，其中刑事处罚应该居于所有措施中的中心地位；刑事处罚中，毒品证据研究又居于研究的最中心环节。主要原因有以下几个：第一，禁毒工作包括“群防群治”等有效减少吸毒人群和削减吸毒市场的工作，但是这些工作必须建立在对毒品制造、毒品贩卖案件有效侦破的基础上。对吸毒市场的情况摸底，可以为毒品侦查提供线索，保证有效减少毒品流通，但是往往难以解决毒品的根源性问题，也难以解决有组织犯罪问题。第二，国家需要对毒品需求保持一种严厉压制态势，以阻止毒品犯罪的泛滥。有效的犯罪压制，不在于刑法规定严厉的刑罚，而在于司法机关的证据发现能力和证据运用能力。第三，对于毒品犯罪国家需要保持一种持续的压制态势。短时间内集中人力、物力进行的运动式的禁毒措施，已经越来越难以保持对毒品案件的压制效果。要实质性地增强一线禁毒力量的组织形式和办案能力，就需要对毒品证据问题进行有效的梳理。

司法人员在定案时过度依赖口供，不重视其他证据的证明力，致使毒品案件的审判难以发现案件的具体情况。毒品犯罪多是在一对一的情况下进行，知悉案情的人少，易形成孤证，需其他证据佐证才能认定。一些侦查人员“口供情结”严重，存在对口供以外的证据收集不到位甚至忽视的情况，尤其是在越来越难以“人赃俱获”的情况下，侦查工作重点就放在了迫使犯罪嫌疑人交代上。一旦犯罪嫌疑人翻供，审查判断证据的存疑性加大，由于时过境迁，侦查机关很难再补充收集到有价值的证据，控方辩论和支持公诉的力度减弱。就证据而言，取证程序合法、形式合法是证据真实性的前提。公诉人在犯罪嫌疑人或辩护人对证据本身提出质疑时，必须证明这些证据是依法取得的，且形式要件符合法律的要求。但现实中，侦查机关移送审查起诉时所提供的证据材料因种种原因常常存在这样或那样的问题，起诉机关对于这些证据既难以核实证据的来源，也难以核实证据的内容。公诉人最终能够成功地指控犯罪，不得不寄希望于法官对毒品案件“降低证明标准”。

基于以上理由，我们对于毒品案件的证据问题进行了一次整体研究，内容包括毒品案件的侦查、起诉、审判环节。

目 录

CONTENTS

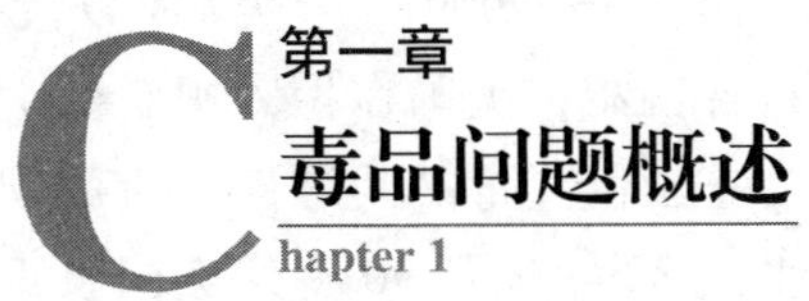

第一章 毒品问题概述

Chapter 1

一、毒品案件的世界性与地域性

在毒品问题的处理中，必须能够准确分析和论证现状，避免试图毕其功于一役的急切思维。在讨论毒品案件时，我们不得不承认毒品泛滥的原因具有复杂性，这种复杂性主要表现在毒品问题的世界性存在和地域性分布。

（一）毒品问题的世界性

就发展状况、规模、毒品亚文化的持续时间等问题来讲，毒品兼具世界性和长期性的特点。所谓世界性，是指毒品泛滥的危害并不局限于特定的国家或者地区，实际是针对全球所有国家的一种社会安全治理问题。随着近现代经济全球化的进展，毒品以及毒品所带来的诸多社会问题对所有人类都构成了威胁。无论是毒品的种植国、过境国还是消费国，均面临毒品问题所带来的严峻形势。伴随着世界进入近现代工业化大生产时代，没有任何一个国家或地区，可以长时间完全隔绝于世界性的经济联系，这就导致任何国家都难以单独脱离同步而来的毒品制造、贩卖网络的戕害。尽管在一定时间段内，某些国家的毒品问题可能表现出相对稳定、低发的状态，但是只要原有阻碍毒品犯罪的因素出现某种减损，或者国家掌控力出现某种程度的减损、缺失，毒品就会迅速地呈现出蔓延态势。

以美国为例，约翰逊政府在 1965 年发动了一场全面打击犯罪的战争（War on Crime），有组织毒品犯罪成为主要的针对对象。1968 尼克松在美国总统大选时，进一步提出了“毒品战争”（War on Drugs），并在任期内进行对毒品犯罪的严厉打击。之后的里根与布什政府也持续开展打击犯罪的战争，历届政府过度使用监禁刑应对毒品犯罪，造成监禁数量空前增长。1970 年，美国联邦监狱和州监狱共有在押囚犯不到20万名，至2009年全美羁押人数达到了1 529 780，加上看守所的767 620名在押囚犯，美国在押囚犯总数达到近230万。[1]即使如此，美国依旧是迄今为止全世界毒品问题最严重的国家。根据美国联邦政府提供的统计数字，20世纪80年代及90年代美国吸毒人数就已经稳定在4000万左右。仅大麻、可卡因、海洛因三种毒品，美国年销售量就高达约1.5万吨。20世纪90年代克林顿政府承认美国毒品年消费量占世界总消费量的1/2。美国政府为了打击毒品走私、控制毒品泛滥每年都要拨专款150至200亿美元。目前，美国治疗吸毒者这一项开支每年达到600亿美元。

战争和腐败，会降低国家的社会掌控力；毒品则会伴随着战争、腐败，进一步恶化当地的秩序，戕害社会恢复机能。毒品问题不仅仅是世界性的，也是长期性的。毒品的世界性决定了每个国家内部的毒品案件将会在一定时期内存在，也决定了单独一个国家在一定时间内，只可以做到降低毒品案件的危害程度，但是难以根绝毒品；而且只要境内毒品问题一时难以禁绝，毒品问题将会持续不断地威胁国家控制力。

在国际范围内，毒品问题难以在短期内禁绝，主要是因为毒品已经伴随着世界经济分工，深入到世界经济链条中的每个环节。处于经济分工环节之中的单一国家，难以独自应对日益蔓延扩散的毒品犯罪；出于各自不同目的，各国也难以形成统一的意见或者应对策略。这就使得国内毒品禁政与世界国际政治经济关系产生了紧密联系；对于毒品问题，国际政治关系也呈现出复杂的“双向影响”样态。总体难以对于世界毒品问题进行有效解决。

一方面，一些地区的毒品问题实际上是由国际政治关系恶化造成的。典型的例子就是“金星月”地区，苏联入侵阿富汗致使当地国家治理秩序遭到致命打击，阿富汗国内各抵抗组织纷纷种植罂粟和走私毒品获得经济来源，美国出于政治对抗目的，提供政治保护、后勤联经等方面的支持。双方合力致使阿富汗的毒品形势在苏联入侵后大幅恶化，阿富汗毒品种植面积迅速蔓

〔1〕 2019年6月在昆明毒品会议上，根据玛格丽特·刘易斯教授的调研，2016年美国在押人数达到2 139 000人以上，其中地方看守所612 000人，州立监狱1 306 000人，美国联邦监狱及看守所221 000人，其中1/5涉嫌毒品犯罪。1980年因毒品犯罪被羁押人数为40 900人，而2016年则上升为450 345人（其中联邦监狱81 900，州监狱197 200，看守所171 245人）。自1987年至2017年，每年有超过100万人因持有毒品被逮捕。

延。最终结果是，20世纪90年代初期，阿富汗、巴基斯坦成为世界上非法海洛因生产量最大的两个国家；随后的10年，该地区又成为与毒品相关的国际犯罪中心。另一方面，国际禁毒合作也会影响国际政治关系。毒品侵害全人类共同利益，但是各个国家由于处在毒品问题链条的不同位置，因而存在不同的解决方案。当国家间关系稳定时，双方开展禁毒合作比较顺利；反之，当两国政治关系出现障碍时，禁毒合作则可能面临重大困难甚至走向停滞。典型的例子是20世纪80年代的土耳其与美国，两国之间的联盟关系经常受到毒品问题的干扰。土耳其位于欧洲南端，这种有利的地理位置决定了其与美国在“冷战时期”的盟友关系，但是这种盟友关系却一直受到土耳其国内罂粟种植问题的干扰。作为世界最大的毒品吸食国，美国希望土耳其严厉打击当地毒品种植，但是这种要求与土耳其本国的禁毒计划存在明显差异。两国之间的禁毒政策之争，导致尼克松、里根执政时期的美国与土耳其原本潜在的矛盾呈现出尖锐斗争态势。〔1〕

进入21世纪后，毒品案件的世界性更加明显，国际贩毒组织日益成为盘旋在各国国家治理问题上的一片阴云。海地是过去毒品泛滥的标本，委内瑞拉则可能成为未来的样态。北欧、加拿大以及美国部分州进行的“软毒品合法化”,〔2〕难以解决本地区的毒品问题：第一，毒品问题形成的一个重要基础是，吸毒市场的扩大问题，“软毒品”合法化是否会导致更多的人接触毒品，目前并无直接证据，但是这种风险总是存在的；第二，开放“软毒品”的有条件销售，尽管可以获取较高的税收，但是基于毒品的危害性，这种创收难以让公众获益；第三，毒品犯罪的“隐蔽性”，不会因为“软毒品合法化”而消失，毒品组织的主体框架，仍然会存在一种国家难以理清的形式存在；第四，“软毒品”的低毒性，并不意味着“软毒品”贩毒组织的社会危害性一定低于其他毒品犯罪组织；第五，国家难以查清毒品组织是否会以“软毒品”为名，发明、制造、售卖高毒性毒品。

即使在一定时间内，隔绝于世界性交流的局部地区可能出现毒品禁绝现象，但这很难改变世界范围内的毒品泛滥现状，只要再次进入世界性交流，

〔1〕 张勇安：“冷战背景下美国对土耳其的毒品外交（1965-1975）”，载《中国社会科学》2012年第5期。

〔2〕（吸毒）除罪化（decriminalization）是指个人吸毒不再构成犯罪；软毒品合法化，主要是指大麻等“软毒品”在一定条件下可以少量合法出售。

这些地区的毒品往往会再次沉渣泛起。客观而言，毒品与国力并无直接联系，决定毒品控制是否有效的直接因素是国家现实的社会掌控能力。美国作为20世纪的第一强国，始终未能摆脱世界第一毒品消费市场的不利地位。无论是大国，还是小国，毒品问题始终是高悬于头顶的一把利剑，只要出现国家秩序松动，毒品就会乘虚而入。战争和腐败是损害国家掌控力的主要途径，同时也是毒品泛滥的主要途径。

（二）毒品问题的地域性

在具体的国家内部，毒品案件具有全局性与地域性的特点。全局性是指，在特定时期一国的毒品问题、毒品案件并不会局限于某一地域，而是在国内形成越来越广阔的毒品市场或地下毒品市场。毒品案件必然带来国内刑事司法的明显变化。从全国毒品范围来讲，毒品犯罪案件数量已经在中国各类刑事案件中居于前列（位列第五，仅次于盗窃、故意伤害、危险驾驶、交通肇事）；〔1〕从重罪率来看，根据2017年的统计数据，全国法院判处5年以上有期徒刑、无期徒刑至死刑的毒品犯罪分子21 733人，高出同期全部刑事案件重刑率7.89个百分比，重刑率为21.93%。〔2〕

地域性是指，在特定时期每个国家内部的毒品案件除了存在一定的一致性，往往还存在一定的地域分工特点。以中国为例，这种地域性主要表现为特定时期的毒品案件存在发生数量、分工、人口的集中分布性。具体表现在：在总体毒品案件增长的同时，中国的毒品案件也存在一定的地区分布特点。如，云南等边境、沿海地区的毒品走私入境犯罪一直保持高位；在广东省制造甲基苯丙胺、氯胺酮等合成毒品犯罪较为突出；以往高发于广东、四川等省份的毒品合成、制造，开始向其他省份蔓延。从地域分布看，我国毒品犯罪已突破以往主要分布于边境、沿海地区的地域性特征，遍及全国所有省份，但案件高发地主要集中在西南、西北、华东和华中地区。云南是缅北毒品向我国渗透的主要通道，大宗毒品犯罪案件多发，海洛因和甲基苯丙胺片剂的缴获量长期居于首位。广东的毒品制造案件数量近年来一直居全国首位。广

〔1〕上述排序，依据2015年最高人民法院一审收案罪名统计数据。参见袁春湘："依法惩治刑事犯罪 守护国家法治生态——2014年全国法院审理刑事案件情况分析"，载最高人民法院网站：https://www.chinacourt.org/article/detail/2015/05/id/1612546.shtml，访问日期：2018年9月21日。

〔2〕"最高人民法院发布毒品犯罪司法大数据"，载最高人民法院网站：https://www.chinacourt.org/article/detail/2018/06/id/3371760.shtml，访问日期：2018年9月21日。

西中越边境地区已成为“金三角”毒品走私入境的第二大通道。江苏、浙江、湖南、湖北等地受其他省份毒品渗透影响和本地毒品消费刺激，毒品犯罪数量居高不下。四川、重庆、福建、辽宁、海南、甘肃等省的毒品犯罪也呈多发态势，但是均有一些局部地区特点。如，甘肃省的毒品案件一般主要是鸦片和海洛因，在全国其他地区泛滥的甲基苯丙胺案件，在本省目前统计的案件数量和破获毒品数量都较少。这种地域性分布，存在几种可能：一种可能性是受地方经济发展水平影响，各地非法毒品市场上的毒品种类并不相同。比如，西北城镇居民收入较低，一般难以接受甲基苯丙胺。另一种可能性是毒品犯罪组织存在一定“领地”划分，各自掌握一定的毒品流通渠道。如，不同流通渠道的毒品种类，可能也存在不同。上述两种可能是否单独存在，或者存在一定程度的相互作用，目前尚无具体的材料可以进行分析。按照笔者猜测，可能以后一种因素为主。这就意味着，毒品有组织犯罪的规模可能超出学者之前的预计。

（三）禁毒的艰难

毒品问题由来已久，禁毒史已经成为一门跨历史学、社会学、法学、侦查学的研究学科。从禁毒史来看，毒品滥用和毒品吸食问题，在很多方面都表现出社会性的一面：药源性吸食往往与贫困、经济收入萎缩有着明显的联系；娱乐性吸毒往往与就业压力和社会工作压力具有明显联系。脱离个人的严谨持身的道德要求，这些社会问题的解决，是毒品问题解决的基本前提。既往毒品犯罪较严重的地区，往往是比较贫穷、落后的地区，这也就说明毒品问题与社会问题的关联性。在全球范围内解决这些社会问题，所需要的时间和条件，是目前难以预计的；而在全球禁毒难以作为的同时，也决定了在一国内部禁毒工作的长期性与斗争的复杂性。

无论是从历史还是从现实来看，单独一个国家可能无法彻底解决毒品问题。毒品的制造、贩运、销售的环节，也往往可能同时跨越多个国境。为了追求毒品贩卖所致的利润，毒品的制造者、贩运者、销售者无视各国法律的严厉惩戒，在最终的毒品市场以及所有途经国，洒下广阔的毒品吸食区域，形成毒品运输路线图。在现代广泛进行的跨国贸易中，毒品经济始终是难以彻底解决的一种非法经济形式。一些国家和地区的政治崩溃，使得当地的鸦片种植以及毒品制作愈演愈烈，毒品跨国交易的地下交易额成为目前仅次于军火交易的第二大贸易。[1]

国际社会在毒品交易方面已经取得一些共识，先后制定了共同打击毒品的三项国际公约。主要是指经1972年议定书修正的1961年《麻醉品单一公约》、[2]1971年《精神药物公约》和1988年《联合国禁止非法贩运麻醉药品和精神药物公约》[3]。此外联合国还通过了一系列倡议书、计划，督促各国加强对毒品犯罪的有效打击，并记载于联合国主持召开的两次禁毒特别联合国大会。主要文件包括联合国大会第二十届特别会议通过的《政治宣言》《减少毒品需求指导原则宣言》《开展国际合作根除非法药物作物和促进替代发展行动计划》《实施〈减少毒品需求指导原则宣言〉行动计划》，麻醉药品委员会第四十六届会议部长级会议上通过的部长联合声明和大会第二十届特别会议行动计划的进一步执行措施 ，以及替代发展问题指导原则。第一次禁毒特别联大于1990年2月20日至23日在联合国召开。会议的正式名称为“国际合作取缔麻醉品和精神药物非法生产、供应、需要、贩运和分销问题的联大特别会议”。这次特别会议是第44届联大根据哥伦比亚前总统巴尔科1989年提出的倡议而决定召开的，包括中国在内的40多个国家和地区的代表参会。会议一致通过了关于禁毒的《政治宣言》和《全球行动纲领》，宣布1991至2000年为联合国禁毒十年，今天看当时的宣言内容显然过于乐观。《政治宣言》认为，非法麻醉品和精神药物对世界上所有的国家都构成严重危险，各国在今后的十年中应采取协调一致的行动与毒品作斗争。1998年6月8日至10日，第52届联大关于毒品问题的特别会议在联合国总部召开。来自150多个国家的代表和国际观察员参会，交流了各国的禁毒情况和经验，审议了全球面临的禁毒任务，制定了跨世纪的禁毒战略。大会提出以10年时间为期限，即在2008年前实现全球毒品需求大幅度减少的目标。会议通过了《政治宣言》《减少毒品需求指导原则宣言》和《在处理毒品问题上加强国际合作的措施》等三项决议。《政治宣言》提出了1998年后5年和10年内国际药物管制和禁毒目标，规定在2008年前使全球毒品需求大量减少。迄今为止，

---

[1] 《2015年世界毒品报告》认为，全球毒品交易额每年达到8000亿至1万亿美元，仅次于军火交易。

[2] 由联合国“麻醉品委员会”（CCND，即 The UN Commission on Narcotic Drugs）制定，并经1972年修订的针对麻醉性毒品的《麻醉品单一公约》（简称《单一公约》）。

[3] 1988年的《反非法走私麻醉性毒品及精神药物公约》（简称《反走私公约》）。

毒品问题在联合国框架内，并未取得明显成就。

在禁毒方面一些地区性组织也进行了卓有成效的地区合作，主要包括2011-2016年上海合作组织成员国禁毒战略、美洲国家组织美洲药物滥用管制委员会、[1]欧洲打击国际毒品贩运公约、欧洲制止合成毒品公约、东南亚国家联盟负责禁毒事务高级官员会议、[2]南美国家联盟南美洲世界毒品问题理事会、中美洲减少麻醉品合作框架、[3]非洲各国禁毒执法机构负责人会议[4]和国际缉毒会议等。

联合国发布的《2016年世界毒品问题报告》显示：大麻仍是全球最常使用的毒品，2014年估计有1.83亿人使用过这种毒品，而苯丙胺仍然是第二常用的毒品。阿片剂和处方阿片类药物的使用相对较少，估计有3300万使用者，但阿片类药物仍然是最具有潜在危害和导致健康危害后果的主要毒品。在以前海洛因曾使用不断下降的一些市场（尤其是北美），海洛因的使用近年出现急剧增加，表明海洛因仍然是引发公共卫生关切的主要毒品之一。联合国毒品和犯罪问题办公室的估计表明，最近几年全球阿片剂吸食者（即鸦片、吗啡和海洛因吸食者）人数基本没变，2014年阿片剂继续影响到约1700万人。欧洲一些市场的海洛因供应和使用在增加，运往欧洲的海洛因缉获案件数目大幅增加。阿片剂缉获数量最多是在西南亚，其次是欧洲。2014年，伊朗伊斯兰共和国报告了全球最大的阿片剂总缉获量，占全球鸦片缉获量的75%、全球吗啡缉获量的61%和全球海洛因缉获量的17%。所谓的“巴尔干路线”，经由伊朗伊斯兰共和国向西欧和中欧，经由东南欧向土耳其供应阿富汗阿片剂，仍然是最重要的海洛因贩运渠道。不过，所谓“南线”[经由巴基斯坦或伊朗伊斯兰共和国从海路向海湾地区、非洲（特别是东非）、南亚和少量向东南亚、大洋洲区域和北美洲]的重要性也在增加。与此同时，从阿富汗到中亚邻国、俄罗斯联邦和其他独联体国家的所谓的“北线”上的阿片剂贩运在经过2008-2012年期间的下降之后已开始重新抬头，同时金三角的对

[1] 2013年第43届大会主题是“美洲国家采取全面政策应对世界毒品问题”，《安提瓜宣言》呼吁各成员国共同寻求全面、有效、人性化的反毒路径。

[2] 使东南亚成为无毒品区域的打击非法药物生产、贩运和使用工作计划。

[3] 加勒比共同体成员国、多米尼加共和国和美利坚合众国近期在加勒比海盆安全举措框架内加大合作力度以除其他外大幅减少麻醉药物非法贩运。

[4] 2012年第22次会议在阿克拉通过《阿克拉宣言》。

外贩运也在不断增加，主要是由于 2006 年之后缅甸鸦片产量的增加。此外，美洲的海洛因贩运继续增加，海洛因和吗啡缉获量从 1998-2008 年期间的平均每年 4 吨增至 2009-2014 年期间的每年 7 吨，这符合报告期间拉丁美洲鸦片产量增加的情况。2009 年以来，全球甲基苯丙胺缉获量每年都在 20 吨至 46 吨之间波动，但 2014 年“摇头丸”的缉获量与 2009 年以来每年平均 4 吨至 5 吨的缉获量相比增加了一倍以上，达到了 9 吨。

中国在改革开放后毒品问题发展快速，吸毒人群增加速度惊人，以毒品制作、贩运为主体的毒品案件增长迅速。中国需要建立起科学有效的缉毒组织和科学合理的办案人员考核规范以及有效的、科学的、民主的证据运作规程，不断完善刑事法律的技术型规定。在中国国内，毒品问题必须得到有力的控制，把那些不断萌生的外国贩毒组织和境内制毒、贩毒组织的贩毒网络严格压制在可控范围。有效解决吸毒问题以及减少吸毒人群，建立普遍健康的娱乐心理，不断解决最底层的贫困状况，不断发展国家的经济实力，才能最终与世界同步彻底解决毒品问题。

在清末，鸦片种植进入中国后，毒品的种植贩卖问题一直未能有效禁绝，直至中华人民共和国建立后的 1958 年，中国才在短时期内成为无毒国；中国改革开放后，贩毒分子利用当时法律的漏洞以及毒品案件侦查组织、技术的空白期，大肆进行毒品制作、贩卖，致使毒品犯罪问题日益严重。在中国近现代史上，毒品问题的这种反复发作，说明毒品犯罪不仅是世界性问题，而且是社会性的问题。从毒品市场的形成方面来讲，毒品问题之所以能够在晚清以及改革开放后快速泛滥，尽管存在境外毒品多方渗透的原因，但是根源性问题还是社会自身存在一定毒品滥用的社会需求阶层及需求心理，这就是彻底解决毒品问题最困难的地方。只要这种需求存在，毒品市场就会存在；毒品市场的存在，决定毒品贩卖的利润；毒品利润不断吸引人去积极追求这种不法利益。所以从根本来讲，只有从社会方面有效减少这种社会性的心理，大力缩减吸毒人群，建立普遍健康的生活习惯才能够根本解决毒品市场问题。

讨论毒品问题，必须注意到两个方面：第一，要注意贸易的世界化使得毒品流通难以禁绝，至少在目前还无法阻绝。中国在明朝时期实际已经开始出现一些滥用毒品的问题，当时的毒品应该主要来自于西亚、印度，[1]通过贸易路线进入中国；但是由于明代和清初时期的禁海令，当时的中国基本独立于鸦片贸易市场，基于中国国内比较严格的社会秩序控制，毒品滥用只局限于特定的社会阶层，毒品问题并未成为社会问题。晚清时期毒品泛滥既与当时中国融入世界性贸易有一定关系，也与当时清政府腐败、各地日趋独立、社会矛盾高涨有一定联系。第二，毒品问题也与社会自身矛盾有很大关系。毒品制作、贩卖、走私首先必须要有足够庞大的毒品吸食市场，贩毒的目的是营利。毒品问题的解决，首先就是要解决国内的吸毒问题，消灭了毒品市场需求就能够彻底解决毒品犯罪问题。毒品滥用往往是多种原因造成的，但是药源性和娱乐性是其中的主要原因。国内对于毒品制作、贩卖、运输的打击，只能是毒品问题泛滥的防范措施之一，并不能从根本上解决毒品的消费市场问题，而毒品消费市场的存在决定了毒品制作、贩卖的利润空间，导致毒品犯罪组织持续性地滋生。中华人民共和国成立后，中国大陆地区在短期内迅速肃清毒品问题，主要的原因有两个，一个是外国势力对我国进行长期封锁，使得大陆地区独立于世界性交流，从而局部脱离了毒品；另外一个是大规模的社会改造、土地问题的解决，实际极大促进了社会矛盾的解决，为“禁烟禁毒运动”的顺利开展提供了基本社会保障。

在世界性问题和社会性问题没有解决以前，毕其功于一役的想法是不现实的，应当徐图缓进有效参与并且努力推动联合国组织世界各国的合作，参与跨国非法毒品交易的各项行动的同时解决国内社会问题，通过“社区化防

---

〔1〕 宋代的中国人已经对罂粟的药用价值有较多的了解，罂粟在人们的日常生活中也得到了较为广泛的应用。但是，直至此时，鸦片一词并不见于中国文献当中。有人推断鸦片传入中国的时间可能是在元代。当时，蒙古人建立了空前庞大的帝国，征服了西亚的广袤国土，开通了东西方贸易往来的商路，鸦片在此一时期传入中国是很有可能的。19 世纪的英国学者麦嘉温（Macgowan）还提到，在 13 世纪末到 14 世纪中叶这段时期，中国皇帝曾发现社会上存在较普遍的鸦片滥用问题并予以禁止。从现有材料看，直到 15 世纪的明代，鸦片才在中国典籍中“始见于诸家文字”。《明史》中记载，“王玺，太原左卫指挥同知也。成化初，擢署都指挥佥事，守御黄河七墅。十二年，擢署都督佥事，充总兵官，镇守甘肃。”《医林集要》中说，鸦片在罂粟“七八月花谢后，刺青皮取之”，服用时只用“小豆许，空心温水化下，日一服，忌葱蒜姜水，若渴以蜜水解之”。后来李时珍的记载更为详细：“阿芙蓉，一名阿片，俗作鸦片，前代罕闻，近方有用者，云是罂粟花津液也。罂粟结青苞时，午后以大针刺其外面青皮，勿损里面硬皮，或三五处，次早津出，以竹刀刮，收入瓷器，阴干用之。”至此，鸦片的采集技术已经完全成熟，但这种技术并没有在中国形成鸦片消费市场。详见连东：“中国、印度与东南亚之间的鸦片‘三角贸易’研究（1602-1917）”，河北师范大学 2011 年博士学位论文。

毒”和“强制性戒毒”，减少毒品吸食者；加大毒品案件的刑事秩序维护力量，建立和健全毒品案件的侦查、起诉、审判能力，加强毒品案件证据运用技术水平；通过强有力的措施“查封堵截”和“消减吸毒人群”，来维持良好的社会秩序，将毒品问题压制在萌芽状态。

二、毒品案件的外源性与内发性

（一）毒品的外源性

在清末、民国时期，毒品对当时的中国社会产生了巨大的负面影响。鸦片战争前后，葡萄牙、荷兰、英国、法国等国家向中国大量进行鸦片贩运，导致中国白银流出，当时的清政府面临经济、政治双重危机。〔1〕到1880年，印度鸦片的出口量达到10万箱，估计有80%以上流入中国，若加上波斯等其他国家的鸦片走私，输入中国的鸦片已接近10万担。20世纪20年代后，中国军阀混战，毒品再度泛滥，外国的毒品也再度大举侵入中国。除了印度、土耳其等国的鸦片每年仍有大量通过走私进入以外，日本等国还组织吗啡、海洛因等烈性毒品进行走私。〔2〕这个时期由于英国人的鸦片贸易已经基本无利可图，所以约定1917年停止鸦片输入，尽管海关统计中的鸦片贸易已经消失，但实际上毒品的输入比昔日有过之而无不及。如1923年，仅印度烟土入华就达140万磅，土耳其鸦片达120万磅，“波斯土”达160万磅。据估计，1926年输入中国的鸦片为40吨，实际数字还远不止此。到20世纪30年代初，输入中国的鸦片、吗啡、海洛因等毒品折算成鸦片每年约达10万担，即500万公斤。抗战时期，日本大肆在占领区进行毒品种植和海洛因加工，而后

〔1〕也有人认为除了这些国家的鸦片输出以外，国内各地商人的逐利推动也是当时鸦片在中国迅速蔓延的原因，也就是说当时的鸦片泛滥有一部分因素是中国参与全球化初期的一定代价，并不能完全归因于某一个具体国家的“鸦片输出”，事实上当时形成了中国—印度—东南亚之间的鸦片贸易关系，而且主要国家基本都参与了鸦片贸易。就国内而言，是因为当时国内“高收入阶层”不断沦为鸦片吸食者，鸦片问题才屡禁不止，鸦片输入量才不断攀升。详见连东：“中国、印度与东南亚之间的鸦片‘三角贸易’研究（1602-1917）”，河北师范大学2011年博士学位论文。1891年，清政府开始允许农民种植罂粟，希望能因此减少鸦片进口。19世纪下半叶，中国本土产鸦片数量逐渐超过进口鸦片。统计数据显示，1906年，从印度进口的鸦片数量，尚不及中国鸦片消耗总量1/10。

〔2〕“九一八”事变后，日本在其占领区大量种植鸦片，鸦片是当时伪满政府的主要财政收入来源，并在多伦建立“海洛因”制造工厂，在中国大量进行毒品种植贩卖，大肆掠夺中国财富。参见张同乐：“日伪的毒品政策与蒙疆烟毒”，载《史学月刊》2003年第9期。

贩卖到国统区。[1]如，“中条山战役”时，日本间谍和奸商就进行过大量的毒品走私、贿赂行为，并影响到此战的结果。[2]抗战结束后，外国鸦片的走私有所减少，但在上海等地，仍有大宗的外国毒品走私进入，直到中华人民共和国成立才停止。根据1934年国联第18届禁烟委员会会议上美国代表的发言，当年世界除中国外鸦片年产量为1770吨；另据当时中国全国海港检疫管理处处长伍连德博士的估计，中国1930年的鸦片产量为惊人的12 000吨，相当于世界其他地区的7倍。据统计，1932年中国人口为4.74亿，但全国吸毒人口达到8000万人，占总人口的16.8%。

（二）毒品的内发性

清末、民国时期，鸦片在中国境内也曾进行了广泛的种植与流通，严重削弱了中央政府的掌控力。军阀混战产生了巨大的军费需求，导致从1916年至1926年，各地军阀均开始鼓励甚至强制百姓种植罂粟。军阀通过向鸦片贸易征税的方式获取高额利润，以增加收入招兵买马。在20世纪前半期的很长一段时间内，中国各地的地方政府纷纷群起追逐鸦片贸易带来的权力和利润。[3]各地军阀大肆种植鸦片、收取鸦片税收，从而扩大自己掌握的军队和地盘。国民政府时期，政府假借“寓禁于征”“以征促禁”等名号禁烟敛财，除烟亩税金，过境税（含杂收保护费等）外，还征收烟馆捐、烟民开灯吸毒“证照费”等。如，广西从1932年至1935年，“禁烟”税均为省税中第一大税。巨额“禁烟”税的征收，庇护和助长了制贩吸毒活动的发展，鸦片烟毒流及各省。[4]地方种植、贩运鸦片，获取大量非法收入，不断扩充军队，使得中央掌控力急剧下降；中央地方合流通过毒品进行敛财，导致各地吏治腐败，民不聊生，各地割据势力乘势进一步扩大，又进一步加剧了吏治的腐败和民间的贫困。大量种植的鸦片挤占了粮食产量，加之战乱影响，使得当时各地经常发生饥荒。受到鸦片毒害的各个社会阶层日益濒临破产，自然无法进行社

[1] 齐春风：“抗战时期国统区与沦陷区间走私贸易述论”，载《民国档案》1999年第1期。

[2] 齐春风：“抗战时期国统区与沦陷区间走私贸易述论”，载《民国档案》1999年第1期。

[3] 据新中国成立后西南区调查，1949年云南省罂粟种植面积占耕地面积的33%，贵州的安顺地区则“几乎无户不种”；西康省种罂粟土地占耕地面积的48%以上；整个凉山地区烟片种植户占各县总户数的60%~80%。据不完全统计，新中国成立前西南区种罂粟曾多达1545.46万亩，以亩产15两计，年产烟片2.3亿两。如果用这些土地种粮，以亩产230斤计，年损失粮食35.55亿斤以上。

[4] 1936至1940年，广西全省共登记烟民300 592人，全省城乡共设烟馆3000余家，仅南宁市便有烟馆100家，其中大烟馆9家。

会经济的各种建设。旧中国烟毒危害之烈，仅中华人民共和国成立前夕西南地区烟民数量就高达600余万，占总人口8%。无数吸食上瘾的烟民，不仅被戕害身体，耗散资财，甚至破产堕落，沦为游民无赖，如娼妓、盗贼、扒手、乞丐等，造成劳动力的大量丧失，严重影响社会治安和社会生产。1950年春，西康、川南地区严重饥荒，就是土地种烟过多、严重缺粮造成的。

甘肃虽地处西北内陆地区，其受害程度与国内其他地区相比有过之而无不及。清末、民国时期，甘肃的毒品更是泛滥成灾，影响深远。民国后期，甘肃政局动荡，地方割据势力迅速崛起，开拓地盘、扩充军队。为了筹措军费，军阀大肆开放烟禁，征收烟亩罚款，在被逼无奈之余，民众不得不种植较多的鸦片，以应付沉重的苛捐杂税。例如：国民政府时期，名义上属于甘肃所辖的河西各县和临夏地区由于青海马步青、马步芳在当地有驻军，甘肃省政府对于河西、临夏当地的鸦片种植基本无法管理。〔1〕〔2〕1936年，在甘肃省35个产烟县中，外销大于内销的县份主要集中在河西地区的武威、张掖、酒泉、敦煌、玉门、安西、民勤、古浪、金塔、高台和永昌11个县（河西地区当时是马家军阀的势力）。靖远县处在黄河岸边，运输比较方便，由此促成了外销大于内销的趋势。天水烟毒大半来自甘谷、秦安、清水、临潭、卓尼、西固、武都县一带。庄浪县产烟不多，存土较少，在禁烟以前烟民吸食之土均由甘谷、靖远和秦安莲花城等地零星贩运而来。总体上，1936年甘肃省烟土运销的内销大于外销。此时，6年禁烟计划实施不到1年，烟民数量巨大，吸食者还未受到根本性控制，烟土的消费量甚多。甘肃省在未施行禁种以前，每年外销烟土1800万两，内销2000万两。〔3〕在鸦片种植泛滥的甘肃省，据1950年6月不完全统计，皋兰、永靖等13县种烟即123 100余亩，其中皋兰县即达61 000多亩。1950年3月20日，甘肃省人民政府发布《禁烟禁毒布告》之后，各级政府普遍组织工作组，深入群众，广泛宣传党的政策，发动群众禁绝烟毒。至6月间，全省即铲除烟苗11万亩。1951年1月17日，省人民

〔1〕 尚季芳、但唐军："民国时期甘肃鸦片贩运群体及贩运路线考察"，载《重庆师范大学学报（哲学社会科学版）》2010年第1期。

〔2〕 见尚季芳：《民国时期甘肃毒品危害与禁毒研究》，人民出版社2010年版，其中第二章罗列出详细的数据资料。

〔3〕 尚季芳、但唐军："民国时期甘肃鸦片贩运群体及贩运路线考察"，载《重庆师范大学学报（哲学社会科学版）》2010年第1期。

政府再次发布《严禁鸦片烟毒的布告》，在烟毒较多地区、交通要道、人口集中地区广为张贴。2月15日西北军政委员会颁布《西北区禁烟禁毒暂行办法》，是年春，全省成立各地禁烟禁毒委员会或禁毒小组，结合减租、土改及春耕生产等中心工作，及时大力开展宣传教育工作，逐渐提高农民觉悟，发动群众检查、铲除烟苗。当年，全省又铲除烟苗147 000多亩。经过连续两年的宣传教育和动员群众铲烟，甘肃省汉族区大规模种植鸦片的情况得到有力的制止。

中华人民共和国成立后，完全摒弃了过去将地方财政建立在畸形鸦片经济基础之上的危险路径，不再从鸦片上寻求任何利源。同时，随着土改、减租减息、“三反”“五反”等运动的开展，农民从经济上、政治上翻了身，实现了“耕者有其田”的理想。而且随着对基层政权的大清理，一批积极分子充实到基层政权的行列中，推行政令的积极性高涨，社会动员能力空前提高，加之民众对新生政权的各项政策普遍持认同支持态度，国家与民众之间形成了良性互动，禁政速度大大加快。在短短几年之内，影响近代甘肃省的百年烟毒从此绝灭。1958年，中国政府宣布中国已经摆脱了烟毒。但是，即使在中华人民共和国成立后，少数民族众多的西北、西南地区相对于全国其他地区禁烟进展比较缓慢。[1]出于民族团结目的，当时对于少数民族地区的禁毒工作主要使用“慎重稳进”方针，没有与汉族地区同步进行，反对强迫进行禁毒，主要采取自觉自愿方式慎重禁毒。少数民族地区的禁毒工作大概在1953年至1956年基本完成。[2]大西南最难开展禁毒工作的是一些少数民族聚居区，如凉山、西昌等百万彝族人民聚居区，不少人靠种植鸦片作为换取枪支和向汉区换取部分生活必需品的来源。政府从宣传教育开始着手，逐步引导彝族上层和彝民认识烟毒的危害，并在已建政并有一定条件的地方，一方面宣传教育种植鸦片的害处和多种粮食的好处，一方面采取决议、公约等办法，逐步减少鸦片种植，最后达到完全不种。1954年8月至12月凉山各县普遍开展

〔1〕 中华人民共和国成立后的1950年，甘肃省还有吸毒人员近12万，主要的毒品种植区就在临夏地区。参见董汉河：“毒品在中国西部蔓延的原因”，载《甘肃社会科学》1991年第5期；齐霁：“新中国成立初期西北区对毒品问题的治理”，载《兰州学刊》2015年第12期；姚群民：“建国初期的禁烟毒运动及其历史启示——兼议南京国民政府禁烟失败的教训”，载《南京晓庄学院学报》1999年第3期；李丽忠：“试论建国初期少数民族禁烟禁毒运动及其成功经验”，载《太原师范学院学报（社会科学版）》2008年第3期。

〔2〕 参见李丽忠：“试论建国初期少数民族禁烟禁毒运动及其成功经验”，载《太原师范学院学报（社会科学版）》2008年第3期。

宣传。布拖、金阳、昭觉等县先后召开大小会议600余次，受到宣传教育的彝族群众4万余人。不少上层头目和群众拥护禁毒措施。1954年，布拖四县原种鸦片2万多亩，经过宣传教育，当年年底自动铲去1.6万亩。随着少数民族地区土改斗争的深入，全州逐渐实现了禁绝鸦片种植。

（三）毒品“亚文化”现象

“亚文化”（subculture）是指从主流文化中衍生出来的为某些特定群体形成的较为持续存在的生活习惯，亚文化是为某些群体和某一地域的群体所认同的非主流的文化现象。毒品亚文化（drug subculture 或 drug-using subculture）是社会亚文化的一种形式，常用来指吸毒者、贩毒者等与毒品相关联的群体在长期接触毒品过程中逐渐积累而形成的与主流文化相对立的反主流亚文化。[1]在一定意义上，毒品亚文化往往意味着人群的分化，或者社会分化、隔离现象，由于国家的禁毒措施，隐藏于正常社会中的特定人群，基于对毒品吸食或毒品利润的目的，对毒品具有共同理解而联系在一起的特定群体所形成的病态文化。此类群体有不同的存在形式，互帮互助获取毒品或相互包庇逃避法律制裁或组建形成黑恶帮派，社会危害不一而足。

第一，毒品亚文化群体并不是一种统一的群体，往往隔绝于正常社会，彼此戒备并且分布于毒品的制造、贩卖、运输、洗钱、吸食等各个环节，散布于毒品流通沿线治安力量较弱的地区。毒品亚文化存在明显的隐匿性，这种隐匿性存在于毒品的制造、贩卖、运输、洗钱、吸食等各个环节。即便是国家统计的吸毒人群数量也可能存在极大的缺漏空间，按照基层民警的“犯罪黑数”预估，现有实际吸毒人员数量可能是在册吸毒人数的3到4倍。吸毒人群日益隐蔽，公开场所的吸毒情况明显减少，但是出没于出租房、宾馆、私人俱乐部等场所的毒品吸食，却可能大量增加。毒品制造、运输、贩卖的方式越来越具有隐蔽性，致人成瘾的精神类药物范围不断扩大，化工合成制毒手段简易致使制毒案件难以及时侦破。第二，由于毒品案件侦破的信息基本依赖毒品贩卖的“线报”进行“查封堵截”，所以在统计数据中，毒品贩卖、毒品运输案件的数量往往远高于毒品制造案件数量。基于同样的原因，

---

〔1〕 Johnson B. D., “Marihuana Users and Drug Subcultures”, *Contemporary Sociology*, 4 (1973), p. 3; Snarr R. W., Ball J. C., “Involvement in a Drug Subculture and Abstinence Following Treatment Among Puerto Rican Narcotic Addicts”, *Addiction*, 69 (2010), pp. 233~248; Johnson B. D., “Toward a Theory of Drug Subcultures”, *Nida Research Monograph*, 30 (1980), p. 110.

毒品洗钱的规模和主要的途径，目前仍旧处于“黑箱”状态。毒品亚文化另一方面的主要特点是，特定人群与毒品已经出现一种“共生”关系，而漠视毒品给社会带来的直接和间接危害。在一些毒品案件中，整村整户或者整个家族的人群集体参与毒品制作或者毒品贩卖，主要目的是获取巨额毒资，从而“脱贫致富”。地方政府基于经济发展环境的考虑，或者基于对民族政策的误解，往往并不乐于被国家禁毒委列为“毒品严管地区”，当地的毒品小环境存在一定的生存土壤。缉毒警察在追寻毒品犯罪线索时，不得不接受毒品亚文化环境的逆向腐蚀，导致缉毒工作环境往往比其他案件更具有技术性和复杂性。第三，毒品亚文化具有明确的反社会性和贪利性。一般认为，吸毒亚文化的出现与20世纪70年代“反主流文化”有密切关系，当时在青少年中人气颇高的各种流行文化，诸如“嬉皮士文化”“摇滚乐”和“锐舞派对”等活动中常常存在毒品滥用现象。[1]吸毒人群存在后，既定的毒品市场以及国家禁毒措施就会导致毒品制造、运输、贩卖行为产生巨额利润，而这种利润对于社会黑恶势力具有极大吸引力，所以黑恶势力与巨额利润容易出现天然的亲近关系，从而最终导致毒品亚文化的“反社会性”和“贪利性”。

毒品亚文化的存在，对于国家正常社会生活秩序和国家法治建设具有巨大的破坏作用。毒品亚文化人群的出现和扩张，意味着社会复杂性的增加以及社会治理成本的快速提升。中华人民共和国成立后，国家在1958年全部解决吸毒、贩毒、种毒问题，此后一直长期属于无毒国，但是1979年《刑法》在立法时候，低估了毒品犯罪的社会危害性，以致毒品案件在短期内快速蔓延。[2]

---

〔1〕 林晓萍：“毒品亚文化与福建省青少年群体性吸毒行为及其预防教育对策”，载《福建论坛（人文社会科学版）》2016年第11期。

〔2〕 也有一个原因就是，中国在改革开放后改变之前的封闭状态，重新加入世界贸易网络，这使得国际贩毒网络随之进入中国。中国人口众多，制毒原材料较为充沛，这使得中国容易成为国际毒品犯罪者比较热切占领的毒品消费地、毒品制造地。比如西北地区用来防风沙而广泛种植的“麻黄草”比较易于提炼出“麻黄碱”，后者是一种制毒原料。目前国家已经对麻黄碱的制作提取进行了严格规范。应该注意的是毒品的范围并不是完全固定的，随着技术进步，新型毒品层出不穷。毒品的名称必须依赖国家公安部公布的范围进行确定。另外，中国改革开放时期，世界毒品泛滥已经非常严重，毒品犯罪涉及160多个国家和地区。中华人民共和国成立前曾经有2000万吸毒人群，当时是全球最大的毒品市场。改革开放后，中国吸毒人群的增长幅度令人吃惊，但是目前绝对吸毒人数还未超过中华人民共和国成立前的人数。2017年我国登记滥用合成毒品人员数量是2008年同期的6.5倍，年均增长速度超过40%。据《2017年中国禁毒报告》公布，截至2016年底，全国现有吸毒人员250.5万名（不含戒断3年未发现复吸人数、死亡人数和离境人数），同比增长6.8%，可见在册吸毒人员数量增长有所减缓。但是也有估计中国实际吸毒人数超过100万，主要见于各媒体标题当中，没有公布具体的

1979 年《刑法》第 171 条第 1 款规定：“制造、贩卖、运输鸦片、海洛因、吗啡或者其他毒品的，处五年以下有期徒刑或者拘役，可以并处罚金。”第 2 款规定：一贯或者大量制造、贩卖、运输前款毒品的，处五年以上有期徒刑，可以并处没收财产。1982 年 3 月全国人大常委会在《关于严惩严重破坏经济的罪犯的决定》中对贩毒罪首次扩充规定：情节特别严重的，可以判处十年以上有期徒刑、无期徒刑、死刑。但是在原文中，贩毒罪只是与走私、盗窃、投机倒把、盗卖文物、索贿受贿并列，进行同等的刑罚处罚，而且仅限于“情节特别严重的”，才能处以 10 年以上有期徒刑以上刑罚，所以并不算重罚。〔1〕1990 年 12 月，全国人大常委会《关于禁毒的决定》第一次明确规定了毒品种类、毒品案件从重处罚的条件、非法持有毒品、包庇毒品犯罪、严管毒品制造原料、非法毒品种植、引诱教唆欺骗他人吸毒等方面的内容。当时的法律问题还不仅仅是实体法规范的刑罚过轻问题，更为严重的是当时同样极度缺乏可操作的缉毒经验，毒品案件缺乏有效侦查起诉程序规定，毒品案件的证据研究几乎完全空白。比如，公安部 1979 年制定的《关于刑事侦察部门分管的刑事案件及其立案标准和管理制度的规定》对毒品犯罪没有规定具体的立案标准；1988 年《关于毒品案件立案标准的通知》才规定对于毒品案件进行立案的规范，并明确根据毒品数量规定“数量巨大”“数量极其重大”的标准。因此，20 世纪 80 年代各级公安部门在具体办理毒品案件时，难以区分罪与非罪，难以掌握犯罪轻重程度，影响了对毒品犯罪的有效打击。

（四）毒品问题的复杂性

从毒品种植历史来看，在很长一段时间里，人类发现和培育罂粟种植主要是出于医疗目的和宗教目的。罂粟原产自南欧，人们曾在今天的瑞士发现过公元 4000 年前新石器时期人类培植罂粟的遗迹。在公元前 1500 年的古埃

（接上页）数字来源。例如：“全国实际吸毒人数估计超 1400 万 100 人中就有 1 人”，载搜狐新闻：http://news.sohu.com/20150624/n415513281.shtml，访问日期：2017 年 9 月 17 日。

〔1〕原文为：“一、对刑法有关条款作下列补充和修改：（一）对刑法第一百一十八条走私、套汇、投机倒把牟取暴利罪，第一百五十二条盗窃罪，第一百七十一条贩毒罪，第一百七十三条盗运珍贵文物出口罪，其处刑分别补充或者修改为：情节特别严重的，处十年以上有期徒刑、无期徒刑或者死刑，可以并处没收财产。”公安部《关于毒品案件立案标准的通知》其中第一次规定毒品案件的立案标准：制造走私贩卖毒品，不论数量多少，均应立案侦查，并且进一步规定了“重大案件”“特别重大案件”的立案标准。

及，医疗记录中有使用罂粟进行治疗的内容。使用鸦片作为娱乐目的使用可能始自于西亚阿拉伯人。在6世纪左右，西亚的罂粟被大规模种植，并在之后伴随着伊斯兰教的军事征服，罂粟被传入北非、印度等地区。10世纪以后，西亚和印度一直是罂粟的全球最大种植区，并被阿拉伯人出口到其他地区。15世纪左右，伴随中国与阿拉伯人的贸易，鸦片开始进入中国沿海的港口城市。有一种说法是，唐宋时期经由西北罂粟被传入中国，不过很长一段时间都只是观赏用或药用，没有娱乐性使用。还有一种说法是明代成化年间甘肃守将王玺从回教徒那里习得鸦片制作，只不过没有大规模生产和使用。罂粟所制作的鸦片大规模进入中国，主要是葡萄牙、荷兰、法国、英国等西方殖民主义国家先后进入或掌控印度后，压缩本地鸦片消费，不断扩大罂粟产量，将罂粟有意识地向中国输入的结果。葡萄牙和荷兰应该是首先向中国贩卖鸦片的欧洲国家。但是葡萄牙与荷兰的鸦片贸易适逢明清海禁时期，所以中国只是暂时躲过鸦片贸易的掠夺。英国在完全掌控印度后，加大鸦片生产管理，发明新的鸦片吸食方法，所以清乾隆以后，中国逐步陷入全球最大毒品吸食市场的境地。在鸦片战争后，鸦片贸易完全合法化，因此，在一定意义上讲，鸦片战争实际是对于当时全球最大的鸦片吸食市场的军事暴力行动。但是在鸦片战争前，罂粟种植已经遍及我国西南、西北地区，鸦片吸食所带来的社会问题已经日益严重。罂粟种植的传播主要是由中南半岛进入云南省、四川省、西北地区，而后沿长江、黄河而下。大量的鸦片商人在培育中国鸦片吸食市场的活动中，获得巨额利润，在内外毒品来源的夹攻之下，中国迅速沦为毒品吸食国。从这一角度来讲，晚清国家掌控力的急剧下降导致毒品问题的日益严重，毒品种植屡禁不止，毒品贩卖越来越猖獗；越来越严重的毒品问题破坏了晚清时期的中央经济掌控能力，中央政府无力进行社会救济和国家秩序恢复，导致地方板块离心力加剧；毒品滥用导致金银货币外流，加速了底层民众的快速破产，对外战争失利也引起巨大的社会不满和反抗，又进一步弱化了中央政府的统治力，导致毒品贸易下地方政府更加独立，最终综合导致了整个社会非常严重的经济、政治双重危机。毒品与国家掌控力之间的相互关系，不仅仅表现在晚清，即使是在现代的阿富汗、伊朗、巴基斯坦等饱受毒品毒害的各国也无一例外。毒品种植与制毒，使得地方军阀在参与国际毒品交易时获得巨额资金，以此不断壮大自己的军事实力，中央如果不能有效掌控毒品渠道就会丧失对于地方割据政权的压制；如果掌控毒品渠道，也会面临毒品问题的国际指责；而且随着中央政权崩溃或者丧失国家掌控，地方割据政权就会进一步扩大这种无序，直至整个国家逐步陷入军阀内斗的状况，毒品问题就此彻底失控。

中华人民共和国成立后，外国的长期封锁反而使得中国在毒品问题上暂时摆脱了外来毒源的渗入可能，这给国内肃清种毒制毒问题提供了一个较好的外部环境。当时中南半岛的毒品贩运主要经由新加坡、泰国缅甸等国进入欧美国家。中国改革开放后，新加坡、泰国、缅甸等国加大毒品打击力度，毒品贩运转而北上进入中国，越南等国积极鼓动毒品北上，“金星月”地区毒品也不断对我国进行渗透。国内各原毒品种植区，偷偷地零星种植鸦片，东南沿海地区也不断出现人工合成毒品。时隔宣布成为无毒国不到30年，中国的毒品问题再次沉渣泛起。所进行的贩毒路线与100年前鸦片种植进入中国是基本一致的路线，毒品泛滥严重的地区也大多是历史上种毒、贩毒比较严重的地区，参与人数较多的民族也是历史上贩运鸦片比较积极的那些民族，但是所贩运的毒品已经由鸦片发展为鸦片、海洛因、冰毒等高致瘾性毒品。这种历史的似曾相识，令人不得不反思毒品问题的应对方法。但是，随着国力的增强任何国家也不敢对中国进行公然的武装护毒，不可能再一次把中国慢慢变为毒品消费市场。所以建立强有力的缉毒队伍，建立和健全毒品案件证据运作规则，从技术上加强毒品打击准确性，是保证包括各少数民族在内的中华民族复兴的必由之路。

中国提出的“一带一路”战略目前正在稳步推进，但是陆地贸易路线中的“金星月”地带却正面临非常严峻的种毒、制毒问题。按照有关统计，阿富汗地区是目前世界最大的鸦片种植区，其鸦片产量早已远远超过“金三角”，占世界鸦片产量的90%左右。巴基斯坦是目前世界最大的毒品消费国和目前世界最大的毒品生产基地，伊朗是目前“金星月”的毒品转运地和消费地。中国的“一带一路”西向贸易路线必须经过这些“毒品区”。如何防范外来毒品贸易对于我国的毒品渗透以及防范国内日益严重的贩毒、种毒、制毒、吸毒问题，控制娱乐性毒品消费，在目前具有极其重大的现实意义。刑事司法在打击境内外毒品贩卖以及境内毒品制作方面具有不可替代的作用。即使我们应当高度关注境内毒品吸食问题，将其作为解决毒品问题的根本途径，但是目前工作的重心无疑还必须依赖于刑事司法工作对毒品制作、运输、贩卖的犯罪行为进行有效控制。而在刑事司法工作中，建立起真正有效的毒品侦查、起诉、审判制度运作规程，尤其是证据运作规程，提高毒品案件侦破能力、庭审事实发现能力，在毒品案件侦办、审判问题方面无疑是其最重要的核心问题。

三、毒品案件的现状调查统计

（一）毒品案件的国家统计数据

毒品案件一直属于恶性刑事案件，原因就在于毒品案件所产生的巨大社会危害。毒品案件不仅仅危及毒品吸食者自身的身体健康、财产等权利，而且会严重威胁国家的安全；一些恐怖分子常通过毒品筹集资金，毒品问题严重侵蚀国家的社会掌控力，危及国家的政治经济秩序安全；另外毒品、毒资问题常引发暴力性刑事案件以及贩毒团伙往往会对公民的人身安全、社会秩序造成巨大的威胁。毒品所带来的巨额利润往往会刺激这些暴力团伙不断铤而走险，扩大吸毒人群，甚至于向一些未成年人抛售毒品，严重危及未成年人健康成长。毒品案件往往会严重影响所在社区正常的社会经济发展，破坏正常的经济发展环境。

国家禁毒办自 1998 年以来，连续 20 年公布中英文双语《中国禁毒报告》，自 2014 年开始公布《中国毒品形势报告》。两项报告涵盖了当年全国禁毒宣传教育、打击毒品犯罪、禁吸戒毒、易制毒化学品和新精神活性物质管制、禁毒国际合作等工作，向国际国内展示了中国禁毒工作情况。

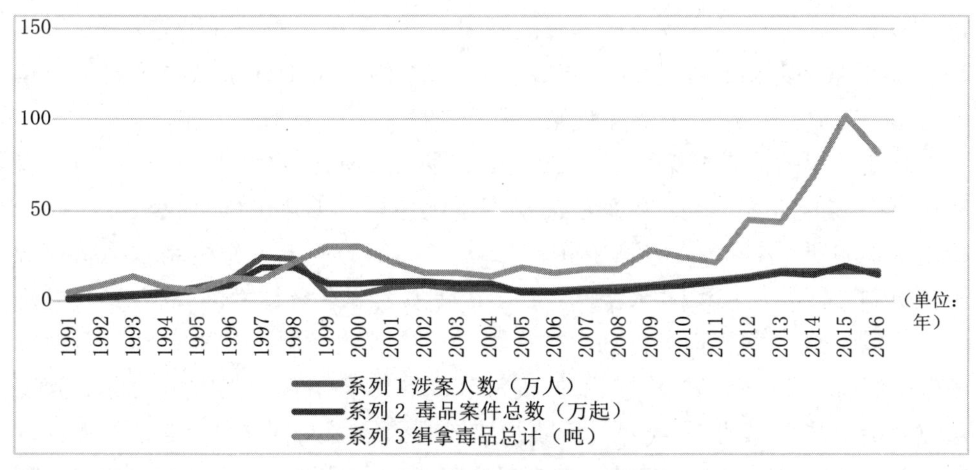

图 1-1　30 年毒品案件发展趋势

图示说明：图示中的数据来自于 1998-2017 年《中国禁毒报告》。其中毒品总计当中未包含摇头丸等数量，因为数据统计时以“颗”为单位。图示中无法表现毒品的具体种类变化，20 世纪 90 年代主要的毒品是海洛因，之后主要是冰毒等新型毒品。

从图表中可以清楚地看到，1991 年至 2016 年间毒品案件的数量和涉案人数均有相对平缓的起伏变化，但是案件中查获的毒品总量却一直在持续快速增加。其中毒品缴获总量在 2015 年达到目前的最高值 102.5 吨。毒品缴获总数在 2000 年至 2004 年、2009 年至 2011 年和 2015 年至 2016 年期间出现短期下滑，说明这些期间毒品集中打击措施产生了一定的实施效果。但是从图表上看这种毒品总量呈下滑状态的持续时间分别是 5 年、3 年、2 年，即下滑时间越来越短，其意味着现有禁毒措施越来越难以产生持续性作用。

从图表上看涉案人数指数，1997 年涉案人数最高达到 24.4 万人，1999 年涉案人数最低，只有 4 万人，2000 年之后的涉案人数一直持续增长至 2013 年的 15 万人，年平均增长 7000 余人，2014 年至 2016 年基本没有增长。1998 年之前，案件涉案人数的增长趋势低于案件毒品数量的增长趋势，但在 1998 年之后毒品案件的增长明显高于人数的增长。这表明单人涉案毒品数量在高速增加，毒品案件的涉案人数没有剧烈增长，但是毒品贩运规模在增加。意味着在现有毒品治理措施下，毒品有组织犯罪在快速增长。

从 1990 年到 2017 年近 30 年的报告来看，毒品案件依旧处于上升期。无论是涉案人数还是案件数、涉案毒品数量在 30 年中一直处于快速增长时期。2015 年缉拿到毒品数量是 1991 年数量的近 20 倍，2015 年破获毒品案件数量是 1991 年的近 16 倍，2015 年涉案人数是 1991 年人数的近 20 倍。

从这些年的侦查办案手段来看，几乎涉及所有能够使用的侦查手段。以 2016 年禁毒报告为例，主要采取的禁毒措施包括：①全国禁毒执法部门联合打击制毒犯罪“4·14”专案工作、“5·14”堵源截流工作机制和网络扫毒工作机制。②参与禁毒国际合作，主导开展中老缅泰柬越六国 2016 年第二阶段“平安航道”联合扫毒行动、推进第三届中越边境联合扫毒行动、启动中澳联合缉毒行动；③在全国范围推进毒品问题综合治理，强力推动毒品问题重点整治工作，禁毒整治投入不断加大；④深入实施青少年毒品预防教育“6·27”工程。2016 年全年共查处有吸毒行为的人员 100.6 万名，依法强制隔离戒毒 35.7 万人次，责令社区戒毒 24.5 万人次、社区康复 5.9 万人次。截至

2016年底，现有吸毒人员250.5万名，戒断3年未发现复吸人员增至141.1万名。

禁毒主要手段，包括了对于毒品种植区遥感，国际合作，国内贩毒、制毒打击，吸毒人群登记、强戒，反毒品宣传。也就是说现有的禁毒措施，基本涵盖了从毒品种植、制毒，到贩毒、吸毒的各个环节的可能有效的所有应对方法。总体来看，中国毒情形势保持稳定增长，毒品蔓延势头总体可控，没有发展成为影响社会大局稳定和人民群众安居乐业的重大社会问题。但是，中国面临的国际国内毒品形势仍然严峻、复杂。毒品贩运活动持续高发多发，毒品消费市场特别是滥用合成毒品规模持续扩大，毒品社会危害依然严重，总体上毒品问题仍呈快速蔓延的趋势。[1]例如广东陆丰“三甲”地区，在1999年和2011年两次被国家禁毒委列为涉毒重点整治地区，但是当地的毒品制作贩运犯罪已经表现出高度组织化色彩，不断出现暴力抗法事件。2013年末公安、武警、边防进行多警种协作，出动3000多警力才彻底解决这个制毒贩毒窝点。[2]

近年来，贩毒集团和贩毒人员暴力对抗程度加剧，枪毒同流、暴力抗法、武装护毒趋势更加明显，涉枪贩毒案件不断增多。2016年，全国破获涉枪贩毒案件446起，涉及全国29个省区市，广东、四川、贵州、云南涉枪贩毒活动高发。贩毒活动暴力程度加剧，缉毒执法工作风险加大。受中国毒品消费市场的刺激，国际贩毒集团和贩毒人员向中国毒品渗透不断加剧，通过云南、广西边境地区贩毒活动突出。2016年，云南、广西禁毒执法部门缴获“金三角”海洛因6.6吨，占同期国内海洛因缴获总量的75%。外国籍人员在华贩毒活动呈增多趋势，非洲裔、南亚裔等国际贩毒集团向中国贩运海洛因情况尤为突出。2016年，中国破获外籍人员毒品犯罪案件1481起，抓获外籍犯罪嫌疑人员1876名，缴获各类毒品6.6吨，海上毒品走私活动明显增多。

2016年，我国各级禁毒部门深入开展毒品预防教育和打击涉毒违法犯罪工作，全国共破获涉毒案件14万起，缴获各类毒品82.1吨，抓获犯罪嫌疑人16.8万名，725人因禁毒不力被问责。2016年中国国家毒品实验室在各地

---

〔1〕 国家禁毒委员会办公室发布《2016年中国毒品形势报告》《2017年中国禁毒报告》。

〔2〕 张名扬：“沿海地区群体性毒品犯罪打击与控制——以广东省陆丰市‘三甲’地区为例”，载《特区经济》2017年第1期。

送检的样品中共检出1529份新精神活性物质，主要为卡西酮类、合成大麻素类和芬太尼类物质。2015年10月中国增列116种新精神活性物质之后，管制的新精神活性物质制造走私问题得到遏制，但不法分子为规避管制，通过修改化学结构，不断创造新类型的新精神活性物质，有的不法分子向国外客户推荐新研制的类似结构替代品。中国国家毒品实验室也在各地送检的样品中发现未被列入管制的类似物质。[1]贩毒活动与洗钱犯罪联系紧密，贩毒活动的暴利性特点突出。贩毒集团通过贩毒获取巨额收益，通过金融机构、投资、贸易、地下钱庄等形式转移、清洗犯罪所得的趋势更加明显，执法部门查获涉毒洗钱案件不断增多。广东、江西、福建等地禁毒执法部门破获贩毒洗钱案件，追缴贩毒团伙犯罪所得及其收益超过2亿元。目前在打击涉毒洗钱犯罪方面还存在不足，毒资的运作过程有不清楚的地方，毒品犯罪的经济侦查、经济层面的打击手段比较有限，对于“毒品市场”的侦查、预计都还有不足。

通过上述历史追溯和现实材料分析，我们认为毒品案件的存在将是中国未来需要长期面对的主要社会问题之一，那些认为对于毒品案件可以毕其功于一役或者通过短期内的重刑打击就可以基本解决毒品问题的想法是不切合实际的。

（二）毒品案件的地区考察

我国对于毒品案件的一些数据并未进行公开，所以对于改革开放之后的毒品案件发展和毒品问题分布情况的考察只能借助于少量公开资料来进行分析。黄明华在1995年《铁道师院学报（自然科学版）》发表了《当代我国大陆毒品地理问题的探讨》。这篇文章提到了20世纪90年代中期毒品案件分布的重要数据。从这些数据来看，毒品案件在当时的分布具有非常清楚的历史相似性。即中华人民共和国成立前的毒品泛滥区往往在改革开放后迅速成为毒品问题比较突出的地区。

“抗日战争期间，国产鸦片中，云南之云土、四川之川土、贵州之黔土、甘肃、陕西、宁夏之西土、山西、内蒙古之老北土等均相当著名，其余东北三省、山东、江苏、福建、广东、浙江、安徽等省均有大量烟土生产。中华人民共和国成立后，这些地区毒品均遭彻底铲除。但20世纪80年代以来，随着境外鸦片的输入和过境贩运的刺激，国内许多鸦片产地又死灰复燃，在短

〔1〕 以上数字来源于国家禁毒委员会《2017年中国禁毒报告》。

短的10多年时间内正重演旧中国100多年的毒品非法生产与贩运的历史。"[1]国际贩毒与国内贩毒路线的相互重叠，是我国贩毒走私的重要特点，两者相互交织，构成了我国境内许多重要的毒品中转站，其中特别重要的有昆明、临沧、瑞丽、保山、大理、腾冲、成都、贵阳、西安、广州、深圳、上海、北京、甘肃三甲集、宁夏同心县、兰州、新疆、福建，还有内蒙古与山东等地。贵州与四川历史上即为著名罂粟产区，以生产黔土、川土而闻名，且处于云南毒品辗转全国的必经之地，也是最重要的毒品中转站。陕、甘、宁历史上以产"西土"而出名，目前仍以生产鸦片、海洛因为主（名为"兰州面""黄皮""净货"），且兼转运各地来的毒品。西安目前云集云土、川土、黔土、兰州面、净货、大麻、按钠加等邻省区所产的各类毒品。特别是云南与金三角毒品经川黔东去南下的通道遭到警方的破坏之后，西安、兰州即成为重要的中转地区。此外，甘肃的三甲集、宁夏的同心县回族聚居区的贩毒活动也十分猖獗，为西北两个最大的毒品集散地，甚至郑州、西安的毒品市场也在此进货。山东、山西、内蒙古、新疆的毒品生产与中转也与此类似 。云南平远街16个贩毒团伙、文山州林松华集团、闽粤联合冰毒案集团等均系境内贩毒团伙。在境内贩毒团伙中，活跃于陕西、甘肃、宁夏、山西等西北地区的团伙最具代表性，多以地缘或血缘关系为纽带，整村地参与毒品的生产、加工、包装、贩运与销售，组织严密而牢固，故而西安、甘肃的三甲集、宁夏的同心县成为西北也是全国相当有名的毒品的贩运与集散地。此类团伙在新疆、云南、山东、内蒙古等地也正在形成与发展。[2]

根据兰州铁路禁毒办公室2009年统计，2008年至2009年兰州铁路公安处共破获毒品案件140起。按照毒品数量划分的"特大案件"52起，"重大案件"51起，占所有案件的70%以上。所运输的毒品中，海洛因占到113起，冰毒17起，鸦片2起，K粉等新型毒品8起。从毒品的目的地来看，主要是流向甘肃本省（46%）、新疆（31%）、陕西（7%）；64起流向甘肃省的毒品案件中75%流向兰州市，10%流向天水市，甘肃省其余各地的流向比例比较平均。从国家禁毒委的数据来看，2009年的毒品已经从海洛因等传统毒品转

---

[1] 黄明华："当代我国大陆毒品地理问题的探讨"，载《铁道师院学报（自然科学版）》1995年第3期

[2] 黄明华："当代我国大陆毒品地理问题的探讨"，载《铁道师院学报（自然科学版）》1995年第3期。

向新型毒品。但是兰州铁路局公安处查获的案件却并没有表现出当时其他地区的毒品案件特点。另外，从这140起毒品案件的目的地分布来看，当时的毒品案件主要还是供给中心城市或者从中心城市转运；其他地区的毒品运量较小，代表着当时毒品的“内需”并不大；毒品运输数量分布如此“有道理”“有规律”，可能也代表着当地毒品贩运已经高度垄断。西北的毒品犯罪带有比较明显的宗族化特点。比如东乡县的达坂乡、那勒寺乡、汪集乡，康乐县的虎关乡、流川乡，广河县的三甲集镇、排子坪乡，一些毒贩利用宗族关系和宗教关系进行贩毒活动。[1]

福建省1991年到2000年的毒品案件数据表明，我国台湾省籍的毒贩贩卖各种毒品案件82起，涉案人员128名，涉案海洛因264千克、冰毒4294千克，主要的犯罪形式是在福建省沿海地区进行冰毒加工制造，82起案件中有80起发生在福建沿海地区。警方共捣毁制毒窝点56家，台湾省籍的加工毒品案件26起。[2]

辽宁省2014年的一些统计数据表明，辽宁作为沿海大型城市已经从前些年的毒品走私通道和中转站发展为毒品消费地，主要的毒品来源于内地云南、四川、广东等地，朝鲜半岛毒源充足，价格低廉，可能发展较快。[3]

从2016年学者进行的边疆地区毒品问题调研来看，[4]贩毒依旧是目前毒品犯罪的最主要形式，贩毒的地区分布特点比较鲜明。贩毒的区域性分布表现为“西南、西北”的毒品犯罪（贩毒）远远高于中东部地区，西北地区的四川凉山、贵州毕节、甘肃莲花山、宁夏、新疆和云南贩毒比较多。被国家禁毒委和公安部确定为毒品问题重点整治的13个地区中，西部地区就占8个（云南巍山县、贵州六盘水、四川凉山州、甘肃临夏东乡县和广河县、陕西潼关县、西安市新城区、宁夏同心县），这些地方既是国家贫困地区，也是民族聚居区，文化落后、社会控制力较低。昔日的南方丝绸之路“茶马古道”，已经变成了毒贩通道。毒品沿着这些通道由南向北扩散至中心城市、二三线城

〔1〕于明怡：“兰州铁路系统毒品问题调查报告”，兰州大学2010年硕士学位论文。

〔2〕“海峡两岸关系与社会治安问题”课题组：“两岸交往与福建毒品犯罪问题”，载《福建公安高等专科学校学报》2003年第6期。

〔3〕张树海：“辽宁省毒品犯罪现状及对策分析”，吉林大学2014年硕士学位论文。

〔4〕刘婷：《云南边疆民族地区毒品犯罪现状、原因与对策》，中国社会科学出版社2016年版，第47~55页。

市、农村在云南，季度工作严重依赖于“查封堵截”，主要形成边境—内地城市—云南出省“口子”的三道防线。但是毒品问题的复杂性在于，只要吸毒市场存在，吸毒的需求存在，贩毒问题就极难解决。无形的贩毒网络体系，并不会完全按照既定的运输路线进行。这里面也会充满变数，某些地方的查缉取得效果，贩毒分子自然会开辟新的渠道。西南、西北地区人口稀疏地方较多，甚至无人区都可能成为毒品贩运的通道。这使得毒品查缉难度非常大。

（三）毒品滥用问题的社会性考察

毒品问题就像困扰这个世界的幽灵，每每出现在报纸媒体上的重大案件提醒公众，毒品问题几乎成了一种难以治愈的社会疾病。在当前中国，贩毒、制毒案件的多发，以及吸毒人数的不断攀升使得公众对于彻底解决毒品问题越来越没有耐心。那些吸毒人员不仅陷自己于悲惨之地，还给自己的家人和家庭带来无尽的伤痛和无休止的失望。但是毒品问题并不能随我们的意愿自行消散，毒品问题的解决必须被整个社会正视，采取所有可能采取的措施来进行应对。因为，毒品问题的失控，带来的是所有人都无法面对的巨大社会灾难。无论是作为刑事执法者，还是作为一个社会的普通成员，毒品的大范围滥用，绝对将会导致整个国家秩序的崩坏和国家政权的瓦解。就如同我们所说的，正在巨大灾难中痛苦煎熬的阿富汗、海地这些国家，或者即将要陷入这种灾难的中亚各国。毒品问题作为社会问题来讲，引发毒品制作与贩卖的主要根源是毒品滥用所导致的吸毒人群，以及这些人群被巨大的欲望所控制而带来的毒品市场需求。在探求毒品问题的解决方面要注意分析形成这种市场的主要原因。

1. 药源性毒品滥用

在毒品问题的分析中，首先必须对于毒品进行定义，这是因为，随定义不同毒品所指就不一样。如同最常见的鸦片、海洛因等毒品，或者冰毒类毒品，或者“宴会药”等毒品。这些毒品距离药品的距离非常远，人们可以比较轻易地辨别毒品与药品，但是也有一些毒品与药品的界限并不十分明确，或者甚至是作为药品发明出来，然后被广泛滥用；或者本身具有一定的药理作用，可以作为一定机理范围内的中枢神经用药。从毒品对人中枢神经的作用看，可分为抑制剂、兴奋剂和致幻剂等：抑制剂能抑制中枢神经系统，具有镇静和放松作用，如鸦片类；兴奋剂能刺激中枢神经系统，使人产生兴奋，如苯丙胺类；致幻剂能使人产生幻觉，导致自我歪曲和思维分裂，如麦司卡林。从毒品的自然属性看，可分为麻醉药品和精神药品：麻醉药品是指对中枢神经有麻醉作用，连续使用易产生身体依赖性的药品，如鸦片类；精神药品是指直接作用于中枢神经系统，使人兴奋或抑制，连续使用能产生依赖性的药品，如苯丙胺类。

如果从致瘾性来考虑，烟草、咖啡、酒精的致瘾性可能比一部分毒品（比如大麻）更大一些。但是并没有人认为，应当把烟草、酒精列入禁售名单中，也许其中的原因在于烟草、咖啡、酒精早期都被用来作为药品使用。

2. 娱乐性毒品滥用

在涉案毒品种类方面，甲基苯丙胺（包括冰毒和片剂）、海洛因仍居于主导地位，其中传统毒品海洛因所占比例逐年下降，合成毒品甲基苯丙胺所占比例不断增长，在大部分地区已超过海洛因成为最主要的涉案毒品。同时，新类型毒品犯罪总体呈上升趋势，其中涉氯胺酮犯罪所占比例最大，涉甲卡西酮、曲马多、芬太尼、恰特草等新类型毒品犯罪时有发生。特别值得关注的是，国内部分娱乐场所已经出现滥用新精神活性物质现象，部分地方出现了制造、走私、贩卖新精神活性物质犯罪案件，毒品“三代并存”的格局已初步显现。毒品难以禁绝的最根本原因是，毒品能够给毒品吸食着提供一种虚幻的满足，通过透支身体健康实现个人欲望。在现有法律体系下，难以对这种个人欲望的控制提供有效的制约，吸毒市场和吸毒人群的存在注定禁毒措施难以取得根治效果。

四、毒品案件的现有法律规范及评价

（一）刑法、刑事诉讼法与相关司法解释

刑法关于毒品案件的规定，主要集中于刑法分则第 6 章“妨害社会管理秩序罪”第 7 节之中。条文包括第 347 条“走私、贩卖、运输、制造毒品罪”（本条包括法人犯罪）、第 348 条“非法持有毒品罪”、第 349 条“包庇毒品犯罪分子罪”和“窝藏、转移、隐瞒毒品、毒赃罪”、第 350 条“非法生产、买卖、运输制毒物品、走私制毒物品罪”、第 351 条“非法种植毒品原植物罪”、第 352 条“非法买卖、运输、携带、持有毒品原植物种子、幼苗罪”、第 353 条“引诱、教唆、欺骗他人吸毒罪”和“强迫他人吸毒罪”、第 354 条“容留他人吸毒罪”、第 355 条“非法提供麻醉药品、精神药品罪”、第 356 条“毒品犯罪的再犯”、第 357 条“毒品的范围及毒品数量的计算原则”。可见刑

法作为实体法规范，对于毒品案件规定了最严厉的打击幅度，毒品类案件是所有刑法罪名中适用死刑的刑罚措施最多的。刑罚规范的范围包括了制造、贩卖、运输毒品行为，也包括了种植毒品、买卖运输持有毒品原植物、容留引诱吸毒、窝藏转移隐瞒毒品毒赃等各个方面的行为。除了吸毒问题没有入刑以外，几乎囊括了毒品案件的所有方面的问题。但是从实体法规范来讲，现有刑法中并没有涉及毒品案件办理中的具体问题的处理依据方面的规定。比如，对于小毒贩做“污点证人”能否进行刑罚减轻或者免除、毒品案件是否可以进行“案件经营”、利用毒资进行的金融犯罪、对毒资进行的“洗钱”犯罪行为等缺乏刑罚依据规范。

刑事诉讼法针对毒品案件主要规定了特殊侦查方式，包括技术侦查、秘密侦查、控制下交付实施条件和程序。针对所有案件，包括毒品案件规定了侦查、起诉、审判的具体程序。相对于刑法，毒品案件的刑事诉讼法的立法存在明显不足，主要表现在刑事诉讼法中针对毒品案件的管辖、证据、推定等问题缺乏可行的规定。关于毒品案件的司法解释对刑法、刑事诉讼法若干问题进行了具体解释。这些司法解释，主要包括最高人民法院下发的《全国部分法院审理毒品犯罪案件工作座谈会纪要》（以下简称《大连会议纪要》）、《全国法院毒品犯罪审判工作座谈会纪要》（以下简称《武汉会议纪要》）以及《关于审理毒品犯罪案件适用法律若干问题的解释》等文件，它们对于毒品案件的办理进行了更加明确的指导。例如，在案件管辖中，形成了特殊的案件管辖解释。毒品犯罪案件的地域管辖，在坚持以犯罪地管辖为主、被告人居住地管辖为辅的原则基础上，实际扩大了“犯罪地”的范围。毒品“犯罪地”包括犯罪预谋地，毒资筹集地，交易进行地，毒品生产地，毒资、毒赃和毒品的藏匿地、转移地，走私或者贩运毒品的目的地以及犯罪嫌疑人被抓获地等。“被告人居住地”包括被告人常住地、户籍地及其临时居住地。这就使得几乎所有的侦查机关都有权力对于毒品案件进行侦查。这些解释还形成了一些证据推定规定。比如走私、贩卖、运输、非法持有毒品主观故意中的“明知”，是指行为人知道或者应当知道所实施的行为是走私、贩卖、运输、非法持有毒品行为，具有特定情形之一，并且犯罪嫌疑人、被告人不能作出合理解释的，可以认定其“应当知道”，但有证据证明确属被蒙骗的除外。这些司法解释最大的问题是，并不是全部按照“法释”文件规范下发，而是大部分使用“法发”，也就是内部规范，在法院内部进行适用。这对于毒品案件的规范统一，形成了不好的示例，导致随后各地公检法机关制作的办案规范性文件全部被规定为内部文件，不对外公开。

（二）《禁毒法》与《戒毒条例》

《禁毒法》于2007年12月29日经十届全国人大常委会第三十一次会议审议通过，并于2008年6月1日起正式施行。2011年6月26日，国务院颁布实施《戒毒条例》，为建立集生理脱毒、身心康复、回归社会于一体的新型戒毒和康复模式提供了重要法律保障。2011年8月至11月，国家禁毒委员会部署在全国范围内集中开展吸毒人员排查登记和管理专项行动。依托信息化手段，进一步完善吸毒人员动态管理系统建设，将吸毒人员数据库拓展应用工作统一归口进行管理；对部、省、市三级的吸毒人员动态管理系统进一步进行完善升级，运行新的模式管理和科学研判。地方高级人民法院、高级检察院、公安厅（局）联合规定，形成的地方规范性文件。云南省公检法机关在2014年下发《毒品案件证据参考》，安徽省公检法机关在2014年下发《毒品案件证据收集审查判断规则》，辽宁省高级人民法院、省检察院联合下发的《关于办理毒品犯罪案件审查判断证据若干问题的规定》等。尽管这些文件的名称不完全统一，有的称为“参考”，有的称为“规定”，有的称为“规则”，但是在各自辖区内实际具有法律效力。内容主要是对于毒品案件的证据问题进行进一步细化，具体规范了从讯问到毒品检验的各个诉讼阶段的取证细节性问题。

（三）现有规范毒品案件的规范评价

目前的刑法规范中，对于毒品犯罪规定刑罚处罚在死刑适用大量减少的情况下，依然坚持规定了死刑条款，表明国家对于毒品案件的严厉打击态度。《刑法》第347条第2款规定：“走私、贩卖、运输、制造毒品，有下列情形之一的，处十五年有期徒刑、无期徒刑或者死刑，并处没收财产：（一）走私、贩卖、运输、制造鸦片一千克以上、海洛因或者甲基苯丙胺五十克以上或者其他毒品数量大的；（二）走私、贩卖、运输、制造毒品集团的首要分子；（三）武装掩护走私、贩卖、运输、制造毒品的；（四）以暴力抗拒检查、拘留、逮捕，情节严重的；（五）参与有组织的国际贩毒活动的。”刑法规范还涉及对于走私制毒物品、买卖制毒物品、引诱容留他人吸毒、毒品的范围、买卖制毒原料等犯罪行为的处罚，这对于深入持续打击毒品犯罪具有重大意义。

刑事诉讼法规范中最大的问题是，对于毒品案件的证据运用问题规定得比较粗疏，以致在最高人民法院出台刑事诉讼法解释之后又进行了多次“会议纪要”形式的司法解释。这些解释基本是以“法发”形式内部下发的，未能做到向社会全体公开，存在一定的局限性。地方各级公检法机关在法律法规、司法解释的基础上又进行了辖区内的“规范文件”制作，虽然可能由于更加贴近基层，所作规定往往更加符合毒品案件办理中的实际需要，一定意义上突破了证据规定的一些固有局限，但是同时在一定程度上实际影响到了司法解释的统一性。比如污点证人问题，在刑事诉讼法证据规定和最高人民法院司法解释当中并没有规定，但是在云南省公检法所作的地方规范性文件中进行了明确规定。所以有必要进行一次毒品案件证据规范的梳理，形成统一的“毒品案件证据规范”，促使公安司法机关严格依法办案，减少证据收集和判断中的冤假错案；在保证法律统一适用的基础上，实现法律规范的“公开性”；在保证办案渠道畅通的前提下，提供侦查、起诉、审判程序中的证据规范。

一般认为毒品案件在以下几点上，与一般刑事案件不同，具有不同于一般案件的特殊性。

第一，毒品案件虽然具有比较大的社会危害性，但是却少见直接受害人。毒品犯罪的主持者、各方参与者在参与毒品的制造、种植、贩运、买卖时，在其行为之初往往就具有毒品犯罪的明知。事实上，除了被无辜卷入毒品案件的人和吸毒人员以外，每个参与毒品犯罪的人均是毒品案件的受益者，也是毒品犯罪行为的主动实施者。这些人明确知道毒品案件的法律规定以及国家对于毒品案件的严厉政策，因此往往会主动消除可能遗留的证据，甚至会相互掩护逃避刑事法律的打击。即便是作案中发生了“黑吃黑”式的暴力犯罪，所谓“受害人”也往往不愿或不敢向警方报案。

毒品案件往往发生在一般群众所无法接触的时空条件下，普通群众自然无法报警。毒品犯罪一般发生在毒品犯罪分子精心挑选的时间、空间当中，行为的发生并不会出现在公众注意的时空条件下。毒品的制造、贩卖、运输都会千方百计地避免被普通人所识别、辨认或发现。毒品犯罪，即使在不得不出现于公众场合时候（比如公共交通工具上），也往往对毒品进行各种伪装，或者利用孕妇、残疾人等公众予以同情或不太关注的人群掩护，或者使用警方无法详细关注的网络社交媒体进行毒品售卖。总之，毒品案件的发生往往不被主流社会所探知，警察也往往无法获得详细的毒品交易信息，毒品犯罪的追究存在证据搜寻的极大难度。

第二，毒品案件具有暴利性，这是毒品案件难以禁绝的根本原因。吸毒人群对于毒品具有依赖性，这就导致毒品实际是个卖方主导型市场。只要吸毒的人群到了一定的规模，警方对于毒品的查缉常常只能影响到毒品的价格，毒品打击行为不仅无法直接杜绝毒品犯罪的利润，反而很可能基于警方的打击行为使得毒品市场形成更加垄断的格局。其原理是，毒品查缉越严格，“漏网之鱼”在毒品市场越垄断；毒品数量减少但是毒品需求却未有效减少，这使得残余毒品的价格与利润率反而越高；残余毒品价格上升，代表单个毒品所获利润的增加，最终犯罪集团的资金聚集规模会越大；毒品犯罪资金聚集的规模，使得毒品犯罪“涉枪”等能力越来越高，犯罪手段更加暴力。这就是毒品查缉所导致的“毒品查缉悖反效应”。所以有效的禁毒措施必须解决三大问题：即如何减少毒品犯罪利润、如何减少贩毒资金聚集和如何有效减少吸毒人群，根本问题就是打击毒品犯罪必须考虑到稳步缩小毒品的市场需求，也就是必须有效减少吸毒人群。目前的毒品查缉工作主要针对的是毒品制造、贩卖过程，即“拦查堵截”，对于毒品的市场缺乏研究和针对性。一方面，必须有效地较少吸毒人群，这是直接作用于毒品市场的工作，而且往往更容易直接作用于毒品贩卖行为产生实际效果。另一方面，必须有效查缉毒品贩卖背后的金融犯罪。毒品制造、贩卖、运输背后的目的主要是逐利，毒品的生产成本极为低廉，主要的利润存在于国家的严厉打击和查禁行为所导致的风险成本问题。所以往往毒品的销赃、洗钱环节尽管从业人数少，但实际上的社会危害却远远大于毒品贩子。

第三，毒品案件的作案“隐蔽性”及“封闭性”较强，犯罪故意较明显。除了极少数被无意卷入毒品案件，不知所种植、运输的是毒品的人以外，毒品案件的组织者、参与者完全明白毒品的巨大社会危害以及国家对于毒品犯罪进行的严厉打击政策。毒品犯罪的参加人，在参加之初就非常清楚最终的法律结果或者一旦罪行暴露所导致的刑罚处罚结果，有些毒贩对于毒品法律、政策的把握水平甚至远远超出办案警察。毒品案件的法律处罚既是高悬在毒贩头顶的一把利剑，也往往是他们采取拒绝不明根底人员加入的自我保护措施。因此毒品的制造、运输、贩卖过程基本都是由相互信任、彼此认同的人组成作案团伙进行犯罪的。这些人往往是同乡、同村甚至是同一家族，其他人员很难被这些组织接纳、认同，这为“卧底侦查”带来极大的不便。

因此，警方对于毒品犯罪的具体情况很难有直接的线索，对于毒品的制作、贩卖路线很难准确地把握。毒品查缉往往不得不依赖于“特情”或者“线报”。这种往往单线联系的情报方式以及基于“奖金”或者“悬赏”维系的“贪利型”信息提供者，并不足以维系毒品案件这种处罚极为严厉的刑事案件的证据查实庭审程序。所以最终的结果是，许多时候，警方不得不回到自己能够掌握的毒品侦破方法——拦查堵截，这使得缉毒工作严重依赖于被动的“拦查堵截”方式。事实上，警方不得不重新审视自己在毒品案件中情报获取的极大不足。如果毒品案件的信息来源一直把控在“特情”手中，那么这种极为危险的情报获取渠道决定了整个刑事司法系统不得不依赖于这种贪利背叛者的人格魅力和警方对其的控制程序。这里还存在两个极为严重的问题。一是信息来源的不可控；二是“特情”自身的合法权益问题。一般警方会对于吸毒人群不断地进行骚扰，以寻找可能的毒品来源。但是基于毒贩的自我保护措施，真正的贩毒分子往往并不是自己出头露面进行毒品售卖，所以警方并不能够抓到真正的毒品贩卖源头人物；并且“特情”往往是被警方视为可以牺牲的代价，吸毒人群往往不被自己的亲戚朋友所看重，加之这种“特情”未必会存在对于警方或者对于“国家”真正的自愿奉献精神，“特情”反水也不会是什么不可思议的问题。

第四，毒品案件涉及地区广，需要多地警察协调，取证比较困难。在外部，我国受到“金三角”“金星月”两大世界毒源地夹击，毒品犯罪不断向国内进行渗透；在内地，新型毒品制毒案件也在多地出现，制毒数量不断增高。可以肯定，参与世界毒品交易的毒品流通渠道和网络业已成型。这使得中国毒品案件并不只局限于某一特定区域，而是同时在全国出现多个毒品集散地，然后辐射周围地区。具体个案当中也往往是多地参与，多地进行。由于国家对于毒品案件的高压政策，制毒、贩毒案的风险巨大，所以并不会集中在某一具体区域，而是表现为多地流窜，按照一定路线流通。这些毒品流通路线往往呈现出一定的规律，沿途基本都是人烟较少，比较荒蛮的地方：比如南方的“茶马古道”路线（“金三角”—云南—四川—香港或内地或西北），北方的“丝绸之路”路线（云南—甘肃或宁夏—陕西—出国或内地），除在中国境内消费外还参与了国际毒品流通。

云南、广西、广东、四川是中国境内毒品贩运的主要起源地；云南、广西是“金三角”毒品经边境向内地贩运通道；毗邻云南的贵州、四川、重庆、湖南、湖北等地区是“金三角”毒品在内地中转集散分销地区通道；广东是“金新月”海洛因从境外通过航空、邮寄等渠道走私贩运的目的地；多数省会城市、经济发达城市缘于区位、交通、经济、人口等社会基础因素，成为毒品消费地和集散地。海洛因主要流向中国西南、西北、华南地区；冰毒、氯胺酮主要流向中国东北、华东、华中地区。云南毒品犯罪高发区除了昆明、大理等中心城市外，都集中在边境地区。国家禁毒委列出的全国 13 个毒品问题重点整治的地区，可能主要构成整个毒品流通网络的重要节点。其中云南巍山彝族自治县、广西靖西县、贵州六盘水、四川凉山彝族自治州、甘肃临夏自治州的东乡县和广河县、陕西潼关县、西安市新城区、宁夏同心县，可能是毒品流通过程中的中转点，而广东（普宁、陆丰）可能是海上运毒地点。目前笔者尚不清楚的是安徽临泉、河南新蔡和平舆可能的作用。随着“一带一路”进程的加快，中国与东盟、中亚的交通基础设施建设必将得到很大改善，对外开放通道将会更加密集，对外交往必将更加频繁。“金三角”与“金星月”对我国的毒品渗透可能会更加便利，毒品案件形势将会更加严峻。必须采取有力措施，保证“丝绸之路”不会成为“毒品之路”。

第五，从历年的《中国毒品形势报告》来看，2014 年至 2017 年这四年的毒品犯罪呈现出明显的有组织犯罪特点。毒品犯罪集团往往进行毒品制作和贩运，同时往往还会参与制造枪支，甚至是依靠制枪进行武装贩毒，成为国家秩序、社会治安的巨大隐患，具有特别强的社会危害性。[1]

以单案毒品数量为例，2014 年全国各级公安机关共确立公安部毒品目标案件 1066 起，抓获犯罪嫌疑人 1.1 万名，缴获各类毒品 29.7 吨，分别与 2013 年同比增加 64.5%、47.9%、171.8%。全国破获单案缴毒量 10 公斤以

---

〔1〕 1992 年 11 月 18 日，历时 81 天的针对云南平远街的“严打”作战结束后，共收缴海洛因 896 公斤，鸦片 85 公斤，非钠西丁 93 公斤，枪支 964 支（其中军用枪 353 支），各种子弹 4 万发，手榴弹、手雷、地雷 278 枚，赃款 1047 万，黄金 2.5 公斤，白银 14.6 公斤，贩毒脏车 60 辆，摩托车 34 辆。近些年“枪案”与“毒案”双涉案也逐渐增多。2015 年四川警方捣毁疑似制枪窝点 1 个，当场收缴 12 把非法自制枪支和制枪工具一批；在缉枪行动中，成功捣毁疑似制毒窝点 1 个，擒获犯罪嫌疑人 1 名，缴获仿真枪支一把、半成品冰毒约 1 公斤及制毒工具一批。2015 年，四川、重庆、云南三地警方联合执法，缴获手枪 5 支，冰毒 12.3 公斤。2016 年四川仁寿县公安局侦破一起特大涉枪涉毒案件，缴获仿 64 式手枪 9 支，单管猎枪 2 支，冰毒 160 余克。2017 年杭州临安破获特大涉毒涉枪案，缴获整枪 43 支、冰毒 2.9 公斤。2017 年广东警方在车辆临检时，发现一件涉毒涉枪案件，车内自制猎枪 6 支、仿“64”手枪 3 支、散弹枪子弹 56 发、仿“64”子弹 9 发、“菠萝弹” 13 颗等涉枪涉爆物品。

上案件 1060 起，与 2013 年同比增加 14.3%。2015 年全国破获单案缴毒量公斤级以上毒品案件 5588 起，其中，海洛因案件 1292 起、冰毒晶体案件 1582 起、冰毒片剂案件 1350 起、氯胺酮案件 407 起。这些数据与 2014 年相比明显出现较大的增长。2016 年全国破获单案缴毒量公斤级以上毒品案件 5458 起，打掉制贩毒团伙 5459 个；破获公安部毒品目标案件 961 起，其中单案抓获 20 名以上毒品犯罪嫌疑人的案件 190 起、单案缴获 20 公斤以上毒品的案件 197 起，抓获犯罪嫌疑人员 1.3 万名，其中幕后组织策划者 1138 名。这些数据说明，2014 年至 2016 年缉拿案件数量虽有增长，但是涉案毒品数量却出现明显增长，公斤级毒品案件开始逐年占据全年毒品案件总数的极高比值。这说明，毒品案件的规模在迅速扩大，考虑到个人犯罪很难得到一定资金支持，那么毒品案件背后应该存在明显的有组织犯罪的身影。

以涉枪案件数量为例，2015 年全国破获涉枪毒品目标案件 257 起，缴获各类枪支 466 支、子弹 3 万发，与 2014 年同比分别上升 52%、40.4% 和 843.4%。涉枪毒品案件高发，贩毒人员实施武装贩毒、暴力抗法时有发生。2016 年全国破获涉枪贩毒案件 446 起，涉及全国 29 个省区市，广东、四川、贵州、云南涉枪贩毒活动高发。贩毒活动暴力程度加剧，缉毒执法工作风险加大。贩毒团伙的组织程度和犯罪能力明显提升，有的控制一方贩销网络和消费市场，有的与境外贩毒集团相勾结，形成跨国跨区域贩毒网络。

第六，毒品案件证据收集工作难度较大，案情比较复杂。一般认为毒品案件证据收集的难度在“毒品案件”中往往表现为一种“交易过程”，很难存在一般刑事案件的“案发现场”，也没有一般刑事案件遗留的“犯罪凶器”和“被害人”“报案人”等证据形式或固定的证据来源；毒品案件往往表现为犯罪分子精心策划的有组织、有预谋的犯罪，犯罪职业化程度比较高，反侦查能力强。警方的证据发现、收集提取也就比较困难；毒品案件一般表现为犯罪集团对外人的“封闭性”，往往需要“特情”、卧底等特殊侦查方式，但是这些侦查方式自身不可避免会具有潜在的社会危害性，不加选择地使用，就可能会导致错案发生；毒品案件中“毒品”的品种、数量具有重要法律意义，但是各种毒品均易伪装、销毁，毒品查获的难度较大。

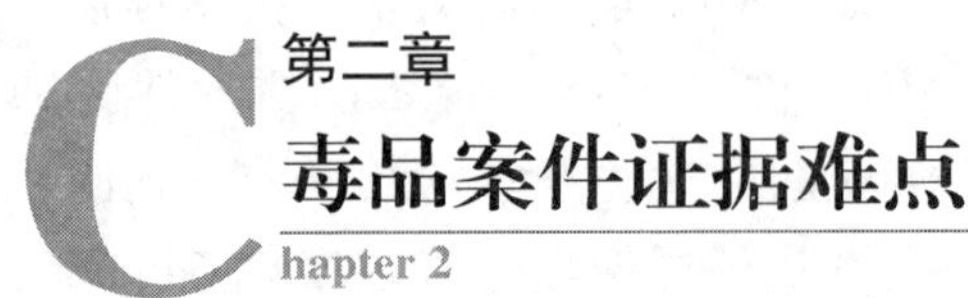

第二章 毒品案件证据难点

Chapter 2

毒品组织直接侵蚀国家掌控力，恶化国家对于社会事务的管理服务能力，激化民族地区的社会矛盾，戕害本地正常经济建设，伤害民众的身体健康。重刑处置毒品犯罪具有各种支持理由，刑罚的威慑、吓阻效力被反复提起。由于既往无法假设，我们无法就毒品禁政的实际效果进行可靠的定量比对分析；现实毒品问题的复杂性，也难以实现可信的实际效果定量分析。所以毒品问题的研究主要采取定性分析和逻辑推导。这种研究的主要目的，是以更加全面的毒品案件办理实际效果为切入点。主要涉及的问题是，重刑主义怎样才能实现对毒品案件的有效治理。依照贝卡里亚的观点，发现犯罪比刑罚恐吓在打击犯罪中有更加重要的作用。我们认为毒品案件的关键还是在于案件办理中的证据发现、证据提取、证据认定问题。

刑事案件中至关重要的问题就是证据，证据决定了刑事案件的侦查、审查起诉、审判等环节的公正性来源，也决定了刑事诉讼中具体诉讼行为的决策是否具有合理性和可接受性。毒品案件的警察不仅应当配备适当的警用设备、警用器材，也应当接受基本的法律教育、基本的证据法教育，明白如何收集至关重要的证据，以及如何保证自己收集的证据能够在侦查之后被各程序中的检察官、法官所接受。检察官和法官也应当进行一些基本的毒品证据问题培训，明白在特定情形下，警方收集证据所面临的具体困难。这种培训，一方面能够使检察官、法官对于待办理的毒品案件存在一种概括性的总体认识，知悉毒品案件一般的办理过程、办理技术；另一方面，也有利于检察官、法官对于毒品案件中需要运用推理、司法认知的各种事项存在相对清晰的背景了解，不至于一无所知。

毒品案件的证据来源一般掌握在控方手中。与其他刑事案件不同，毒品犯罪案件中的证据主要来源自侦查机关，其他机关或者辩护方既难以对证据进行自主性的调查，也往往难以进行证据核实。在毒品案件中，辩方难以独有掌握不在场等证据，法官虽然也常进行庭外调查，但是因为许多毒品犯罪现场基本无法恢复，所以一般难以进行普通刑事案件中的现场勘查。毒品亚文化的内在封闭性，使得毒品犯罪过程一般被隔绝于主流社会，吸毒者与制毒、贩毒者构建的毒品、毒资流通渠道往往隐匿于正常社会经济交往中。这种隐匿性，致使毒品交易的信息来源极为有限，毒品案件非常依赖于侦查机关的侦查与证据收集。毒品所具有的反社会性和巨额利润，又致使毒品案件的证据收集、核实具有一定的危险性，毒品案件取证环节必须考虑伴随案件进程的职业风险和取证难度。这种证据来源方面的特点，决定了毒品案件在证据方面的一些局部特点。

毒品案件审判对于侦查获取证据的依赖性，不利于审判中心主义的正常构建，也不利于摆脱庭审形式化的沉疴。“在侦查中心主义构造的影响下，法院审判往往流于形式，成为对侦查结论的形式审查和确认过程而已，失去了自行产生诉讼结论的能力；侦查机关一旦在认定事实上出现重大失误，法院审判也不具备基本的诉讼纠错能力，甚至纵容和掩盖侦查机关所制造的冤假错案。”〔1〕以审判为中心的诉讼制度构建，必须要从证据入手，从庭审事实认定的方式进行改革。法庭的地位提升，依赖于理论的推崇和法律的授予是远远不够的，证据制度的建设明显具有更加重要的地位。只有法庭存在足够的事实发现能力，才能变“侦查中心主义”为“庭审中心主义”。毒品案件中，法庭的事实发现能力主要存在三种可供发展的方向：第一，是在庭审中依法进行证据调查，避免侦查证据直接成为定罪量刑的依据。法定的证据调查程序应当被真正有效运作，防止庭审程序“空转”。第二，适当扩大证人出庭比率，保证庭审证据质证程序的正常运行。保证辩方证据质证权，能够有效运行。第三，适当扩大证人范围，允许“污点证人”作证、被告人为自己作证、警察作为专家作证等新的证据形式，扩大法庭的事实发现途径。

一、毒品案件中证据运用的难点列举

根据我们的调研，现有毒品案件中常见的证据问题实际有三类。第一类

〔1〕 陈瑞华：“审判中心主义改革的理论反思”，载《苏州大学学报（哲学社会科学版）》2017年第1期。

是毒品案件侦查中存在证据取证方面的不足，导致法庭认定存在困难的证据问题，主要包括“特情”“口供”“证人证言”、证据鉴真问题。第二类是毒品案件侦查需要，但是与现有法律存在冲突的问题，主要指“案件培养”“污点证人”“被告人作证问题”。第三类是对于现有法律所规定的证据，在司法实践中使用不够充分的问题，主要包括“主办侦查员出庭”“旁证”“证据不足”“毒品洗钱”等问题。

（一）毒品侦查中存在的取证问题

1. 特情证据问题

在毒品案件中，公安机关往往在庭审中通过破案经过、情况说明等说明材料来证明案件中的“特情”运用以及取证程序。由于公安机关一般不移送技术侦查的其他证据资料，法官判断特情侦查是否合法合规只能依据破案经过、情况说明进行，但是司法实践中所见的说明材料往往文字简略，对特情侦查的审批手续、介入范围、工作方式、所起作用等事项避而不谈。“控制下交付”“特情贴靠”“特情情报”等秘密侦查手段，以及“化装侦查”“技术性侦查措施”等技术侦查措施的具体实施过程性材料，一直掌握在公安机关的内部机构。对于秘密侦查、技术侦查过程的证据合法性问题，以及技术侦查所获证据的合法性问题，法庭难以得到足够的信息进行准确分析。如果在这些侦查程序中存在特情引诱，按照司法解释规定则应当在量刑中进行一定程度的酌定减轻处罚，但是目前这一判断基础，尚存在判断材料的缺失状态。最高人民法院《全国法院审理毒品犯罪案件工作座谈会纪要》（以下简称《南宁会议纪要》）、《大连会议纪要》，都对特情引诱作出了详细明确的界定和量刑酌定规定。特情引诱是重要的法定情节，虽不会影响定罪，但是直接影响量刑，而且尤其影响死刑立即执行的适用。[1]公安机关的破案经过、情况说明往往无法说明是否存在特情引诱，导致法院以及辩护律师无法有效地进行证据查证。

2. 言词证据问题

一般来讲，毒品案件必须通过毒品来证实犯罪，防止无辜者被卷入毒品案件；但是也不能说证言就不能证实毒品案件，因为毒品极易毁损，对于毒

〔1〕 汤光仁、王向丽：“‘特情引诱’情节在毒品犯罪死刑辩护中的运用”，载《中国律师》2017年第6期。

品已经被损灭或使用的案件就必须依靠证言等证据来证实；另外一种就是对于既往制毒、贩毒行为的证明方面，法庭实际只能依赖于证人证言；第三种就是缉毒办案人员出庭，说明侦查行为所能够使用的证据形式也只能是证人证言；还有一种情况是，经验丰富的缉毒人员作为专家证人出庭，说明与案件相关的稽查技术或者案件的相关判断，也会存在证人证言；最后一种是"污点证人"出庭，指控本案其他被告人只能认定为证人证言。

3. 被告人口供问题

与其他案件相比，毒品案件中的被告人一般不会认罪。因而毒品案件被告人较少存在"自白""自首"问题。许多毒品案件的被告人对于指控进行各种荒唐的狡辩，既延误办案时间也难以体现法庭的郑重庄严，现有法律却不存在强有力的应对措施。可以说，刑事诉讼法规定的"如实供述"义务，在毒品案件中对于被告人不存在有效约束。同时，法官习惯性无视毒品案件被告人供述又容易导致真正被无辜卷入的被告人的供述，实际得不到法庭的认真聆听。是否应当允许被告人承担"作证义务"，在毒品案件办理中应该认真地进行思考。另外，同案被告人的口供是否需要补强，也是一个重要问题。

4. 毒品鉴定问题

毒品鉴定意见作为司法鉴定中的专门性问题，其作为独立证据的科学性、公正性越来越引起司法界的高度重视，毒品的种类、数量和纯度都需要借助鉴定人的专业水平和知识作出专业的判断和分析。在大部分毒品案件中，由于其隐蔽性，往往没有直接的被害人及证人证言，毒品鉴定意见的重要性就越发突出，其对被告人的定罪、量刑起到了决定性作用，因此必须引起高度重视。上述问题涉及毒品提取程序、鉴定程序、保存程序，也涉及鉴定人出庭、辅助人出庭，还应当包括毒品范围鉴定等问题。

（二）毒品侦查现实需要的证据问题

1. "案件培养"问题

案件培养，实际就是侦查人员所说的"养案子"，因为违背目前的政策规定而不被允许。案件培养可能导致毒品流入社会，因此存在较大的法律风险，但也可能会带来较大的侦查方式突破。案件培养主要的实践风险，就是警察可能会为了获取案件毒品数量，而一定程度上放任较少数量的毒品案件，所以案件培养的主要目的不能是"抓大放小"，谋求案件毒品数量的"养大"。案件培养的主要目的应该是侧重毒品案件的准确打击，不满足于案件侦查中毒品数量的诱惑，更加侧重对于毒品售卖案件背后毒品组织力量、毒品来源线索的准确分析和掌控。案件培养是对有组织犯罪侦破更加有力的一种侦查方案选择。案件培养需要对于当地毒品犯罪组织有较深入的了解，也需要对于有组织犯罪更加耐心。是否允许对毒品案件进行案件培养，以及对案件培养可能存在的法律冲突问题，应该进行更多的分析、调研。案件培养的主要目的是，打击毒品犯罪中社会危害更大的犯罪分子。案件培养的风险以及可能的防范程序，目前只处于理论论证阶段，调研尚未涉及。

2. “污点证人”问题

污点证人是指犯罪活动的参与者为减轻或免除自己的刑事责任，与国家追诉机关合作，作为控方证人，指证其他犯罪嫌疑人犯罪事实的人。污点证人是较为特殊的一种证人，他是犯罪活动的参与者，其行为已具有刑法上犯罪的构成要件。针对毒品案件中的“集团犯罪”特点，污点证人可以把打击的矛头更多指向犯罪的组织者、主犯，但是这与当前刑事法律的规定存在冲突。云南省人民法院、云南省人民检察院、云南省公安厅联合发布的《云南省毒品案件证据参考》已经规定可以进行污点证人操作。污点证人在适用中存在的问题有哪些，如何进行调整规范，需要进一步的研究。

3. 主办侦查员出庭问题

我国目前刑事司法中侦查人员出庭只是局限于调查“刑讯逼供”是否存在和证据取证程序问题，但是侦查人员出庭可能有助于更好查明案件侦办过程中证据的收集以及证据的判断。在证据收集方面可能有助于法庭更好地认识到证据收集的合法性，不再受限于起诉材料中的“案情说明”“情况说明”。另外，侦查人员出庭，有助于告知法庭以其经验对于某一证据的判断及其理由。侦查人员长期从事案件的侦破工作，自有其经验和判断依据，可能更好地防范冤案发生。

（三）毒品案件中未充分关注的证据

1. 旁证问题

证据被分为直接证据与间接证据，其标准是证据对于案件事实的证明方式不同。应当平等看待各种证据对于案件事实的证明作用，不能说直接证据对于案件事实的证明更加准确或者更不准确。对于间接证据证明中的主要疑虑是证明的过程不清楚。在使用直接证据时，必须依赖于对证据是否信任，结论只能是全信或者全不信。而对于间接证据则往往会出现同时具有信与不信的判断。此即旁证的使用规律，证据内容问题与事实推定（推理）问题同时出现在同一个旁证中。旁证最大的优势是数量优势。在每一个案件中，或许只能存在数量极为有限的直接证据，但绝对会存在大量的间接证据，这使得我们惯常认为一些“证据不足”的案件，其实存在大量的旁证。另外，旁证的使用规律更符合法庭的事实发现能力。法庭的事实发现与侦查机关具有很大的不同——有些案件中，比如毒品案件，几乎没办法进行庭外证据调查或者调查的效果并不如其他案件——旁证的调查则相对比较适合法庭的“时空”特点。

2. 毒品洗钱证据问题

毒品案件的消解，必须从减少毒品利润入手，最有效的方式莫过于减少或者消灭吸毒人群，这使得毒品没有了市场，也就没有了毒品贩卖和制造的“利润”。但是从目前情况来看，有效减少吸毒人群的方法还是不多。毒品案件目前主要还是依赖于“查封堵截”方式。我们建议加强毒品资金“洗钱”的侦查方式，通过毒品资金流动“倒查”毒品犯罪。这就对于毒品案件的证据运用水平与金融分析、国家经济掌控水平提出了更高要求。

二、毒品案件证据难点说明

毒品案件中的证据收集以及法庭采纳毒品证据时候的诸多踌躇、犹豫，很多情况下其根源在于非法毒品运作过程与正常社会之间的巨大阻隔。一般社会成员难以了解非法毒品市场的实际运行状况、规模，即使审理毒品案件的法官常也对于本地区的毒品案件现状，难以全面把握。毒品案件办理从侦查到审理存在理解差异：由于毒品案件线索的不可控，缉毒组织在办理毒品案件时优先案件侦破，所收集的证据却往往存在一定的缺失环节，许多案件不存在再次取证的可能，也像伤害案件那样进行符合生活经验的推理；“以审判为中心”的司法体制改革，实际要求证据的出示、案件事实的认定都必须在庭审之中进行，秘密侦查证据被保存于侦查机关的传统习惯与法庭调查的直接性存在明显的冲突。

（一）非法毒品市场的隐匿性

根据《2017 年中国毒品形势报告》，中国现有在册吸毒人数 255. 3 万，2017 年各级侦查机关实际缴获各类毒品 89. 2 吨。从逻辑上讲，这两个数字存在一定矛盾：如果按照现有吸毒人数，2017 年毒品吸食的数量应该远远超出 89. 2 吨；如果按照实际缴获毒品数量，中国实际吸毒人数应该远低于 255. 3

万。按照一般的计算方法，255.3万人，每年吸食3次，每次0.1克，中国当年的毒品吸食总数应该是765.9吨毒品，这个数量远超出目前89.2吨的缉拿数量。另外，考虑到潜在的吸毒人数可能存在遗漏登记，以及地下毒品市场流通数量应该略高于实际吸食数量的一般情况来估计，当年中国警方实际缉拿到的毒品数量，可能仅占到地下毒品市场流通总数的1/10左右。这种数字之间的矛盾性，说明中国毒品案件侦查能力，尚无法应对日益严重的毒品问题。

“所有的关于毒品市场的证据，知识和最常见的假想都是在一种偏见的引导下开展的。这些理念侧重于强调：谋求利润是毒品销售的主要动机；有组织犯罪是毒品市场操控的主要机制；暴力和恐吓是进行毒品交易和解决纠纷主要工具；领地战争（团伙之间争夺领地的暴力）的存在；与毒品市场相伴而生的是一系列其他不道德的活动。”〔1〕实际上，由于毒品犯罪的隐匿性，目前并没有非常客观的毒品犯罪图景描述，许多关于毒品犯罪的数据也缺乏可靠的验证方法。目前并不存在对于参与毒品犯罪人员的全景式分析，尤其是关于毒品从制作到运输、贩卖、吸食的各个具体环节的实际运行情况。库柏针对不同毒品种类所存在的制毒、贩毒形态并没有明确的数据支持。如果说“软毒品”的毒性、成瘾性弱于阿片剂是可以理解的，但是制作、贩卖、运输“软毒品”的制毒贩毒组织是否一定在社会危害性方面弱于“阿片剂”毒品组织，这是难以定论，也难以具有说服力的。

从现有缉拿到的参与毒品犯罪人员来看，既存在个人带毒、运毒、制毒，也存在非法组织甚至是黑社会性质组织的制毒、运毒、贩毒。从受理毒品案件来看，绝大多数贩卖毒品的人员也是吸毒人员，贩卖毒品主要目的是为了获取毒资，在数量上以“零包”贩卖为主，在经济利益上通过贩卖赚取中间差价，吸毒者与贩毒者相互刺激，在长期进行的毒品犯罪活动中，形成了一个个由稳定的贩毒者、吸毒人员相互组成的恶性循环的消费网络。〔2〕尽管没有确切的证据，能够证实这些个人和组织的实际参与数量和参与程度；但是，可以估计到的情况是，个人是难以实现从制毒到贩卖的整个毒品犯罪环节的运作。无论是毒品制作所需要的技术、设备，还是毒品运输、贩卖环节的可

〔1〕［澳］罗斯·库柏：“非法毒品市场研究”，载《云南警官学院学报》2016年第4期。

〔2〕陈丽娟：“当前毒品犯罪的特征、原因及对策探析——从集美区检察院实践经验谈起”，载《法制与社会》2015年第24期。

能损耗，个人都是难以单独承担的。所谓“最常见的假想”，应该具有合理性。也就是说，整个毒品犯罪的主要支撑主体，应该是有组织犯罪，个人毒品犯罪只存在于毒品犯罪最底层或者获取利润最低、风险最大的层面。“零包贩卖”和“以贩养吸”不可能构成目前复杂多变的毒品生产运输路线，也不可能给大规模的毒品吸食市场提供足够的毒品。在个人毒品犯罪之上，应该存在大量的有组织毒品犯罪。这些一定规模的有组织犯罪集团，构成目前毒品犯罪的主要成员。在一定意义上说，目前所缉拿到的许多“个人”犯罪，实际只是有组织犯罪中的某个环节，被“壁虎断尾”后，形成毒品来源不明的毒品犯罪。

按照目前的毒品市场规模，我们进行了如下毒品犯罪结构假想图示：

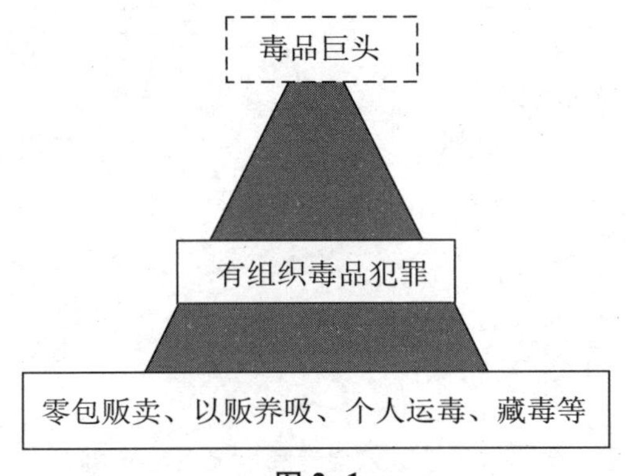

图 2-1

很明显，这种假想图并没有实际依据。在想象图中，有组织犯罪居于毒品犯罪的主干部位，个人毒品犯罪居于毒品犯罪的底层，属于可以被轻易舍弃的层面。在有组织毒品犯罪之上，也许还存在毒品巨头，负责各地毒品组织的协同。

按照目前的吸毒人员规模，应该存在有组织毒品犯罪，但是在目前破获的毒品案件中，却少见毒品犯罪的组织性。即使被称为中国最大毒枭的“刘招华案”,〔1〕也只是认定了刘招华、陈炳锡、陈文印等个人毒品犯罪。试问对于已经缴获的12吨甲基苯丙胺，被告人在案发前，应该如何预计销售途径，

〔1〕“最高人民法院公布刘招华制贩毒品案等四起典型案例”，载法学家网站：http://www.fae.cn/kx486.html，访问日期：2019年6月14日。

以及对于已经销售的300千克甲基苯丙胺，被告人个人又是如何实现毒品销售，本案背后是否存在巨大的毒品贩卖、运输网络？在最高人民法院同期公布的其他3起毒品案件中，制毒数量分别为白色粉末状氯胺酮43.24千克、氯胺酮25.567千克、氯胺酮166.45千克。如果没有一定的资金基础、市场销售途径，上述毒品犯罪的数量不会如此之高。但是在案件破获之后，并未能截获相应的毒品销售渠道，这可能是不存在固定的毒品销售渠道，但也可能是上述有组织毒品犯罪存在的一种证明。

（二）毒品罪犯的“有组织”性

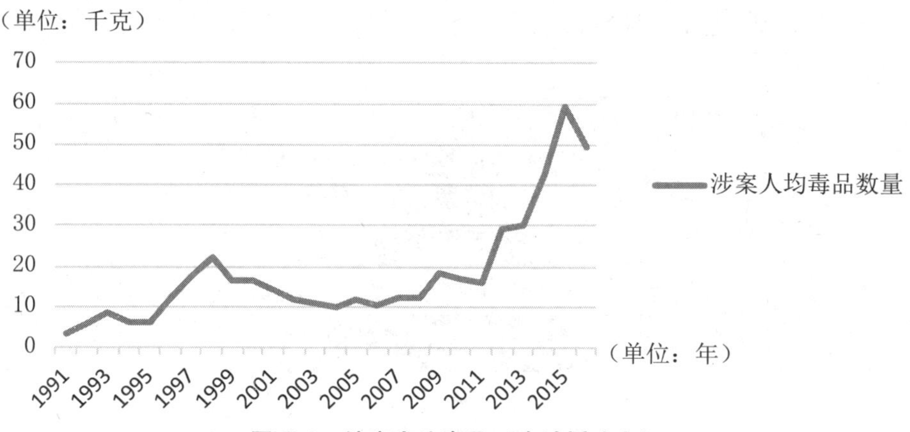

图2-2 涉案人均毒品（未计摇头丸）

图2-3 案均毒品数量（未计摇头丸）

从图 2-2、图 2-3 来看，中国毒品案件的涉案资金规模越来越大。毒品案件具有很强的贪利性，应该进行有效的资金打击。比如没收个人财产、进行巨额罚金刑等。

从目前的资料看，大陆地区的毒品犯罪经历了不同的发展阶段，20 世纪 80 年代实际只是少量的零星贩毒，明显具有个人贩毒的特点：毒品案件数量大，但是涉毒数量较少。如 1991 年人均涉案毒品数量为 3. 19 克。20 世纪 90 年代之后的一段时间内，毒品案件数量和涉案毒品数量增加明显，应该是初步形成毒品犯罪的组织性。如，根据人均涉毒数量计算，1998 年人均 22. 274 克，为 20 世纪 90 年代的最高纪录，是 1991 年人均涉案数量的近 7 倍。2000 年以后，毒品案件的涉案毒品数量增长幅度超过毒品案件数量增长，应该是已经形成较强的毒品组织。如，2015 年人均涉案毒品数量为 59. 5 克，为 1998 年人均毒品数量的 2. 67 倍，为 1991 年人均涉案数量的近 19 倍。[1]从案均毒品数量来看，1991 年至 1997 年间属于案均毒品数量较少时期（低于 10 克），1998 年至 2011 年案均低于 20 克，2011 年至今，案均毒品数量超过 50 克（2015 年达到 60. 95 克）。从 1991 年到 2017 年，案均毒品数量增加 5 倍以上。这里面有毒品利润导致的毒资规模扩大问题，但是从毒品案件数量增加较慢但是涉案毒品数量增长快速来看，更主要的原因应该是毒品犯罪组织形式出现了较大变化。

另外，以新型毒品扩散过程来看，新型毒品在大陆的扩散主要呈现为三个阶段：第一阶段，在缅甸、泰国和中国交界的边境沿线秘密设厂，蚂蚁搬家至全国各地销售；第二阶段，国外贩毒分子借投资名义雇佣不知情国内人员制造毒品，在全国主要城市进行毒品扩散；第三阶段，全国境内都存在地下非法毒品加工点，境内外贩毒分子相勾结、雇佣具有专门知识的人全力制毒、就地销售。[2]最初参与制毒的不法分子主要来自港澳台，以及广东等东部沿海地区，现在内陆各省市例如河南、河北、江浙沪等地区，到处都有非法制毒分子的身影；制毒分子已对舶来的制毒技术进行了吸收和消化，并进行了一定发展，实现了制毒技术的本土化。[3]如果从大陆地区毒品犯罪组织的发展脉络来看，毒品犯罪案件呈现从个人犯罪、多人犯罪向比较固定人员

---

〔1〕 表格数字来自于 1991 年至 2017 年中国禁毒办发布的《中国禁毒报告》。

〔2〕 刘景宁："当前我国毒品犯罪的现状与趋势"，载《中国公共安全（学术版）》2012 年第 1 期。

〔3〕 刘景宁："当前我国毒品犯罪的现状与趋势"，载《中国公共安全（学术版）》2012 年第 1 期。

的团伙犯罪发展的趋势，各犯罪分子之间形成严密的上下家关系，许多成员是亲属或同乡关系，相互包庇性强，给案件审理工作带来了很大的挑战。[1]为防止情报侦查人员和公安边防部门的“特情”“线人”打入毒品犯罪组织内部，毒品犯罪集团（已经开始）形成严密的组织机构和等级制度，并制定一套严格的“规矩”对集团内部进行管理；毒品犯罪组织内部人员一般大多是分散居住，单线联络，形成一个类似“蜂窝状”的联系网络。[2]

“当前，毒品犯罪越来越向智能化、国际化、集团化方向发展，与毒贩的较量比以往任何时候都更为错综复杂；固守传统措施和方法的侦查思维已经不适应当今社会发展对缉毒工作的要求。”[3]毒品犯罪组织更为国际化，毒品分销网络向多渠道、混合型方向发展；境内外贩毒分子逐步形成组织严密、分工明确的贩毒集团；他们长期从事毒品犯罪活动并积累了雄厚的资金，拥有大量先进的交通、通信工具，形成了供（购）、运、销一条龙的贩毒网络；毒枭往往坐镇境外利用现代化通信工具遥控指挥，由其骨干成员或“马仔”分头负责其中某个环节，而且彼此之间不发生横向联系；采取“人货分离”“钱货分离”的方式成交后，毒资往来通过银行汇兑。[4]“与其他类型犯罪相比，团伙化、集团化及家庭化共同犯罪是目前（驻马店市）毒品犯罪的一个重要特征……主要以血亲、姻亲为基础，逐渐发展到朋友、邻居，其涉毒人员作案时间长，犯罪呈网络化。他们在亲属、同乡、同学、朋友等关系的基础上纠集在一起，共同筹集资金，发挥各自的优势，或寻找毒源、或运输、或卖出，构成稳固的犯罪集团。”[5]

（三）缉毒组织效能缺陷

大陆地区毒品问题实际与国家立法重视不足有关，但在根源上也与当时公检法机关的职能运行缺陷存在明显联系。首先，毒品案件的巨大社会危害

〔1〕李一沐：“边境地区毒品案件中的反情报活动现状与对策研究”，载《武警学院学报》2015年第7期。

〔2〕李一沐：“边境地区毒品案件中的反情报活动现状与对策研究”，载《武警学院学报》2015年第7期。

〔3〕王竹婷：“论侦查谋略在边防部门管辖的毒品案件中的运用”，载《新疆警官高等专科学校学报》2014年第2期。

〔4〕王竹婷：“论侦查谋略在边防部门管辖的毒品案件中的运用”，载《新疆警官高等专科学校学报》2014年第2期。

〔5〕叶厚隽：“驻马店市毒品犯罪的现状特点及成因分析”，载《天中学刊》2006年第3期。

没有引起国家层面的重视，职能机关未及时制定相关的办案规则、规程；其次，公检法机关对于侦查、检察起诉的职能运行不畅，未能及时对于毒品案件实施压力，相关案件长期存在打击不力，甚至“以罚代刑”现象。〔1〕再次，即使在目前国家高度重视毒品问题的时代背景下，专门机关的毒品案件办理依旧严重依赖于“查封堵截”方式，对于吸毒人群、毒品洗钱等环节仍然缺乏有效的应对措施。总体来说，“条块分割、以块为主”的传统公安机构设置，不利于应对目前社会性、多元化、有组织的毒品犯罪现状。1990 年 11 月 23 日，国务院第七十二次常务会议决定成立国家禁毒委员会，负责研究制定中国禁毒方面的重要政策和措施，属于中国最高禁毒领导机构。国家禁毒委员会的办事机构为国家禁毒委员会办公室，设在公安部，办公室负责执行禁毒委员会的各项决定和开展日常工作。1998 年 8 月，根据《公安部职能配置、内设机构和人员编制规定》，在公安部内部机构设立禁毒局（第二十一局）。1999 年 4 月在民政部注册登记成立“中国禁毒基金会”，其是具有独立法人地位的全国性非营利社会团体，业务主管是公安部。对应于国务院的机构设置，各级政府内部成立禁毒委员会，各级禁毒委员会设办公室于该级公安机关，同时各级公安机关内部成立缉毒大队（禁毒缉毒大队）。禁毒委员会主要负责部门之间的联系，以及管辖区域内部的禁毒政策建议等，不涉及毒品案件的侦破。毒品案件依赖于各级公安机关内设的缉毒部门，以及基层派出所。根据公安机关内部规定，毒品案件基本不受刑事诉讼法“管辖制度”制约，办案机关只要发现毒品犯罪线索，就可以立案办理。这在一定程度上，

〔1〕 叶厚隽：“驻马店市毒品犯罪的现状特点及成因分析”，载《天中学刊》2006 年第 3 期。文中举例说明公安部门办理吸毒强戒案件的积极性不高，对吸毒人员的惩戒不力。对于毒品泛滥，新蔡县政府的一位官员曾经在接受记者采访时谈起此事：“那几年穷啊，种啥都不行，农民没有钱赚就种罂粟，我们也是睁一只眼闭一只眼的。”他说，当时的领导负有不可推卸的责任。农民种罂粟简直跟种正常的农作物一样得到了认可，他们按照正常程序向乡一级政府交纳税收，还要缴纳种植罂粟的“特别税收”。个别领导甚至提出“要想富，种罂粟”的荒唐观点。公安、司法等职能部门对毒品犯罪的危害性认识不足，对于农民偷种毒品长期视而不见。2001 年到 2004 年期间，由于办理吸毒强戒案件成本高，包括尿检成本、送戒成本都很高，公安内部受经费限制，不鼓励办理此类案件，在对成员进行绩效考核时对此类案件的成绩打分较低。在其他刑事案件持平或略有上升的情况下，毒品案件数量上升较多，绝大多数法院的刑庭力量并未相应加强，致使刑罚的功能不能得到有效的发挥。2002 年到 2004 年，全市公安机关共破获涉毒案件 1913 件、抓获 2492 人，但同期全市法院受理的毒品案件和案犯却只有 232 件、431 人。也就是说，进入司法程序接受法律审判的案件和案犯比只有 12.13% 和 17.29%。

减少了“条块分割”的机构设置所带来的弊端。

《中共中央关于全面深化改革若干重大问题的决定》第19条规定：国防、外交、国家安全、关系全国统一市场规则和管理等作为中央事权；部分社会保障、跨区域重大项目建设维护等作为中央和地方共同事权，逐步理顺事权关系；区域性公共服务作为地方事权。既然在中央政府与地方政府之间已经就中央事权与地方事权作出了划分，那么，作为政府职能部门的公安机关也自然应对公安机关中央事权与地方事权作出划分。[1]公安缉毒队伍，更应对中央事权与地方事权作出科学和清晰的划分，构建合理的技术手段、人员培训、情报收集系统。

总体上我们可以把各国的警察职能分为三个部分。第一，对于刑事犯罪的侦查和打击，保护良好社会秩序；第二，各种巡逻保护任务，保持公众场所的有序，防范突发事件、敏感事件以及敏感时间点的不特定人群安全；第三，对群众进行的各种管理服务，包括户籍、消防、特殊行业、出入境，警民共建等方面工作。其中第一个问题应该就是警察工作的最核心问题。尽管实际从事刑事犯罪侦查的人员在现代警察系统当中往往只占少数，但是这些警察的工作重心是针对严重刑事犯罪的侦查展开的，这与从事其他公安工作的警察具有明显不同的工作分工。侦查严重刑事犯罪的警察的职业风险、职业技能要求明显要高于从事其他分工的警察，诸如毒品、杀人、抢劫、强奸等恶性案件对于社会秩序的巨大破坏力，会使得公民人身安全表现出强烈的脆弱感和巨大的社会不安。这些恶性刑事案件在公安机关办理的所有案件和社会管理服务工作中，往往只能占到极少的比重，但是这些案件的存在与发生，对于社会秩序的威胁却是巨大的。公安机关具有治安管理机关和刑事司法机关的双重身份，承担的首要社会职责却是社会秩序的维护。尤其应当对毒品、暴力性犯罪等严重刑事犯罪进行犯罪预防、制止以及刑事侦查。至于

---

〔1〕 据统计，截至2018年9月底，甘肃省公安机关共破获毒品犯罪案件1574起，抓获毒品犯罪嫌疑人近1900名，缴获毒品海洛因262.27千克、冰毒25.82千克，有力遏制了毒品犯罪蔓延势头。数据来源于公安部网站：http://www.mps.gov.cn/n2255079/n4242954/n4841045/n4841055/c6279507/content.html，访问日期：2018年11月13日。2017年，云南省共查破涉制毒物品违法犯罪案件159起，缴获欲走私出境的制毒物品1666.3吨，为历年来最高，缴获量居全国第一。破获毒品违法犯罪案件2万余起，抓获违法犯罪嫌疑人2万余名，缴获毒品25.54吨，缴获毒品数量再创历史新高，居全国第一。数据来源于公安部网站：http://www.mps.gov.cn/n2255079/n4242954/n4841045/n4841074/c6155206/content.html，访问日期：2018年11月13日。

警察法所规定的其他任务实际上也应当围绕这些恶性案件向外扩展，随着距离重心越远，其重要性越低。因为第二和第三警务内容实际都是为第一个内容提供各方面的有力保障和条件，当然在中国现有公安制度体制下，警务工作并没有明确区分行政警察与刑事警察；在笔者看来，第二、第三方面的问题实际应当属于行政警务内容。行政警务并非完全与刑事警务隔离，相反，行政警务必须为刑事警务服务。其中，巡逻保护任务，可以包括证人保护、官员护卫等事项；警察社会管理也可以包括警民关系共建等问题，主要是为犯罪侦查提供线索，提高警民关系等内容，因此也可以包括110系统的工作。

在一定范围内应当构建国家统一的缉毒刑事警察队伍，其主要目的是提升国家毒品案件侦破效能，按照专业化原则构建国家专门的刑事侦破机构，不再按照行政区划设置警察机构的人员编制和福利待遇。这样做有利于按照毒品案件的实际发生情况，在不同行政辖区内实现毒品禁政的统一执法；有利于提升目前毒品案件高发区侦破力量不足的现实问题；也有利于应对目前毒品案件往往在多地并发的实际现状，以及提升一线警察的实际待遇和公正考核。

我们认为，某个国家在一定时期内的毒品问题与当时国家的现实掌控力具有极大的关系，国家掌控力越强，毒品问题越弱。毒品问题的出现以及毒品问题的日益猖獗，意味着国家政权对于国民的有效管辖能力出现问题；毒品问题的有效控制，意味着国家的对内秩序良好；反之，则是国家实际管辖能力不足。公检法机关作为国家法定的刑事侦查、起诉、审判机关，不能及时发现、准确认定特定案件的社会危险，应当承担相应责任。好的判例，会指引群众遵守国家法纪；反之，会形成相反的结果，导致极坏的社会影响。未能侦破的毒品罪犯，通过毒品暴利会在群众中间形成“一夜暴富”的极坏示例，给贩毒分子以无声的鼓励。“历史上任何一个社会或权力的存在，都需要一种对公共产品的理想，或至少提出这样一种理想的要求，不可能仅仅通过实行暴力垄断和财政榨取来维持；腐败恰恰是对这样一种理想的否定，使合法性与道德产生危机；一方面腐败作为稳定的因素，通过党政机构间的寻租行为得以继续存在；另一方面作为政治合法性的不稳定因素，腐败威胁到了体制本身，必须予以打击。”〔1〕

〔1〕［法］蒲吉兰：“权力分散、腐败与犯罪——中国问题研究”，载《世界经济与政治》2001年第3期。

（四）毒品案件的经济查获方式

洗钱[1]在毒品犯罪中具有特定地位。毒贩，尤其是有组织毒贩，从事毒品犯罪的主要目的是毒品所产生的利润。若在某种人为设置的格局下，让毒品不再产生利润，或者国家能够从经济角度防范毒品犯罪产生利润，都可能会对毒品犯罪链产生极大的阻止作用，这就是北欧、加拿大等国“软毒品”合法化的思维进路。这种思维方式实际可能只是一种假想，因为毒品“合法化”也可能存在扩大吸毒人群的负面作用，最终反而让国家替毒品组织完成了“吸毒市场”的培育。但是在一定意义上，如果国家能够从复杂的经济关系中发现毒品资金流转，以杜绝毒品犯罪分子的毒资合法化渠道，不仅是对毒品犯罪的严重打击，同时也意味着毒品犯罪侦查可以出现新的侦查手段。

洗钱犯罪不但直接扰乱经济秩序，妨害司法机关对犯罪的侦破，而且还间接侵犯“上游犯罪”被害人的财产所有权。同时，在一定意义上，它又是“上游犯罪”的后续，严重侵害了社会管理秩序。因此，单纯地以其中的某一方面论及该罪的性质明显不妥。而如何认定其犯罪性质并进而依此对之予以分类，要根据各国同这种犯罪作斗争的实际情况并考虑该罪侵犯的主要客体而定。从源头来看，洗钱罪的出现与毒品犯罪具有极为密切的联系。经验显示，毒品犯罪如果与有组织犯罪联系起来，不但毒品犯罪可以获得更多的经济收益，集团化的洗钱行为也会进一步掩饰毒品犯罪利益的非法来源，使毒品犯罪更加难以侦查。两者结合，往往会产生更加强大的社会威胁力。更多的资金支持会进一步加大毒品犯罪的规模和对抗国家的能力，甚至会拉拢腐蚀各级政府机关与合法经济主体的经济运作。20世纪70年代，美国制定了组织犯罪活动、银行秘密、毒品防治等方面的法律用来防范毒品案件的洗钱行为。“洗钱罪”在现在已经不再局限于毒品案件范围，但是不可否认的是如果对毒品案件中的洗钱行为不加以遏制，将会极大影响到毒品案件的实际打击效果。从毒品案件来看，洗钱罪不应当被仅仅认识为“一种破坏经济秩序的

---

〔1〕 由英文Money Laundering翻译而来，意为“将非法金钱合法化”。1989年西方七国及有关国家成立的金融行动工作小组（FATF）定义为：凡隐匿或掩饰因犯罪行为所得财物的真实性质、来源、地点、流向及移转，或协助任何与非法活动有关的人规避法律责任的，均属洗钱行为。洗钱一般有三阶段，第一阶段将“赃钱”处置离开产生地；第二阶段进行各种化整为零和多层化手法，通过变成旅行支票、债券、提单、股票、存入保密银行、电子资金结算、置换物产等方式进行隐匿。第三阶段为通过合法手段进行整合，变成合法资产。

犯罪"，更主要的是"洗钱罪"与"先前罪行"的密集关联程度。洗钱罪并不仅仅是打击洗钱行为，更是国家借以打击毒品犯罪的一种重要方式。[1]

中国规定洗钱罪，始自于《刑法修正案（六）》。《刑法》第191条规定：明知是毒品犯罪、黑社会性质的组织犯罪、恐怖活动犯罪、走私犯罪的所得及其产生的收益，为掩饰、隐瞒其来源和性质，有下列行为之一的，没收实施以上犯罪的所得及其产生的收益，处5年以下有期徒刑或者拘役，并处或者单处洗钱数额5%以上20%以下罚金；情节严重的，处5年以上10年以下有期徒刑，并处洗钱数额5%以上20%以下罚金：①提供资金账户的；②协助将财产转换为现金、金融票据、有价证券的；③通过转账或者其他结算方式协助资金转移的；④协助将资金汇往境外的；⑤以其他方法掩饰、隐瞒犯罪所得及其收益的性质和来源的。

从一些资料来看，[2]目前的反洗钱侦查尚无法实现对毒品案件的侦查辅助工作。必须明确，反洗钱并不仅仅是防止不明资金破坏金融秩序，而是必须将洗钱行为与上游犯罪结合起来看。洗钱是上游毒品犯罪的有机组成部分，并大大增加了毒品犯罪的侦查难度以及增加了毒品犯罪的利润获取渠道。在一些案件中，洗钱收益往往占到毒品总收益的20~30%。几乎所有的国家都在中央层次组建金融情报中心（FIU）作为反洗钱专门机构，其设置主要包括四种方式：一是在警察机关内部设立FIU，二是在司法机关内部设立FIU，三是在金融监管机关设置FIU，四是单独设立FIU。[3]在金融监管机构设置FIU是各国比较通行的方法，比如中国就在人民银行内部设立"中国反洗钱分析检测中心"，但是这种方式存在一个重大不足就是FIU本身并不具有毒品案件自行调查权力，无法真正调查毒品洗钱行为——这在反洗钱行为调查当中是非常不利的，无法发挥情报交叉核实的作用。所以在警察、司法机关、金融监管机关之外设置FIU可能更加合理。从反毒品的角度出发，FIU的任务应该明确规定为瓦解毒品组织的资金周转，从各种会计资料、报表中追查并固定线索、证据，将矛头直接指向隐藏在正常交易中间的毒品巨头。所以在毒品案件的证据研究中，必须为相应的金融侦查规定相应的取证手段和证明渠道。

---

[1] 李圣杰："洗钱罪在刑法上的思考"，载《月旦法学杂志》2004年第12期。

[2] 刘晨、施伟："从经侦视角看毒品案件中的洗钱犯罪与侦查"，载《江苏警官学院学报》2011年第2期。

[3] 杨仁荣："反洗钱国际比较及中国的选择"，载《浙江金融》2004年第4期。

（五）毒品案件与严格证明

办理毒品案件的司法工作人员，一般习惯于认为毒品案件的证明标准必须“适当低于”一般案件。也有一部分理论工作者，在调研报告或者论文中倾向于这种观点。〔1〕但实际上这种说法混淆了严格证明与证明标准的主要含义，在实践中可能会产生较多不良影响。刑事案件的证明标准应该是一致的，不应当因为毒品案件就有所降低。事实上，由于毒品案件的重刑率远高于其他犯罪，毒品案件的证明标准实际不应该低于一般刑事案件。如果在毒品案件中“降低刑事案件证明标准”，将会存在十分明显的逻辑矛盾：判决最重的刑事案件，竟然低于其他刑事案件的证明标准；或者说死刑判决数量最多的案件，没有达到普通刑事案件的证明标准。这实际是一种逻辑悖反。至于实务机关所讲的“证明标准问题”，按照笔者理解，实际是指毒品案件中的法定证明程序问题，也就是严格证明中的证明程序问题。由于我国刑事诉讼法自1979年开始，就只规定过证据形式或证据种类问题，没有规定过“严格证明”的具体程序内容。许多人不理解中国法定的证明程序到底是什么。把严格证明理解为法定的案件证明程度，这实际上是进一步混淆了大陆法系证据调查程序与英美法系证据调查程序。严格证明与自由证明作为大陆法系国家证据法上的基本概念，是德国学者迪恩茨于1926年提出的。英美法系并不存在完全对应的概念。

德国学者克劳思·罗科信认为，对严格证明有以下两种限制：其一为有关法定证据之限制，即被告、证人、鉴定人、勘验及文书证件；其二严格证明之证据需依法定的证据调查程序使用。自由证明之方法法院得以一般实务之惯例调查之，亦即可不拘任何方式来获取可信性（例如以查阅卷宗或电话询问之方式）；在许多案例中对此只需有纯粹的可使人相信之释明程度即已足。〔2〕日本学者田口守一认为，用有证据能力的证据并且经过正式的证据调查程序作出的证明，叫“严格的证明”；其他的证明，叫“自由的证明”；自由证明的证据是否在法庭上出示，出示以后用什么方式调查，由法院裁量。〔3〕所以，

---

〔1〕付斌、高玉蓉：“刑事案件证据证明标准解析———以毒品案件办理过程为例”，载《中国检察官》2017年第2期。

〔2〕［德］克劳思·罗科信：《刑事诉讼法》（第24版），吴丽琪译，法律出版社2003年版，第208页。

〔3〕［日］田口守一：《刑事诉讼法》，刘迪等译，法律出版社2000年版，第219?? 221页。

严格证明是指证据种类（形式）合法，以及证据调查程序合法这两个内容。〔1〕大概相当于传统证据“三性说”中“证据合法性”的证据形式合法与证据调查程序合法（大陆称为“取证程序合法”）两项内容。证据形式不合法的可能在现实的社会中一般难以出现。主要原因在于：一方面，法定的证据形式是对于现实可能的证据形式的总结结果，法官一般难以出现法定范围以外的证据形式；另一个方面，即使社会生活中出现了新的技术和新的证据形式，法律也可以通过法律解释扩大原来的证据形式含义。比如，视听资料被刑事诉讼法规定为独立的证据形式以前，法官一般并不拒绝使用，而是作为书证看待（电子数据，也曾被解释为视听资料使用）。证据调查程序合法，主要是指法官在裁判案件时必须依据法定的证据调查程序进行证据调查。因为德国刑事诉讼法主要规定了四种证据形式，每一种证据形式都随附规定了相应的证据调查程序。对于这种法定的证据调查程序，何家弘教授称之为“法定证明”。〔2〕更为重要的问题是，严格证明应该具有一定的范围。因为刑事诉讼中难以或者没有必要对所有的事项都使用严格证明。凡是被列入严格证明的事项，明显不能使用推理或者经验法则。但是这并不意味着所有的案件或者所有的案件事实都能够得到足够数量的直接证据证明。事实上，严格证明并没有也不可能排除推理等证明方法。推定是法官认定案件事实不可避免的一种方法，因为案件的某些环节总会存在间隔。

毒品案件中的严格证明难点在于，毒品案件的证据常出现证据之间的间隔甚至矛盾问题。证据之间的矛盾，可以通过一定的证据规则进行解决，无非就是证据之间的真实性选择问题。但是这种证据间隔必须要依赖法官的适当推理。在毒品案件中经常出现的间隔问题，主要包括：毒品与贩运者的间

---

〔1〕 闵春雷：“严格证明与自由证明新探”，载《中外法学》2010年第5期。一方面，严格证明所依据的证据必须是法律明确规定的证据且具备证据能力，同时，证明的过程或程序必须严格依照法定的证据调查程序进行。换言之，严格证明所依靠的证据应当是符合法定证据形式的且均具备证据能力的；对证据的调查应在法庭上依法定程序的要求展开，即由举证、质证、认证等证明环节组成，并受到审判公开原则、证据裁判原则、直接言词原则、疑罪从无原则等的规制。另一方面，严格的证明根据及程序决定了证明标准的严格性与至高性，即必须达到排除合理怀疑的标准。以上两大方面的要求相辅相成、缺一不可。与之相对应，自由证明是指证明的根据、程序或标准不受上述严格限制的证明，法官可以采用更为宽泛的证据材料或采取灵活机动的方法来完成证明，也不必都达到排除合理怀疑的证明标准。

〔2〕 何家弘、刘品新：《证据法学》（第5版），法律出版社2013年版，第95页。

隔、毒品制造者与贩运者之间的间隔、毒品出售者与吸毒者之间的间隔。尤其是依赖网络进行毒品犯罪的案件，司法实践中容易出现人货分离、钱货分离所产生的证据隔离现象。毒品案件中出现这种证据间隔问题比较突出，甚至是犯罪分子的主要犯罪方式。这种间隔主要表现为证据之间存在一定的时空脱离；这种现象往往是人为制造出来以防范可能的警方侦破或者证据收集。但是作为小概率事件，可能也会出现无辜者被卷入的可能性。因此，出现时空间隔的案件，办案人员需要认真思考现实的各种可能性，只有在作出合理解释的情况下，才能认定毒品犯罪存在。公检法机关应该有一定的经验总结形式，也应当不断进行这方面的技能总结与培训，提升办案人员判断的准确性。

如何应对证据间隔问题，不仅存在于侦查环节，也同样存在于审判环节。法官对于刑事指控中存在的证据间隔问题，往往倾向于单方面指责办案警察，“在实际办案中，传统的办案理念、侦查策略与措施已经不能完全适应新形势下的毒品犯罪手法，侦查人员对于一些关联性证据的捕捉认识不足，导致对于相关关联性证据的收集不足，因此对于毒品犯罪分子的降格处理现象常发”。〔1〕毒品案件中证据的某些关联环节本身就存在难以把握取证时机的问题，或者某些环节的证据确实存在难以取得、难以保存的客观情况。目前毒品案件侦查中的主要问题是，毒品案件的信息过少，侦查被动地依赖于线人情报，往往是在偶然之中发现毒品犯罪的线索。毒品案件本身又属于重罪，一些重要侦查手段的适用，必须通过一定的程序运转，但是案件的发展却并不受具体办案人员的控制。毒品犯罪分子为逃避侦查，总是会设置各种阻隔，或者是“单线联系”，或者是“人货分离”，或者是使用黑话，或者仅靠易销毁罪证的场所，侦查人员难以从容安排取证的各个环节。当不属于侦查员个人问题，或者个人怠于职守的原因导致证据无法收集、难以认定，法官就不能将案件最终降格指控的问题指向侦查人员。或许，其中也存在审判人员办案时的僵化思维或者司法前见问题。

在伽达默尔哲学解释学中，历史、传统和理解活动的历史性构成前见。可以说，前见是特定的历史情境、历史传统和社会环境作用于理解主体而使

〔1〕 彭俊磊：“新形势下办理运输毒品案件司法实践困境及对策研究”，载《北京警察学院学报》2016 年第 3 期。

理解主体形成的一种先在的思想渗透。每一种解释都被自己的前见所规定，前见不是可有可无甚或是要被驱逐的，它是我们理解的基础和首要条件。[1]法官的前见就是一种非理性的影响其判决的潜在因素，由法官的知识背景、社会经验、法律见解等各种因素综合而成。[2]法官习惯于依赖举证责任分配，使案件所有事实都能够得到明确可靠的证据证实，但是司法实践证明这种理想化的状态基本不可能成为现实，尤其是在毒品案件中。被告人在毒品案件中十分清楚案件毒品被确认的结果，所以通常会一概否认所有对自己不利的控诉证据；但是如果法官对于所有被指控者的口供，倾向于不信任态度时，往往又会有错案发生。因为在极端巧合的情况下，确实会发生被告人被无辜卷入，而自身又无法说明具体情况的情形。笔者认为，毒品案件中的司法前见主要存在四个方面：第一，轻视被告人口供，根本不去考虑实际真实性；第二，过于依赖举证责任，期待控辩对抗能够解决案件判断问题；第三，过于相信证据能够证实全部案件，而怠于行使法官的判断权；第四，过于轻信警方的情况通报，对于线民所提供的信息缺乏审查。

三、毒品案件中的证据运用要点

在司法实践中我们经常会发现有些案件的局部证据甚至是全部证据都极为精准，几乎完全指向得出唯一的案件结论。在传统证据使用习惯或者书证调查方式下，难以发现案件的疑点，但是案件证据本身实际上却是被伪造的。如，“马进孝案”中，在不到半年的时间里，马进孝勾结个别警察联合疯狂制造三起假案，使得荆爱国、彭清、杨树喜等人被冤入狱。[3]基于某些侦查人员参与的原因，案卷中的证据之间的实质性矛盾已经被人为隐藏，案卷中不同来源的证据在某些细节中能够相互契合，甚至相互“印证”。如果单纯用“印证”证明的要点进行核实，案件本身的矛盾难以清晰表现。审判人员如果依赖于事实的第一层面来理解，那么单纯身体动静方面的证据难以发现证据之间的实质性矛盾。虽然案件最终得以纠正，但是案件办理中存在的制度缺陷以及证据制度问题，却并未得到有力改善。基于偶然性原因，法官发现冤

〔1〕资琳：“案件事实认定中法官前见偏差的修正及控制”，载《法商研究》2018年第4期。

〔2〕资琳：“案件事实认定中法官前见偏差的修正及控制”，载《法商研究》2018年第4期。

〔3〕“甘肃缉毒警官导演贩毒案 追回3名无辜生命”，载新浪网新闻中心：http://news.sina.com.cn/c/2004-11-04/09544810485.shtml，访问日期：2019年4月25日。

案线索是在综合三个案件的所有案卷之后出现的一个小“破绽”：三个辖区的基层侦查机关“共享”一个“线民”或者“特情”，最终使得这一系列冤案得以昭雪。如果马进孝在制造假案时，稍微不太“贪婪”，案卷中的细节处理得更加细致一些，或者三个案件间隔时间更长一些，案件的真相可能更加难以发现。从制度建设角度分析，本案办理中的经验教训实际并未得到有效汲取，本案所涉及的证据问题，实际至今尚不能彻底解决。

笔者认为，事实的多个层面往往会纠缠交错地出现在案件当中。有时候我们需要通过各种行为细节来进行案件分析，寻找不同来源的证据之间关于案件细节问题是否存在一致性；有时候却又不得不摆脱细节问题，进行全局性考虑，充分考虑案件的各种合理可能性。前者相当于景物的近景，我们应当仔细观察景物的各种细节，比如说猫的眼睛是否应当符合夏日中午的阳光下的细缝状；后者，则相当于景物的远景，我们不再苛求于诸多的细节，反而要把案件放在细节相对模糊的背景下运用本能判断事实真相。进一步来考虑，上述案件的证明方式实际将案件证据简单视为案卷证据，明显存在“卷宗主义”的操作，无视了辩护方的证据展示，以及被告人口供的合理性。整体上，这种印证模式缺乏高度规范化、充分程序化、多方参与化、外在理性化的操作机制加以支撑，司法主体的单方审查与“内审比对”似乎是这种证明模式的惯常运作形式。〔1〕

迄今为止，司法实践中对于法官证据裁判的实际操作经验缺乏有效的经验总结，案件事实是否真实存在“清楚”或者“不清”，未能有具体明细的操作规范指引。在这个问题方面，毒品案件与一般刑事案件存在一致性。即使在案卷分析中，也存在案卷证据分析的片面性和对于证明责任制度的滥用。“一些基本事实明晰的案件被视为真伪不明，当事人不当地承担了败诉风险……法官通过简单适用证明责任规范分配败诉风险来规避自己的裁判责任。”〔2〕滥用证明责任无形中降低了证据在事实认定中的价值，助长了法官将裁判简单化的惰性思维，即法官不注重对证据本身和证据之争过程的考量，而倾向于直接依据

〔1〕 左卫民：“‘印证’证明模式反思与重塑：基于中国刑事错案的反思”，载《中国法学》2016年第1期。

〔2〕 罗建芳：“事实真伪不明的界定及处置方法”，载《河南工程学院学报（社会科学版）》2011年第1期。

证明责任制度作出裁判，这种惰性思维已经偏离了证明责任制度的初衷。[1]

（一）证人出庭责任

2012年《刑事诉讼法》已经基本构建起证人出庭的主要框架，包括证人作证义务、证人强制出庭、证人保护、证人经济补偿等内容。《以审判为中心的刑事诉讼制度改革的意见》《关于全面推进以审判为中心的刑事诉讼制度改革的实施意见》对于证人出庭问题又进一步进行规定，但是现有刑事庭审中证人出庭比率依旧不高，证人出庭难问题基本没有根本性改变。[2]最高人民法院《关于全面推进以审判为中心的刑事诉讼制度改革的实施意见》明确规定了“对影响定罪量刑的关键证据和控辩双方存在争议的证据，一般应当单独质证”“证据未经当庭出示、辨认、质证等法庭调查程序查证属实，不得作为定案的根据”“控辩双方对证人证言有异议，人民法院认为证人证言对案件定罪量刑有重大影响的，应当通知证人出庭作证”等内容。这表明中国将会建立以传闻规则为主体的庭审证人作证规则。这些规定，应该会有效提高法庭发现能力。

证人出庭的目的是亲自为法庭提供第一手的资料，及自己耳闻目睹的具体内容。这使得法庭可以将自己的裁判依据通过证人的耳闻目睹，超越时空限制，详细考察案发当时的具体环境。法庭对于事实的审理是建立在案件发生在不同的时空条件下的，法庭对于案件的查实必须依赖于案发时遗留下来的各种证据来完成。法庭认定事实既不能完全不顾及现有的证据而无中生有，进行完全无依据的推测、猜想，也不能不顾及案件发生的实际情况要求每个案件的证据都必须达到理想的证明高度。特定的案件往往形成特定的证据，有些个别案件必然会在证据方面出现理想与现实的实然差距。奢望所有的案件都能够达到人为预定的证据完满程度是不现实的。法定的证明标准并不意味着所有的案件都必须要达到理想完满程度。比如：毒品案件中不易出现证人证言，即使出现，也往往与普通案件中的证人身份具有明显的不同。毒品案件的“隐蔽性”决定了普通人一般不会接触到毒品交易的具体信息。能够

---

〔1〕 陈科：“经验与逻辑共存：事实认定困境中法官的裁判思维”，载《法律适用》2012年第2期。

〔2〕 田源、杨继伟：“新刑诉法实施后证人出庭率低的原因分析”，载中国法院网：http://www.chinacourt.org/article/detail/2014/04/id/1285118.shtml，访问日期：2017年5月25日。巨野法院分析了2013年已审结的411件刑事案件后发现，有证人证言的案件287件，审判阶段证人出庭的案件为3件，占全部案件的0.7%。

接触到这些信息的人，往往与案件被告人具有某些身份上的关联或者案件上的关联，根据现有法律却不一定能被允许作为证人出庭作证或者未必愿意作为证人出庭。任何人不能因为罪行或者身份而被剥夺作证的权利和义务，因此，应当在证人作证方面规定与目前法律规定不同的作证原则。比如“特情证言”“污点证人”的讨论，应当区分不同的讨论内容。首先，应当讨论这些证人出庭的必要性；其次，才能讨论现有法律是否允许这些证人出庭，是否能够保证这些证人出庭。这才是讨论这些特殊证人出庭问题的理性次序，而不应该刚好相反。

在任何案件的审判中，证人的作用都是不可取代的，也是不可忽略的。所以证人是否能够成为证人，主要看他是否能够在案件发生时亲自所见所闻，如果受各种条件所限，能够得知案件所见所闻的人在身份上必然具有某些特点，或者具有与被告人的某些身份关联、行为关联，我们都应当尽可能地使其能够成为证人，而不是把这些人排除在证人席之外。证人证言的真假问题与证人的身份问题并不是一回事，尽管这之间往往存在某些联系，使得我们相信与被告人具有亲属关系或者同案犯关系的人的证言并不具有足够说服力。我们认为，与被告人没有这些关系的人的证言的可靠性应该高于有这些关系的人的证言可靠性。但是这种认识存在两个问题：第一，证人的出现并不是我们在案件发生后可以自由选择的，证人的出现具有不可替代性。在案件发生时出现的证人，并不就是这些我们事后裁决的人所认可的证人，能够恰恰出现在案件发生的特定时空环境下。这种想法夸大了裁决者的主观意志。证言只能相对进行可靠性判断，比如同时两个证人目睹了案件发生，一个具有与被告人的某种关系而另外一个不具有，那么我们才可能选择更相信其中一个证人，更不相信另外一个。如果没有选择的时候，在证人与其他不同种类证据的可靠性比较中是没有办法根据证人身份判断证言真假的；第二，证言的可靠性并不取决于证人的身份。该证人是否具有某一特定身份，并不能决定他所说的话一定是真或者一定是假。证人身份问题实际上属于证据形式问题，证言的真假问题属于证据的内容问题。不能根据证据的形式来判断证据的内容真假。这实际上属于“决定论”，即身份决定论。对于证据内容的真假判断，必须依赖于法庭审理由法官进行全案判断。在司法解释中直接规定“与当事人具有某些特定关系的证人证言的效力一般低于与当事人不具有这种关系的证人证言效力”。这实际上过分简单化，也过分绝对化。尽管使用“一般”作为限定词，但是实际上就是直接简单粗暴地规定了法官在裁判时的证据裁决次序，并进而完全否认了这些证人作证的实际效果，一定意义上实际剥夺了这些证人作证的现实可能性。

尽管证人证言应该是陈述，法庭主要通过对于证人陈述的内容进行事实重现，陈述决定了事实重现的主要内容和方向（意见证据规则）。但也应该注意到，证人也存在帮助法庭最终进行准确行为性质判断的作用。一方面，证人出庭的证明作用，以陈述为主要内容，但是并不局限于陈述。证人陈述之外的内容，也应该属于证人证言范围（意见规则的例外）。比如，证人表述的是事件发生当时的自然反应，吃惊、畏惧等表情或者欢喜、期待等心理外化反应，亦能够证明当事人在事件发生时的主要心理态度。另一方面，即使在证人陈述中也同时会存在潜在的判断内容，而且就证人的经验，当时的判断必有其一定的依据和理由。塞耶认为，所有的证人证言具有一定的特性，也就是从一定意义上来讲，都是证人的意见证据，都是现象和心理态度所形成的结论。法庭对于行为细节的盘查或者对于判断依据的盘查，都是有利于案件事实的近景认识或远景认识，都帮助法庭对被告人行为法律性质决断产生了影响作用。所以不能单纯认为证人出庭只是有利于当事人行使“质证权”。证人出庭明显存在帮助法庭查明事实真相的实际作用。让尽可能多的证人进入法庭，而不是排除这些证人的实际作用，明显是有助于证人的证明作用的。

还应当认识到，证人出庭对于法官事实认定权力具有一定的制约含义。证人对于法官事实认定的制约，主要表现在法官裁判时必须解释证人证言的可靠性与法官判决之间的实际关系。也就是证人证言并不是具体要求法官必须进行裁判的具体内容，但是法官在裁判时必须在判决书中具体表明事实认定的理由，尤其是裁判并不能够依据证人证言的内容直接表现出来时，裁判者便会面临裁判依据是否充足的质疑。裁判者要想依旧坚持自己的事实认定，必须对于自己的裁判说明足够充分的理由，并且被大家接受。裁判权力在这种情况下表现出法官裁判权的社会性质，而不是完全由裁判者独有的这种状态，可能使法官更多地产生职业信心是否充分的动摇性心理。所以不宜直接规定“由法官决定”案件中哪些证人可以不出庭或者哪些案件的证人“没有必要”出庭，尤其是由法官决定这些人“没有”出庭必要，这种思路明显违背“程序公正”原则。允许法官裁决实际上是对于法官权力限制色彩的对立面，决定证人是否有权利进入法庭，需要法律对法官进行一定权力限制。如果在法官权力运行比较规范的国家，法官不允许证人出庭必然具有相应的裁决规范或者裁决程序规范；但是当这种规定出现在法官行为必须一直依赖于行政约束的国家，明显具有不合理性。这就使得法官在事实裁判中几乎不受控制，这也从一个侧面说明了法官为何并不是特别愿意证人出庭。

我国《刑事诉讼法》规定的证人证言、证据种类，存在着扩大解释的实践需要。无论是从法庭实际使用规则，还是证据质证方式来看，证人证言没有必要与鉴定意见进行细致的区分。同样的问题也存在于被害人陈述，甚至被告人供述的部分内容当中。将这些证据种类一体纳入人证种类当中将会进一步增强法庭的事实发现能力和证据质证能力。侦查人员出庭，如果不局限于查明刑讯逼供目的，比如允许侦查人员以专家身份进行案件的事实分析或侦查经验判断，自然也就可以使法官对于现实案件侦查经验有更多的借助可能。这都是有利于提高法庭事实发现能力的。

（二）旁证与事实推定

庭审证据被分为直接证据与间接证据，区分标准是证据对于案件事实的证明方式。平等看待各种证据对于案件事实的证明作用，对于法庭准确认定事实具有重要作用。不能说直接证据对于案件事实的证明更加准确或者更不准确，至少现在没有类似的科学调查可以证实这种认识，相反有一些统计认为旁证的可靠性绝对高于证人指认的准确率，也远高于自白的可靠性。〔1〕

实践当中，法官对于间接证据证明中的主要疑虑往往不是旁证的可靠性问题，而是对于旁证证明过程和原理的不解。直接证据的使用依赖于法官对证据是否信任，结论只能是全信或者全不信。间接证据则往往会出现同时具有信与不信的判断，旁证的使用规律就是证据内容是否可靠与事实推定（推理）是否可靠会同时出现在同一个证据的使用中。所以，旁证使用中存在的主要问题是旁证对于法官会形成一种心理上的压力。按照直接证据所判定的案件，如果未来一旦出现错案，法官往往不会将其归因于自己——因为证人做了伪证或者证人、被害人的错误指认所以才出现的错判，要比法官自己直接进行推理出现的错案，对于法官来讲压力可能更小一些。因为旁证使用必须依赖于法官的个人判断，一旦出现错案，只能归因于法官个人。这种潜在的压

〔1〕 Eugenee M. Heeter："Chance of Rain：Rethinking Circumstatial Evidence Jury Instrctions"，*Hastings Law Journal*，64（2013），p. 527.

力会使法官一般不会轻易使用旁证。

旁证最大的优势是数量优势。在每一个案件中，或许只存在数量极为有限的直接证据，但绝对会存在大量的间接证据，这使得我们惯常认为一些“证据不足”的案件，其实还存在大量的旁证。另外，旁证的使用规律更符合法庭的事实发现能力。法庭的事实发现与侦查机关具有很大的不同——有些案件中，比如毒品案件，几乎没办法进行庭外证据调查或者调查的效果并不如其他案件——旁证的调查则相对比较适合法庭的“时空”特点。比如，案件发生时的证据不好收集也极易灭失，但是案发前、案发后的证据则就比较容易收集。这些证据不能直接证明案件的发生过程，但是可以起到一定的证明作用。比如，可以用来证明罪过、目的等犯罪构成要件的存在。

边沁曾言，证据就是“一种关系”，这种关系只有在一个证据与其他证据之间的联系中才能得以体现，单独的一个证据是无法体现出自身价值的。割裂证据之间的关系，孤立地对每个证据进行考察，也无法获得所谓的案件事实。对每一个证据的证明力的判断离不开对所有证据的通盘考虑，每个证据只有在与其他证据的关系中才能显示其意义，没有脱离具体的案件背景以及证据关系孤立存在的证据。我国法律规定，证据必须经过查证属实才能作为定案根据。查证属实的过程就是在具体的案件事实发生、发展的客观背景下，在证据与其他证据的关系中确定证据的资格和证明力的过程。离开特定的背景和其他证据，“查证属实”是无法实现的。比如，对于构成直接证据的证人证言，法官在采纳这些证据之前会详细了解证人的作证资格、与案件是否存在利害关系、证人形成认识过程中的外界环境以及证人的品格等多方面的问题。这样做的意义并不仅仅在于确定证人的资格或者证言的可信性，更在于帮助法官理解证人证言的内容，从而更准确地认定事实。《日本民事诉讼法》第 247 条规定，法院作出判决时，应当斟酌口头辩论的全部意旨和调查证据的结果，依据自由心证判断对于事实的主张是否应认定为真实。

另一方面，直接证据能够“单独”证明案件的主要事实，意味着一个直接证据就可以成为认识的充分条件，即使存在其他的证据也不会对结论产生影响。但事实是，直接证据与证明结果之间的必然联系必须以一定的预设条件为前提。比如，直接证言“甲用刀刺乙数次，乙倒地死亡”之所以可以成为“甲杀害了乙”这一结论的直接证据，是因为存在下列预设前提：①甲是在自己意志的控制下实施该行为的；②甲的行为与乙的死亡之间有因果关系；

③甲不是基于正当防卫等原因实施该行为的。离开这些预设的前提，证言是无法与结论建立联系的。同时，这些预设的前提发生变化也将直接导致证明的结论发生变化。比如，如果乙的死亡不是由甲的行为导致的，此时就不能认定甲实施了杀害乙的行为。

目前的司法实践中一般不承认“辅助证据”或者“辅助事实”，这实际上并不科学。在现有证据中，有些证据能够直接证明案件，我们称之为“直接证据”；有些虽然不能直接证明案件，但是可以间接证明案情，我们称之为“间接证据”。但是也可能存在一种证据，无法证明案件事实，但是可以辅助证明特定证据的可信度，这种证据就可以被称之为“辅助证据”。“辅助证据”并未直接证明案情，所以不属于直接证据，但是，作为对证据可靠性的证明，可以认为属于间接证据的一种。主要包括品格证据、先前行为等种类。我们认为，当然应该优先考虑直接证据，但是并不表示间接证据无足轻重。《刑事诉讼法》第55条第1款规定：“对一切案件的判处都要重证据，重调查研究，不轻信口供。只有被告人供述，没有其他证据的，不能认定被告人有罪和处以刑罚；没有被告人供述，证据确实、充分的，可以认定被告人有罪和处以刑罚。”事实上，许多毒品案件在侦查审判中，往往难以获取到直接证据或者难以确定直接证据的可靠性。这时候，间接证据对于证明案件真相就具有非常重要的作用，即使是“辅助证据”，也往往可以证明犯罪的动机、目的。

四、毒品案件证明要点

（一）刑事案件的主要事实

对于什么是刑事案件的“主要事实”，学界并无精确界定。自早期诉讼法学进行过简单讨论之后，诉讼中的证明对象问题已经日益沉寂，但是在司法实践中的相关问题实际并未得到真正解决。所谓主要事实又称直接事实，是指在判断出现权利发生、变更或消灭之法律效果中直接且必要的事实，换言之，是与作为法条构成要件要素相对应的事实；所谓间接事实，是指借助于经验法则及逻辑法则的作用，在推定主要事实过程中发挥作用的事实；所谓辅助事实是指，用于明确证据能力或证据力的事实。[1]界定主要事实实际是

---

〔1〕［日］高桥宏志：《民事诉讼法制度与理论的深层分析》，林剑锋译，法律出版社2003年版，第340页，转引自孙远：“证明对象、要件事实与犯罪构成”，载《政治与法律》2011年第8期。

对案件审理对象的框定，对证据证明运行过程的分析，也是对法官裁判行为的依据进行的分析。判断某一事实是否属于证明对象，并非是看诉讼中是否需要运用证据对其加以证明，这只是表象；根本性的判断标准应当是相应的法律后果，只有那些在法律逻辑上对产生所欲求的法律后果必不可少的事实，说它是证明对象才更有意义。[1]传统上，我国诉讼法学一直重赋权，轻行权，在法官理性行使裁判权的过程中更多习惯于用“自由心证”一笔带过。殊不知，在这种研究方式下，实际上存在着一种对于法官权力行使的盲目信任和理性分析惰性。从这一角度讲，庭审形式化不仅仅是司法实践所致，实际更是整个法学界的惰性所致。以“自由心证”取代法官认定过程分析、漠视形式化的证据调查、无视证据裁判表决程序中的独断性，庭审形式化就基本不可避免。

依照罪刑法定主义原则，刑事案件的主要事实首先必须符合刑法实体法所规定的犯罪构成要件，并且具有“当罚性”和不具有“违法阻却事由”。从刑事诉讼角度来看，刑事案件的核心争议问题实际只有两个：犯罪行为是否真实发生以及该犯罪行为是否为被追诉人所为。在毒品案件中，控诉方必须在这两个方面能够进行证据的严格证明。对于辩护方，这两个问题也必然是必须反复斟酌、认真对待的主要问题，只要让法官这两个方面的心证产生动摇，毒品辩护就算是达到目标。然而司法实践中，这两个问题并不容易解决。无论是刑事控诉方，还是刑事辩护方，都必须面对证据裁判主义和司法可接受性的巨大阻力：一方面，人的行为具有复杂性、多变性，已经实施的行为可能会存在多种解释；另一方面，法律的条款规定，又必须存在持续性、连续性，在一定时间内必须维持法律的稳定性。法官在进行法庭事实认定时，既要考虑庭审事实本身的真实性，也同时必须考虑庭审事实的可接受性。“司法裁判必须具有权威性，这种权威性应当来源于其可接受性，而非简单地依靠武力或强制性；据此，裁判事实——即法院在裁判中对过去事实的认定——必须具有可接受性。……裁判的合法性应当主要来自于裁判的可接受性。因为当事人接受它，所以尊重它；因为社会公众认可它，所以它对社会公众具有普遍的指导意义。”[2]

---

〔1〕 孙远：“证明对象、要件事实与犯罪构成”，载《政治与法律》2011年第8期。

〔2〕 易延友：“证据法学的理论基础——以裁判事实的可接受性为中心”，载《法学研究》2004年第1期。

从裁判行为角度，事实认定就是法庭对被告先前行为的法律评价，然而法庭的事实认定过程如果脱离法定的证据调查程序，脱离被告人的主体地位，脱离辩方的有效参与，被告人的先前行为可能被法庭错误发现或者错误评价。法律预先规定一定行为范式，要求公众不得为某事或者必须为某事，被告人当时的行为违反了刑事法的规范，可能被发现和记录下来，也可能没有被记录下来。事实是不变的，只有一种状态，不存在真伪或虚假的问题；但是在诉讼程序中的案件事实被证明的实际状态，却并非是唯一的，也并不绝对就是真实的。在证据证明过程中，诉讼的参加者的证据使用行为、证据分析行为，甚至意志状态，显然也会对诉讼结论产生影响；法官等裁判者的司法经验、司法前见，也会对案件最终的认定内容产生直接影响。人的行为对于案件事实的影响显然不是一次性的，而是多次性的：从案件证据收集到法庭中的案件证据出示，都存在证据的固定、收集、出示、评价方面的实在性影响。为了保证庭审证据的真实有效，尤其是庭审证据在诉讼期间内容的真实性，诉讼证据的“鉴真”程序与证据法定调查程序就是必不可少的。从这个角度讲，司法改革最核心的内容就应当是对目前实际运用中的证据制度的改革和创新。当人们在呼吁严禁刑讯逼供行为时，大多数人并没有注意到传统直接证据观念实际潜在地鼓励警察积极获取口供，而较少强调警察去进行细致的现场勘查和证据检验。当人们一直在呼吁解决庭审形式化问题的时候，大多数人没有注意到庭审中证据调查方式的“空转”，必然导致庭审程序的“空心化”“形式化”。缺乏证据“鉴真”环节，导致出现的现象是几乎所有的冤假错案，都直接源自于法庭采信了虚假证据；缺乏证据有效质证环节，导致法庭无法发现侦查阶段制造的虚假证据，无法对于被告人口供的真假进行核实，最终无法判断案件事实的原貌。导致冤案出现的原因非常复杂，“刑讯逼供、违法取证、忽视科技手段的运用、对无罪证据视而不见、轻视律师辩护、有罪推定是导致冤案出现的最主要原因”，[1]但是在上述诸多原因之中，最核心的问题始终是指向法庭的事实发现能力的，而且如果侦查阶段所取得的证据，依旧始终无法得到法庭的有效证据质证，“庭审中心主义”也是难以建立的。

所有上述刑事案件证据证明问题，在毒品案件中实际上都是存在的。基

〔1〕 陈永生：“我国刑事误判问题透视——以 20 起震惊全国的刑事冤案为样本的分析”，载《中国法学》2007 年第 3 期。

于侦查程序的封闭性，毒品案件主要证据源自于侦查机关，毒品案件审判程序中证据核实、证据鉴真、侦查证据的司法审核，具有更加明显的迫切性。相对于一般刑事案件，毒品案件中的庭审事实发现能力更弱，法庭的证据调查手段更少。法庭审判和刑事审判规范中存在的问题，在毒品案件的审判程序中可能更加严重；一般刑事案件中的侦查笔录中心主义，尚存在较多法庭检验手段，辩方也尚有可能掌握较多证据方面的主动性，但在毒品案件中这些条件都不具备。辩护方对法官心证动摇的可能性更小，法官司法前见的影响力更大，控方证据开示程序存在的问题更多。由于刑事法官普遍通过阅读检察机关移送的案卷笔录来展开庭前准备活动，对于证人证言、被害人陈述、被告人供述等言词证据，普遍通过宣读案卷笔录的方式进行法庭调查，法院在判决书中甚至普遍援引侦查人员所制作的案卷笔录，并将其作为判决的基础。因此，中国刑事审判中实际存在着一种以案卷笔录为中心的裁判模式。[1]

（二）毒品案件的主要事实证明

刑法规定的毒品犯罪的范围，包括下述9种情形：①走私、贩卖、运输、制造毒品罪（《刑法》第347条）；②非法持有毒品罪（《刑法》第348条）；③包庇毒品犯罪分子罪（《刑法》第349条）；④窝藏、转移、隐瞒毒品、毒赃罪（《刑法》第349条）；⑤走私制毒物品罪（《刑法》第350条）；⑥非法生产、买卖、运输制毒物品罪（《刑法》第350条）；⑦非法种植毒品原植物罪（《刑法》第351条）；⑧与吸毒有关的犯罪，包括引诱、教唆、欺骗他人吸毒罪；强迫他人吸毒罪（《刑法》第353条）；容留他人吸毒罪（《刑法》第354条）；非法提供麻醉药品、精神药品罪（《刑法》第355条）；⑨毒品法定情节，包括毒品犯罪的再犯（《刑法》第356条），毒品的范围及毒品数量的计算原则（《刑法》第357条）。

按照罪刑法定原则，毒品犯罪的主要事实局限于上述行为范围之内，需要证明的案件事实也主要包括两个方面：第一，上述犯罪行为是否真实发生过；第二，被告人是否真实实施了上述犯罪行为。毒品案件中涉及的行为跨度较大，各种行为之间也存在较大差异。如，毒品运输类案件的主要特点是，

---

〔1〕陈瑞华：“案卷笔录中心主义——对中国刑事审判方式的重新考察”，载《法学研究》2006年第4期。

证明犯罪真实发生的证据与证明犯罪行为确系被告人实施的证据，在实践中往往出现证明目的混同的情况。也就是说，侦查人员可能倾向于在特定的毒品运输案件中，证明被告人实施犯罪行为的证据，也就完成了证明该犯罪行为确实发生过的证据。这种证据证明目的的重合性，容易出现证据证明中的“犹疑心理”：被指控行为的真实发生与被告人实施行为的可能在证明过程中会存在相互干扰。有的案件证据只能证明被指控行为发生过，但是无法证明系被告人实施，这就需要控方在被告人行为方面进行进一步的证据证明。然而，运输毒品犯罪多数是当场抓获，如果证据收集当时就已经出现证据缺损，事后往往也难以补充收集。举个例子，如果乘警在行驶的列车上发现可疑包裹，经检查包裹内有若干毒品。如果仅仅只有这个包裹以及检查发现的毒品，能够证明有人在实施毒品运输，但并不能有效证明这些毒品具体是哪个人实施的。警方当场应当追寻毒品的来源，主要是包裹的有效控制状态和包裹与被告人存在的联系。必要时应当迅速进行指纹提取、周围人群的调查等侦查行为，主要需要查明的是包裹在车上的位置变动、包裹的有效控制、包裹的开合状态等方面的证据。后续的这些取证行为，实际指向的是提取被告人实施行为方面的证据。综合上述内容，需要在运输毒品案件中既注意毒品犯罪行为的证据，也注意毒品实物与被告人之间联系的证据，具体包括下述方面：①应当具备有明确抓获时间、抓获地点、抓获方式的到案经过；②人赃俱获的案件，应当具有从犯罪嫌疑人身上、体内或随身携带物品中起获毒品的搜查笔录、详细记录起获位置的起获经过；③毒品在特定地点单独起获的案件，应当具有毒品地址的租住证明，调取特定地点所有人、管理人或同住人的证言，并要求上述人员对犯罪嫌疑人进行辨认；④对涉案物品、文件全面、及时地予以扣押，对起获毒品、毒品外包装物等物证拍摄照片；⑤对有犯罪线索的物证及时查阅、送检；⑥抓获犯罪嫌疑人的民警的证人证言。

（三）间接证据证明

情况证据（circumstantial evidence 也翻译为“间接证据”“旁证”，在英美法系也会与 indirect evidence 同义）在民事诉讼和刑事诉讼中，是与直接证据相对存在的概念。情况证据是指不能够直接证明案件事实，必须要经过设定、推理，才能证实案件真实情况的证据。情况证据可以被定义为法官和陪审团据以通过该证据所证明事实来推断诉讼争议事实是否存在的那一类证据。情况证据能够直接证明的并不是案件争议事实（案件争议事实有时称为 principal fact 或 factum probandum)，它所证明的事实只是据以推断案件争议事实的依据事实，称为 evidentiary fact 或 factum probans 或 fact relevant to the issue，大陆翻译为“间接事实”。[1]

间接证据的典型例子是在一个指控谋杀案件中，一位证人作证说自己看到被告人手持一把沾血的刀站在一个房子的门前，这个房子就是发现被害人被伤害的房间。检察官通过该证据向法官证实：第一，证人所说的证言是真实的；第二，提示法官应当推断是被告人手持沾血的刀伤害了被害人。间接证据事实可以通过证人证言、法律允许的传闻、文书证据、物证等证据形式加以证实。比如说有个证人作证说自己看到在被告人所有的刀具被发现的夹克衫口袋里面有血迹。陪审团会被法官指导说，首先，假定证人说的是真的；其次，假定站在夹克衫口袋里的血迹来自于那把刀；再次，刀上有血是因为被告人用这把刀刺伤了被害人。这种推理过程可以一直这样进行下去，但是经过的推理次数越多，就距离推理依据越远。因为这种推理中的每一步都只是上一环节中的一个可能性。间接证据只有在被严格限制解释范围的情况下才可以被视为证据，这种证据应当被谨慎地检验，只有这种证据被其他怀疑所恰当加重时，这种证据才是可信的。

间接证据主要包括：倾向性证据、附随证据、事后证据。倾向性证据是指证据指向具体的个体愿意或不愿意去进行某个行为。可能会包括性格、精神或肉体的能力、性格习惯、动机、计划以及规划等。在司法实践中下列证据可能会被允许通过间接事实证明诉讼事实。第一，持续状态中我们可以通过案件发生前的某一时间点的汽车速度来证实案件发生时的开车速度，如果这一段时间内车速一直保持不变的话；第二，正常的交易习惯或业务惯例，惯常的操作中，本案中的行为并未变现出不同特点，就应当视为相应结果发生；第三，习惯，如果没有表现出相反证据，以往的习惯做法可以推定他的相应行为存在；第四，动机或者计划；第五，知识或技能，如果某一犯罪必须以某一能力或技能的存在或不存在为前提，那么这种知识或技能就是与犯罪相关的证据。

[1] 《布莱克法律词典》认为：Evidentiary fact refers to a fact that adds to the probability or validity of some other fact or facts. In simple terms, evidentiary fact may also be defined as a fact that makes other statements more or less valid or true.

附随证据是用来证实被告人确实实施了犯罪行为的一种证据，这些证据证明的事实尽管不是争议事实本身，但是往往伴随着特定犯罪行为而产生，从而可以通过这些证据的存在证明特定犯罪行为发生过。第一，时机和机会，犯罪的时间、地点是控方必须证明的，而辩方的不在场证据也必须是庭审慎重对待的问题；第二，可信的间接证言〔1〕(传闻排除的例外证言部分)，主要包括有助于推断诉讼事实的发生时间、地点、环境等；第三，当时可选择的行为方式，在刑事指控中需要客观评价被告人的主观罪过，指控中就不能带有主观偏见。可以使用其他人在相似境地中的行为来证实被告人的罪过评价问题。

事后证据（retrospectant evidence）是发生于诉讼中的犯罪行为之后的证据，它可以据此推断犯罪行为的特征及存在。比如，发生了一起盗窃案，特定的货物被偷但是没找到犯罪嫌疑人，这时如果有人在案件发生后占有这些被盗的货物，就可以据此推断这个占有人可能与盗窃有关。再比如，我们在一起交通事故发生四小时之后才找到犯罪嫌疑人，并在其血液中检出酒精，一般而言，可以推断事发当时他酒驾了。事后证据包括以下几种：第一，正当性推定,〔2〕除非有足够的证据推翻，一般应当推定已经做出的国家行为是得当的；第二，正常运作推定,〔3〕除非有足够证据推翻，一般应当推定案件中的机器设备运作正常；第三，占有推定所有，除非有足够证据推翻；第四，沉默也是证据，面对对自己不利的指控不进行解释、也不提交证据、不寻找证人；第五，指纹、身体样本、警犬追踪；第六，犯罪是否发生。〔4〕任何一

〔1〕 Res gestae: Secondhand statements considered trustworthy for the purpose of admission as evidence in a lawsuit when repeated by a witness because they were made spontaneously and concurrently with an event.

〔2〕 Omnia praesumuntur rit esse acta: The presumption of regularity is a presumption that forms part of the law of evidence of England and Wales. It is expressed by the maxim of law "omnia praesumuntur rite et solemniter esse acta donec probetur in contrarium", which may be shortened to "omnia praesumuntur rite et solemniter esse acta" or "omnia praesumuntur rite esse acta". Where it has been proved that an "official act" has been done, it will be presumed, until the contrary is proved, that the said act "complied with any necessary formalities" and that the person who did it was "duly appointed".

〔3〕 Mechanical instruments: Presumption that mechanical instruments were in order when they were used.

〔4〕 Corpus delicti: The foundation or material substance of a crime. The phrase corpus delicti might be used to mean the physical object upon which the crime was committed, such as a dead body or the charred remains of a house, or it might signify the act itself, that is, the murder or Arson. The corpus delicti is also used to describe the evidence that proves that a crime has been committed.

个刑事案件都必须回答两个问题，即犯罪是否发生以及被告人是否实施犯罪，其中前一个问题是至关重要的。

（四）毒品案件证据困局分析

1. 证据收集困境的原因分析

第一，毒品案件信息来源有限。毒品案件虽然具有比较大的社会危害性，但是却少见直接受害人。毒品犯罪的主持者、各方参与者在参与毒品的制造、种植、贩运、买卖时，在其行为之初往往就具有毒品犯罪的明知。事实上，除了被无辜卷入毒品案件的人和吸毒人员以外，每个参与毒品犯罪的人均是毒品案件的受益者，也是毒品犯罪行为的主动实施者。这些人明确知道毒品案件的法律规定以及国家对于毒品案件的严厉政策，因此往往会主动消除可能遗留的证据，甚至会相互掩护逃避刑事法律的打击。即便是作案中发生了“黑吃黑”式的暴力犯罪，所谓“受害人”也往往不愿或不敢向警方报案。毒品案件往往发生在一般群众所无法接触的时空条件下，警方无法等待案件信息。毒品犯罪一般均发生在毒品犯罪分子精心挑选的时间、空间当中，行为的发生一般不会引起公众注意。毒品的制造、贩卖、运输都会千方百计地避免被人识别、辨认或发现。毒品犯罪即使在不得不出现于公众场合时，也往往特意对毒品或者毒品运输、贩卖进行各种伪装。总之，毒品案件的发生往往不被主流社会探知，警察需要主动刺探毒品犯罪的各种信息，对于毒品犯罪的侦查，存在极大的证据搜寻难度。

第二，毒品卖方在毒品市场居于优势地位。首先，毒品案件具有暴利，毒品制作者、贩卖运输者往往不惜铤而走险，毒品案件一时难以禁绝。其次，吸毒人群对于毒品具有依赖性，这就导致毒品实际是个卖方主导型市场。最后，毒品案件的证据收集主要指对于毒品卖方证据的收集。毒品市场不存在固定的交易场所和交易对象，毒品来源的复杂，决定了毒品卖方的复杂多变，随机性强。传统的证据收集方式，难以应对毒品卖方的这种多变特点。随着吸毒人群的扩大，警方对于毒品的查缉行动常常只能影响到毒品的价格，毒品打击行为不仅无法直接杜绝毒品犯罪的利润，反而很可能基于警方的打击行为使得毒品市场形成更加垄断的格局。毒品查缉所导致的“毒品查缉悖反效应”是指，毒品查缉越严格，“漏网之鱼”在毒品市场越垄断；毒品数量的减少导致残余毒品的价格与利润增高；残余毒品价格上升，代表单个毒品所获利润的增加，最终犯罪集团的资金聚集规模会增大；毒品犯罪资金聚集的规模，使得毒品犯罪“涉枪”等能力增高，犯罪手段继续增强。所以有效的禁毒措施必须解决三大问题：即如何减少毒品犯罪利润、如何减少贩毒资金聚集、如何有效减少吸毒人群，也就是打击毒品犯罪必须考虑到毒品的市场问题。目前的毒品查缉工作主要针对的是毒品制造、贩卖过程，即“拦查堵截”，对于毒品的市场缺乏研究和针对性。一方面，必须有效地较少吸毒人群，这是直接作用于毒品市场的工作，而且往往更容易直接作用于毒品贩卖行为的实际效果；另一方面，必须有效查缉毒品贩卖背后的金融犯罪。毒品制造、贩卖、运输背后的目的主要是逐利，毒品的生产成本极为低廉，主要的利润存在于国家的严厉打击和查禁行为所导致的风险成本问题。所以往往毒品的销赃、洗钱问题实际上造成的社会危害远远大于毒品小贩。

第三，毒品证据收集存在偶然性。毒品案件的作案“隐蔽性”“封闭性”较强，信息来源有限，证据收集存在偶然性。毒品案件的组织者、参与者明白毒品的巨大社会危害以及国家对于毒品犯罪进行严厉打击的政策。参与毒品犯罪的人，在参与之初就非常清楚最终的法律结果以及一旦罪行暴露所导致的刑罚处罚结果。国家法律对于毒品案件的严厉处罚是高悬在毒贩头顶的一把利剑，迫使其在相对狭小的圈子内进行毒品流通。在这些团伙中，毒品的制造、运输、贩卖必须以相互信任、彼此认同的私人关系为基础。这种排外性，为警方进行“卧底侦查”等主动侦查措施带来极大的不便。因此，警方对于毒品犯罪的情报来源极为有限，不得不依赖于“特情”或者“线报”。但是这种往往存在“以贩养吸”行为的毒品下线人员以及基于“奖金”或者“悬赏”维系的“机会贪利型”信息提供者，自身的信用确实存在可疑之处。毒品案件作为一种刑罚处罚极为严厉的刑事案件，其起诉与审判的证据链应该也是极为严格的。毒品案件的事实查实程序也应该具有相应的严格要求。这种证据来源的稀缺性与对证据的严格要求之间的矛盾，往往具体化为公检法在具体案件中表现出的争执。公安机关认为案件已经破获，但是法院和检察院则认为现有证据只能证明存在犯罪的可能性。许多时候，警方不得不回到自己能够掌握的毒品拦查堵截方法，缉毒严重依赖于被动的信息等待方式。事实上，警方也应当重新审视自己在毒品案件中情报获取方面的极大不足。如果毒品案件的信息来源一直把控在“特情”手中，这种极为危险的情报获取渠道决定了整个刑事司法系统不得不依赖于线人所具有的人格魅力或者警方对其可能的控制程度。其主要的法律难题在于：其一，案件信息来源存在不可控性；其二，对“特情”本身不能完全掌控。一般警方会在吸毒人群中寻找可能的毒品来源线索，但是吸毒人群与案件的源头存在较远距离；其三，“特情”措施本身缺乏法律的明确规定，其权益没有法律保障；其四，这种“特情”未必会存在真正的自愿奉献精神，“特情”反水的可能确实存在。

第四，多地取证困难。毒品案件涉及地区广，需要多地警察协调，取证比较困难。毒品案件并不局限于案发当地，毒品制造和销售往往会呈现网络状牵动多个地区。毒品的制造、运输、销售可能存在多个犯罪行为实施地，同时毒品流通也会经过多个辖区。甲地制造的毒品可能会被销售至乙地、丙地、丁地，可能在运输途中的戊地被发现，在已地被抓捕。当进入网络时代后，毒品案件的这种多地关联更加具有复杂性。毒品交易双方可能在网上都采取虚拟身份，所以一场交易下来，交易双方都不知道彼此的真实身份，大大增强了案件侦破的复杂性和证据收集的困难度。不仅涉案毒品的流动性强，流通经历繁杂，仅仅毒品交易者的身份就不再局限于某一个具体的现实地域，案件的管辖和协调都非常复杂。[1]《大连会议纪要》曾经对于毒品案件的这种特殊性，规定了毒品案件管辖的“犯罪地”范围，不仅包括犯罪预谋地、毒资筹集地、交易进行地、运输途经地以及毒品生产地，也包括毒资、毒赃和毒品藏匿地、转移地、走私或者贩运毒品目的地等。

我国受到“金三角”“金星月”两大世界毒源地夹击，不断被毒品渗透。进入市场经济时代后，毒品问题已经很难局限于中国境内，毒品的制造、运输、贩卖可能会有部分环节发生于国外。在内地，新型毒品制毒案件也常在多地发生。随着制毒数量不断增高，毒品贩卖路线会更加复杂多变。中国境内参与世界毒品交易的毒品流通渠道和网络业已成型。毒品案件并不会集中在某一具体界域，而是表现为在多地、多国流窜，毒品按照一定路线，一定方式进行多地、多国流通。这种案件的侦查、起诉以及证据收集应该更为困难。

2. 主观方面的证明困境分析

首先，毒品犯罪一般难以取得口供。在司法实践中，办案机关是非常注

〔1〕 2016年11月至2017年10月，济南警方成功破获涉及全国17省40市的“2.06”特大网络制贩毒案（部目标2017-18号目标案件），先后打掉制毒（制毒物品）场点18处，抓获制贩毒嫌疑人110余名，缴获甲卡西酮、冰毒等各类毒品3.95吨，溴代苯丙酮、麻黄素等重点制毒物品6吨，其他制毒原料和配剂5吨，仿制手枪2支，爆炸物1宗，毒资500余万元，运毒作案车辆40余部。

重拿到毒品案件的有力口供的，但是在实践调查中这种案件出现的比率却非常小。毒品案件的罪过证明要求必须确定犯罪嫌疑人拿毒品去干什么用了，也就是其主观心理态度是什么，犯罪分子的口供，在其他案件中证明这一问题可以起到非常重要的作用。但是在毒品案件中，真正的毒品犯罪者却是非常抵触言辞方式的讯问，或者言辞讯问方式很难得到真正的“口供”。随着“非法证据排除”的具体规定，以及对于刑讯逼供现象的进一步清理，毒品案件中口供的“取得”必要与“取得”方式存在一定程度上的对立，往往使得具体办案人员存在一定的压力。

其次，犯罪目的常难以查明。在具体的毒品案件中，被告人究竟是想要贩卖得到高额的差价，想吸毒，还是想帮别人运输毒品赚取运费等，这些情节的查明对于案件本身的定性以及被告人主观罪过的确定都具有非常重要的作用。但是，这些问题往往是难以查明的。为了逃避可能存在的侦查或者防范事后被追查，犯罪嫌疑人常常使用一些具有迷惑性的行为、语言。原本是出于获取高额报酬目的而代运毒品的，可能在某些环节会假装成不知情。当犯罪被稽查后，在某些细节问题上就可能存在与完全不知情的案外人相似的行为表现；而真正无辜被卷入毒品运输、贩卖案件的案外人，可能又存在某些行为细节与毒品犯罪行为相似的特征。

再次，网络时代的罪过证实，也存在一定认定难度。利用网络进行毒品贩卖的犯罪分子，可能存在彼此并不认识、单纯依赖网络达成的共同故意。贪利性犯罪加网络联系就会出现这种陌生人之间达成的共同犯意，但是传统刑法理论中并不一定承认这种共同故意；毒品犯罪上下游之间，可能使用外人看来含义模糊的“黑话”，彼此进行细节沟通，这种联络方式可能会妨碍庭审中的罪过证实；网络空间中，犯意联络存在“单向性”“片面性”等特点，导致故意罪过难以认定。“单向性”是指，犯意沟通时，并不是指向具体的某个个体，而是可能向圈内很多不特定人发起的邀请。“片面性”，是指双方的交流用语，含义模糊，经常一语双关，难以清楚证明存在犯罪故意。

最后，口供的使用难度较高。《大连会议纪要》指出，“只有被告人的口供与同案其他被告人供述吻合，并且完全排除诱供、逼供、串供等情形，被告人的口供与同案被告人的供述才可作为定案的证据。”仅有口供作为定案证据的，对其判处死刑立即执行要特别慎重。根据这一精神，对此类案件的认定，应同时具备下列条件：第一，各被告人分别关押、讯问，能够彻底排除串供；第二，各被告人的口供都是在没有任何违法的条件下取得，能绝对排除诱供、逼供等情形；第三，各共犯供述的犯罪情节基本一致；第四，各被告人在侦查、起诉、审判环节对主要事实没有翻供，虽有翻供现象，但法官在综合证据认证时，能确定被告人翻供不能成立。只有具备上述条件，同时法官要通过认真细致审查，严格把关，才能将共犯之间视为互为证人关系，从而作为定案依据。

3. 特情证据使用困境原因分析

特情搜集相关证据材料时，限于案件特殊情况和现实条件，往往无法按照规范的取证标准对相关证据材料进行收集归纳。因此特情参与毒品案件侦查所搜集到的证据在证据形式上呈现出了多样化的特征，有可能是各种反映毒品加工制作现场的音视频资料、传递毒品犯罪交易动向的物证书证，也有可能是通过窃听窃照而获取的毒品走私运输的渠道信息。种种涉案线索信息的呈现不可能在进入诉讼程序以后继续沿用现场获得的原始形式，而最好在进入法庭调查程序前选择一种较为便宜并且更为规范的方式呈现。当然，这样一种表述并不是说要转变证据的内容或者改变证据的属性，因为从证明案件事实、还原罪案现场原貌的角度来看，越是原始直接且越是形象化的证明材料其所发挥的证明价值也越大，也越容易被事实认定者所采纳。但是任何过往事实的呈现过程不可能存在百分之百的保真式溯源，证据作为过往事实在时间、空间线索中折射的破碎“镜像”，必然要借助于一定的媒介和具体呈现方式在法庭上进行展现。特情参与毒品案件侦查活动所取得的证明材料必然要通过法定侦查员之手来进行判别，通过这样一种“甄别”筛选，侦查人员在证据呈现方式上其实仍然有一定的自由权，这种自由必然是以为了在后续的诉讼进程中更加规范地推进案件公诉进程为目的和限制。

在特情证据种类划分的论述中，特情侦查所获证据可以依据不同的证明阶段而较为粗略地分为过程证明性质的证据和结果证明性质的证据。实务中公安侦查机关在出具这些“证明”“情况说明”“破案经过”时，以文字内容作为证明特定事项的表达形式，一定意义上是将这些于案件事实形成过程和为补正说明具体事实证据细节的说明材料视为法定八种证据之中的“书证”来使用的；而特情使用录音笔、摄像机、手机智能终端等电子设备记录案件事实、发案具体的全过程或者特定的关键事实片段而形成录音录像资料则被作为具有结果证明性质的“视听资料、电子数据”。那么在特情运用的实践中是否也可以以此为据，将毒品案件中特情所搜集到的各种不同面貌、不同形式的证明材料进行种类归属划分，并通过法定侦查机关进行一次形式规范意义上的转化，这样既能够保证认定案件事实的关键证明材料得以顺理成章地进入法庭，也能够在一定意义上保护侦查秘密不被泄露，同时也降低了特情人员的后顾之忧。当然，这种形式规范意义上的转化不可避免地要使用到一定的技术手段和措施，如何既能够保证证据原始真实属性不被过度遮蔽，又能够在法庭得到双方有效的质证，这种转化的具体限度有什么样的标准，在严格证据规则下如何探索适用，这些都是全新的问题。毫无疑问的一点是，当前诉讼实务活动中所采用的经侦查部门而予以转化的“证据”形式，不论在规范依据上还是实务运用过程中都显现出了非常明显的困境，亟须通过经验事实总结和理论规范指导探索出一种既符合证据规范标准又能够便于在诉讼实务活动中运用的转换模式。〔1〕

〔1〕 调研组在问卷中假设“特情”参与案件由公安机关直诉，检察院无人同意这种直诉建议，法院有2人同意；对于这种问题的具体解决方式，检察院2人同意毒品案件主办侦查员出庭，法院则有5人同意。为了彻底解决“特情”证言问题，笔者认为可以进行部分毒品案件的“直诉”，也就是由侦查机关直接起诉至法院。这种起诉方式的优点在于，由公安机关决定是否要求“特情”出庭进行作证。对于必须出庭的“特情”，直诉的公安机关将会进行更加严格的证人保护，因为这直接决定了直诉案件的成败。在本次调研中，检察官无人同意这种直诉，可见其中的职权归属问题还是比较敏感的。

第三章 人身搜查与取证

Chapter 3

一、搜查与搜查的分类

（一）搜查程序问题

搜查，是刑事诉讼中一项重要的侦查手段，也是刑事诉讼中重要的证据收集方法。同时，搜查也是警察执法权的重要内容之一，具有明显的强制性，对于公民基本权利具有重要影响。搜查的程序、场所、对象、方式直接关系到住宅权、身体权、隐私权等公民基本权利。搜查一直属于《宪法》和《刑事诉讼法》特别关注的法律规范内容。随着现代社会计算机技术的广泛使用，计算机内存储的数据、信息的提取与固定问题也随之进入搜查制度的讨论范围。为获取生物样本、体内藏毒而进行的搜查也需要规定符合侦查实际的程序。另外，由于毒品案件中大量使用技术侦查措施，“隐秘谈话”“卧底侦查”“窃听”是否应当受到《宪法》和《刑事诉讼法》搜查规定的约束，也是新出现的法律问题。

基于搜查对公民基本权利的侵犯，法治发达国家的刑事诉讼法及判例原则上都要求搜查须经法官审查批准后方可实施。[1]关于搜查措施启动的实体条件，在各国有所差异，德、日等国刑事诉讼法规定，针对犯罪嫌疑人本人的搜查，通常只要求目的正当，即可启动搜查措施。如《德国刑事诉讼法典》第102条规定，对具有犯罪行为主犯、共犯嫌疑，或者具有庇护、藏匿犯人或者赃物罪嫌疑的人员，为了破获案件，或者在推测进行搜查可能收集到证据材料的时候，可以搜查他的住房以及他的人身和属于他的物品；《日本刑事

〔1〕 左卫民：“规避与替代——搜查运行机制的实证考察”，载《中国法学》2007年第3期。

诉讼法典》第102条规定，法院在必要时，可以对被告人的身体、物品、住居或其他的场所，进行搜查。而意大利的规定则与美国法的“合理根据”（probable cause）较为相似，《意大利刑事诉讼法典》第247条及《美国联邦宪法第四修正案》规定，要求搜查的启动必须有确定的事实根据来证明特定的证据或犯罪嫌疑人、被告人处于特定的身份或场所，必须在确有理由认为某人身上藏有犯罪物证或者与犯罪有关的物品，或确有理由认为前述物品处于某一特定地点或者在某一特定地点可能逮捕被告人或逃犯时，才可以对人身或场所进行搜查。

我国《宪法》第37条规定：“中华人民共和国公民的人身自由不受侵犯。任何公民，非经人民检察院批准或者决定或者人民法院决定，并由公安机关执行，不受逮捕。禁止非法拘禁和以其他方法非法剥夺或者限制公民的人身自由，禁止非法搜查公民的身体。”与其他国家法律的规定不相同的是，我国《宪法》在搜查程序中，并未明确提出公民隐私权或住宅权，而是强调公民的人身自由不受非法剥夺与限制。我国《刑事诉讼法》第136条至第140条规定了搜查的目的、被搜查人义务、搜查证出示、在场见证人、搜查笔录等内容，但是也没有对搜查程序进行细致区分。按照执法程序，主要规定的内容是：搜查分为有证搜查和无证搜查两种、搜查必须制作笔录，其中缺乏对于搜查的司法事后审查内容。2010年6月13日，最高人民法院、最高人民检察院、公安部、国家安全部、司法部联合发布了《关于办理刑事案件排除非法证据若干问题的规定》和《关于办理死刑案件审查判断证据若干问题的规定》，其中提出非法搜查所获实物证据的“可补正”问题，虽然审查的内容极为有限，但是明确提出审判机关对于搜查所获证据可以进行证据合法性审查。完整的司法事后审查制度，主要建立于2012年《刑事诉讼法》的修正内容。《刑事诉讼法》第56条规定：收集物证、书证不符合法定程序，可能严重影响司法公正的，应当予以补正或者作出合理解释；不能补正或者作出合理解释的，对该证据应当予以排除。

现有搜查程序的法律规定，主要的问题是对于搜查程序未能明确进行立法分类，隐私权、住宅权未能获得法律认可；人身搜查、电子数据搜查、特定技术侦查程序中与搜查相关程序的可操作性不强；司法实践中未能解决长期存在的搜查程序不规范问题等。“立法上刑事诉讼法虽然规定了搜查适用的实体条件以及持证搜查的原则，但却并未规定搜查证获取的程序；实践中，搜查程序表现出较大的任意性，主要表现为：有证搜查数量稀少，大量使用无证搜查，不按规定制作搜查笔录，用检查、留置、治安检查等行政手段替代法定搜查程序。”[1]鉴于刑事案件办理中的实践需求，搜查程序中的无证搜查具有一定的合理性，但是对于无证搜查应当规定严格的司法事后审查程序，以保障涉案人员的人身自由、财产权利、住宅权、隐私权。可见学术界的批评其实主要表现在司法实践中未能有效贯彻立法精神，缺乏有效的证据审查、制约程序，而这一问题的核心，实际是“审判中心”未能确立，表现为司法事后审查程序的“非法证据排除规则”难以对搜查程序进行有效制约。根本问题有两个：一是侦查证据只移送侦查所获证据，审判机关难以对侦查行为实施过程进行有效监督；二是立法未对被搜查人的权利进行立法确认，对于人身搜查、场所搜查、拦截搜查、住宅搜查、电子搜查未能细致规定其中的权利保障程序。按照中国现行的“二元制立法体系”，立法问题更多源于最高人民法院和最高人民检察院未能对于司法实践中的操作程序进行具体可行的制度规范。尤其是，审判程序无法有效进行证据审查与证据排除，无法有效针对侦查、技术侦查等取证程序进行司法事后审查是目前搜查程序的根本问题。最高人民法院《关于深化人民法院司法体制综合配套改革的意见 ——人民法院第五个五年改革纲要（2019-2023）》第 43 条提出：深化以审判为中心的刑事诉讼制度改革，推进落实庭前会议制度、非法证据排除制度，完善法庭调查程序，落实证人、鉴定人、侦查人员出庭作证制度，落实和完善技术侦查证据的随案移送和法庭调查规则，确保庭审发挥实质性作用。

（二）搜查分类问题

搜查程序应该进行分类，主要的原因是只有在分类讨论中才能够明确搜查程序中不同的搜查执法程序与权利保护程序。统一的搜查规定，往往难以考虑到实践当中的具体问题。然而，分类就必须有相关的分类标准。依笔者看，遵循相应宪法性权利，适当考虑执法目的和执法程序中的便利性，可以作为分类依据的参照标准。按照目前的讨论，依被搜查人的主要实体权利，可分为住宅搜查、场所搜查、人身搜查、个人信息搜查；依被搜查人的程序性保障，可分为有证搜查、无证搜查；另外，考虑到警方执法目的、性质不同，可分为拦截搜查、附带搜查、行政执法检查；最后，考虑到案件严重性

---

〔1〕 左卫民：“规避与替代——搜查运行机制的实证考察”，载《中国法学》2007 年第 3 期。

不同，多种搜查方式可能存在竞合问题，可分为单一搜查与竞合搜查。这些搜查的主要目的与程序应该存在相应的区别。统一的“搜查”概念或者法律规定的统一搜查程序，往往无法应对具体程序中的现实问题，既不利于被搜查人权利保护，也不利于警方在执法中应当明确的执法规范，导致搜查所获证据被法院排除。

住宅搜查、场所搜查、人身搜查、个人信息搜查这几种搜查方式，相对应的是公民的“住宅权”“隐私权”“人身自由”“个人信息安全”等实体权利。虽然我国宪法没有明确规定“隐私权”“住宅权”“个人信息安全权利”，但是考虑到随着经济社会事务的管理日趋细化，国家法治日益进步，这些权利也可以被解释为宪法性的公民基本权利，甚至可以被解释为广义的“人身自由”。〔1〕在这些法律权益中，住宅权保护和人身自由保护一般应该高于特定场所安全、个人信息安全，因而对于住宅搜查、人身搜查的限制条件应当较高。如规定搜查目的、搜查范围、证据基础等限制，原则上住宅搜查只能进行有证搜查，紧急情况下进行无证搜查，并通过司法事后审查紧急情况是否属于警方规避搜查证据的条件限制。鉴于毒品案件实务中，常出现的“特殊人群”〔2〕带毒问题，对于人身搜查应该安排搜查执行、搜查程序的后续安置、羁押规定，减小一线缉毒警察的执法难度。“个人信息安全”和“隐私权”问题，应该设置信息搜查的案件等级限制，和侦查所获个人信息的保密、销毁程序。原则上只能允许严重刑事案件、恶性刑事案件、社会危害性巨大案件的个人信息搜查。案件侦查结束后，证据随案移送，与案件无关的个人信息应该依法销毁。

有证搜查、无证搜查是按照搜查是否经历前置程序进行的分类，实际上

〔1〕 张明楷：《刑法的基本立场》，中国法制出版社 2002 年版，第 137 页以下。即便法律条文对构成要件的文字表述没有变化，但如果被保护的法益发生了变更，法律对构成要件的解释也必然发生改变，不能因为文字表述没有变化，就依然适用原来的解释。

〔2〕 “特殊人群”是指身体残疾、怀孕妇女、哺乳期妇女、未成年人。这些人员参与毒品犯罪，增大了警察执法的难度：人身搜查、羁押、判决执行几个方面均存在执行难度。特殊人群犯罪后，法院的判决起不到相应的作用，犯罪分子关不进去，往往又重新进行犯罪。《看守所条例》第 10 条规定，看守所收押人犯，应当对其进行健康检查，如出现“患有精神病或者急性传染病的”“患有其他严重疾病，在羁押中可能发生生命危险或者生活不能自理的”“怀孕或者哺乳自己不满一周岁的婴儿的妇女”三种情形之一的，不予收押。《看守所法（公开征求意见稿）》第 30 条对此规定了“涉嫌严重危害社会的犯罪，不羁押不足以防止发生社会危险性，以及自伤自残”两种例外条件，但是并未能解决办案困难。

是针对公民重要权利保护而设置的一种前置审查制度。经过事先审查的搜查叫作有证搜查，情况紧急来不及经过事先审查的搜查，就是无证搜查。虽然各国在制度规定中，一般都倾向于以司法事先审查为原则，但是在实践中实际是无证搜查往往占搜查数量的多数，而真正经历搜查前司法审查的案件只占少数。〔1〕毒品案件的一个重要特点就是案件信息来源非常有限，办案警察往往难以估计合适的证据收集时机，加之现有警察管理的权限设置并不符合办案实际需要。有证搜查，或者司法事先审查的可行性，不应该被高估。当然作为对于公民基本权利的保护设置，应该规定在条件适宜情况下，警方应该申请搜查证审查。在无证搜查中，应该规定明确的司法事后审查程序，通过审判程序中的“非法证据排除规则”，将那些搜查程序严重违法、警方滥用搜查权力、搜查导致超出实际必要伤害的搜查所获证据驱离法庭，通过司法建议等方式对于警察执法过程进行司法监督，也算作对公民基本权利的保护程序。

附带搜查属于刑事诉讼法的搜查措施范围，检查、拦截搜查，实际只是一种警方的行政执法行为，不属于刑事诉讼法规定事项。但是，2012 年修订的《警察法》并未明确区分行政警察与刑事警察，行政执法与刑事执法都是公安机关的实际职责。在中国司法实践中，公安机关进行的行政执法与刑事执法环节往往相互纠缠在一起。以行政手段取代刑事执法，或者以行政留置、检查替代刑事搜查，绕过刑事诉讼法执法约束的问题一直存在。所以，有必要将这三种并列为毒品案件办理中的搜查手段，并明确规定各自的执法条件。“刑事附带搜查，是指执法者在采取拘留、逮捕、羁押等强制措施之时，虽无搜查证，也可以搜查该人身体及随身携带物品、所使用的交通工具、立即可触及的处所、住宅等的制度。”〔2〕附带搜查，是不需要司法事先审查的，警方的搜查行为实际被一个更为重要的指令赋予了搜查权力，一般是指警方在进行逮捕、抓捕等强力执法过程中，出于执法过程的需要或者执法程序内包含

---

〔1〕 在英国的刑事诉讼实践中，绝大多数的搜查都是无证搜查，只有很少一部分搜查是通过常规的程序进行的有证搜查。据调查，经治安法官审查批准后的搜查只占全部搜查的 12%，而无证搜查达 88%，其中经过被搜查对象同意后进行的无证搜查为 33%，附带于逮捕的无证搜查占 55%。参见孙长永：《侦查程序与人权——比较法考察》，中国方正出版社 2000 年版，第 106 页，转引自左卫民：“规避与替代——搜查运行机制的实证考察”，载《中国法学》2007 年第 3 期。

〔2〕 杨雄：“论我国刑事附带搜查制度的重构——以美国法为参照的分析”，载《福建公安高等专科学校学报》2006 年第 1 期。

关系，从而被赋予了搜查权力。“拦截搜查”本身应该属于警察的行政执法范畴，[1]但那是随着特定犯罪增加，警方执法环节已经难以继续严格区分行政执法手段与刑事侦查手段。为了打击绑架、足球流氓等暴力犯罪，英国议会在1994年《刑事司法与公共秩序法》第60条确立了新的拦截与搜查权，在预期有暴力行为发生时适用。[2]《警察法》所规定的“现场管制”“检查、盘查”，实际具有拦截搜查的实际效力。毒品案件中，由于依赖于“线人”提供案件信息，警方一般根据线报采取“查封堵截”方式进行布控。“拦截搜查”没有被规定入法律，实际并不利于办案警察的执法过程、权利保护，同时对于被搜查的人员也存在较大执法风险。检查或者“行政检查”，一般是指警察在行政执法过程中，发现人或者场所存在违法犯罪可能，因而对这些目标所采取的搜查行为。有时候，警方会通过行政检查先行获取证据，然后进行刑事立案或者采取其他刑事侦查行为。在毒品案件中，行政检查也是警方常见的取证方法之一。警方不采取刑事措施，而选择行政搜查的目的无非是两个：其一，刑事搜查属于刑事侦查手段不能在立案前程序适用，但是有时候案件可能还没有立案，按照规定只能采取行政手段进行情况了解；其二，刑事搜查需要相应的搜查证办理手续，办案警察来不及办理搜查证或者当时只是怀疑，没有证据达到搜查证办理的要求。

二、毒品案件的人身搜查

按照《刑事诉讼法》第136条规定，“为了收集犯罪证据、查获犯罪人，

---

〔1〕 1984年《警察与刑事证据法》第1条集中规定了在“合理怀疑”（reasonable grounds for suspecting）前提下的拦截与搜查权，即警察如有合理理由怀疑在公共场所的任何人或车辆涉嫌藏有被盗物品或违禁品，即可就地拦截和搜查可疑人员或可疑车辆，并有权为搜查目的而扣留人或车辆，一旦发现这些物品，给予没收。

〔2〕 刘海鸥：“英国警察拦截与搜查权的发展变化”，载《河北法学》2006年第8期。当警监（superintendent）及以上级别警官有合理理由相信本警区内可能发生严重暴力事件，迫切需要运用拦截权和搜查权加以制止时，它可以授权着装警察执行拦截与搜查行为。授权书上应说明可能行使该授权的地点以及执行授权的有效时间（最长不得超过24小时），该授权必须采用书面形式或情况允许时在最短时间内补充书面形式。如果严重暴力事件近在眼前，而警监（superintendent）因故无法及时授权，可先由警督（inspector）授权进行拦截与搜查。如果暴力事件确已发生，或被怀疑已经发生，并认为有必要继续使用该授权来防止或处理此类事件的继续发生，则拦截与搜查的期限可再延长6小时。为阻止或预防暴力事件发生而行使拦截与搜查权时，不以警察有合理理由怀疑该人或车辆携带凶器为前提条件。

侦查人员可以对犯罪嫌疑人以及可能隐藏罪犯或者犯罪证据的人的身体、物品、住处和其他有关的地方进行搜查。”我们可以简单推出人身搜查就是为了查获、收集犯罪证据而对犯罪嫌疑人进行的搜查。但是这个概念显然过于简单：第一，人身搜查中的主要权益没有表述。人身搜查与物品搜查、场所搜查、住宅搜查存在明显的权益区别。基于公民人身自由的保护，人身搜查应该列明保护权益的范围，因为搜查带有明显的强制性，权益不同，执法的对象和程序就会出现差异。如，人身搜查是否包括体表搜查、体内搜查、生物样本提取，或者更具侵犯性的内容。针对犯罪嫌疑人体内藏毒的情况，现有规定难以提供具体的搜查范围。第二，执法程序没有表述。作为强制性侦查措施，人身搜查与警察行政执法中的人身检查应该具有明显区别，但上述概念却没有具体表述。实际执法过程中，刑事搜查与行政检查的程序、方式、要求基本一致，难以表现刑事强制性侦查行为的严肃性。第三，司法审查程序没有表述。《刑事诉讼法》第 138 条第 1 款规定搜查必须出具搜查证，第 2 款规定附带搜查，即“执行逮捕、拘留的时候，遇有紧急情况，不另用搜查证也可以进行搜查”。但是存在三个问题：第一，一概禁止无证搜查，显然不符合侦查实践要求；第二，没有表述“搜查证”如何取得，反而削弱了搜查证对于搜查的约束力；第三，没有表述搜查程序的司法事后审查程序，使得不当搜查行为难以受到有效制约。

人体运毒或者人体藏毒，在毒品案件侦破中较为常见，与此相关的法律规定却又较少。利用“特殊人群”进行运毒，往往是执法中的难点问题，其原因之一就是，具体规定少，办案机关负担过重。所谓“人体运毒”，就是在贴身隐秘部位藏毒或者将毒品严密包裹之后藏入身体器官之内，意图瞒过国家执法部门检查。“特殊人群”主要是指孕妇、哺乳期妇女、残疾人、未成年人，利用“特殊人群”运毒，就是让上述人士将毒品藏入体内或身体隐私部位，利用执法人员的恻隐之心，意图通过毒品检查。体表藏毒，实际较为容易被检查发现，但是体内藏毒则存在执法困境：搜查的法律规定不具体，搜查的执法程序缺乏依据。2010 年公安部发布的内部文件《公安机关人民警察现场制止违法犯罪行为操作规程》第 6 章“人身安全检查”，是目前能够找到的对于人身搜查规定最为详细的法律规范。其中第 35 条第 2 款规定：“对于体内可能藏有可疑物，现场没有检查设备的，以及其他不适合当场检查的，公安民警可以将违法犯罪行为人带至公安机关或者指定地点进行安全检查。”第

38 条规定：“一般情况下，公安民警检查违法犯罪行为人的人身应当采取用手轻拍、触摸违法犯罪行为人衣服外层的方法；经轻拍、触摸，怀疑违法犯罪行为人可能携带赃款赃物、作案工具或者违禁品的，可以翻开衣帽检查。”按照现有规定，体表藏毒只能进行隔衣拍触方式进行排查，不允许进行赤身目视、赤身搜查、工具探查；对于体内藏毒，只能进行仪器检查，不允许使用药物（泻药）、触摸、工具探查等方法。但是在实践中，物理探查、泻药等方法可能是无法避免的。因为没有法律明确规定，侦查一线执法人员必须承担这些方式所产生的不利风险，所以才会出现执法人员遇到带毒“特殊人员”后，必须严密观察使用泻药后是否会导致其发生严重身体危害，同时还要防止其趁机破坏销毁证据，防止其发生自伤自残行为。

（一）人身搜查的主要权益

按照一般理解，人身权利主要包括人格权和身份权、人身自由权、生命健康权和人格尊严权，人格尊严权又包括肖像权、名誉权、荣誉权、姓名权和隐私权等。人身搜查的权益，并不是指公民所具备的全部人身权益，或者法律所保护的所有范围的人身权益，而是在人身搜查中刑事搜查所针对和克制的执法边界权益。与刑事搜查相关联的人身权益，主要是生命健康权、人格尊严权、人身自由权。很明显，这些权益也并不是处于同一位置或者序列，在强制性侦查中人身自由权是受到明显强制限制的，只有生命健康权和人格尊严权受到优先保护，而生命健康权应该受到最优先保护、不受限制的权利。这就要求，人身搜查中执法主体必须优先保护生命健康权，其次关注人格尊严权和人身自由权。生命健康权是指，搜查行为包括生物标本提取、物理探查，不能够危及被搜查人的生命权、健康权，应该在有保障的医疗条件下进行搜查行为或者为保障被搜查人的生命健康确实已经采取了足够充分的医疗条件准备。禁止使用可能危及被搜查人生命的搜查方式。如，不能对特定疾病患者使用禁用药物，不能使用不安全的生物样本提取方式，不能交由不具备医师资格的人进行体内证据提取。人格尊严权是指，执法人员不能进行羞辱性搜查，不能以故意羞辱为目的或者故意采取羞辱性行为进行搜查。搜查行为应该事先明确陈述搜查的部位、目的，搜查的必要性，要求被搜查人配合搜查，以被搜查人自愿进行证据交出为最佳执法手段；当强制进行搜查时，执法过程应当尊重被搜查人的人格尊严，不虐待被搜查人。人格尊严，是否应当包括不允许进行赤身检查、搜查，应当视情况而定。作为一种普遍思维，赤身检查对于被搜查人确实可能具有一定羞辱性，但在特定案件中如果生命健康权与人格尊严权出现矛盾时，应当优先考虑生命健康权。如，赤身检查如果比物理探查方式更有利于保护被检查人的身体健康，那就应该使用赤身检查。

（二）人身搜查执法程序

我国《宪法》第 37 条共分 3 款。第 1 款规定：“中华人民共和国公民的人身自由不受侵犯。”第 2 款规定：“任何公民，非经人民检察院批准或者决定或者人民法院决定，并由公安机关执行，不受逮捕。”第 3 款规定：“禁止非法拘禁和以其他方法非法剥夺或者限制公民的人身自由，禁止非法搜查公民的身体。”其中“禁止非法搜查公民的身体”应当从全文来理解，而不能局限于字面表达。笔者认为，第一，《宪法》第 37 条主要关注的是公民自由的保护，禁止非法逮捕、非法搜查行为，而没有限制合法逮捕、合法搜查；第二，在所有的搜查对象中，单列出“禁止非法搜查公民的身体”，是因为人身搜查具有更明显侵犯公民人身自由的可能。不是禁止执法机关进行人身搜查，而是禁止非法人身搜查，包括执法主体非法搜查以及非执法主体实施人身搜查。这一理解，实际符合现代国家的主要立法精神。如，1789 年法国《人权宣言》第 7 条规定：“除非在法律所规定的情况下并按照法律所指定的手续，不得控告、逮捕或拘留任何人。”1949 年《西德基本法》第 2 条规定：“人身自由不容侵犯，这些权利只有根据法律才能进行干预。”1963 年《意大利宪法》第 13 条规定：“人身自由不得侵犯。不得以任何形式进行拘禁、检查或人身搜查，亦不得对人身自由加以任何限制，但持有司法当局逮捕令和在法定场合根据法定程序进行者不在此限。”1948 年联合国大会通过的《公民权利和政治权利国际公约》第 9 条第 1 款规定：“人人有权享有人身自由和安全。任何人不得加以任意逮捕或拘禁。除非依照法律所确定的根据和程序，任何人不得被剥夺自由。”

我国现行《刑事诉讼法》第 138 条内容直接来自于 1979 年《刑事诉讼法》第 81 条的规定原文。1979 年《刑事诉讼法》第 81 条规定：“进行搜查，必须向被搜查人出示搜查证。在执行逮捕、拘留的时候，遇有紧急情况，不另用搜查证也可以进行搜查。”条文表述中存在的问题主要包括：第一，用搜查证来限制非法搜查，实际只能限制“非法主体实施搜查”这一种情况，而无法限制执法主体非法搜查问题；第二，在该条前后均无具体规定搜查证取得程序；第三，没有规定具体的人身搜查程序，执法主体在取得搜查证后搜查实施的范围、搜查实施程序不清楚，执法搜查风险没有规定；第四，只规定附带搜查，没有规定无证搜查；第五，没有规定对搜查程序的司法审查程序。

（三）人身搜查的司法事后审查

侦查权实施的强制性侦查行为，可能会造成对公民权利的伤害。针对刑事侦查权力的滥用可能，我国《刑事诉讼法》已经设置了若干权力限制方式，但是在实际执行中未能很好运行。现有法律规定的侦查行为控制规定主要包括：第一，侦查机关内部控制，特定侦查行为必须由公安机关负责人签发令状后，方可实施；第二，检察院对于公安机关的侦查行为进行法律监督，在审查起诉时对于侦查行为进行法律监督；第三，法院在审判阶段，有权排除非法实施侦查行为所获取的证据，从而进行司法监督。但是现行的侦查行为控制，在实践运行中尚有不足之处，主要表现为：第一，法律未能明确设置搜查证的签发条件、签发程序、实施程序，侦查机关负责人可以实施对侦查行为的事前控制，但是难以进行事后监督和侦查行为控制。一方面侦查需要实施搜查时，搜查令状来不及申请；另一方面，警察即使获得搜查令状，也没有具体的程序保证令状许可的搜查行为是否得到合法实施。第二，检察院在侦查阶段和审查起诉程序中进行的侦查监督，一般都进行案卷审查，往往难以发现警察的非法侦查行为。在现有纠正的错案中，如“杜培武案”“赵作海案”等案件，检察官甚至没有发现警察实施的刑讯逼供，更何况非法搜查行为的监督。第三，法院进行的非法证据排除，实践中对于非法取得的物证只是适度排除“可能影响案件公正审理”部分，而不是针对侦查行为实施进行司法审查。实际在我国刑事诉讼中，法院是不具有司法审查权力的。“在公诉案件中，法院几乎从不参与审判前也无从对警察、检察官所采取的强制措施进行司法审查。对于拘留、逮捕，中国的法院既不能通过发布令状实施事前的司法授权，也不能就羁押的延长问题举行任何形式的司法听证，更不能就上述措施的合法性问题接受嫌疑人、被告人的申诉。”〔1〕上述侦查行为控制方式的弊端主要表现为两点：第一，“我国被追诉人人身自由保护模式的首要弊端，是权力在其中几乎主导一切”；第二，“我国被追诉人人身自由保护模式

〔1〕 陈瑞华：“审前羁押的法律控制——比较法角度的分析”，载《政法论坛》2001年第4期。

的另一大弊端，是忽视公民或被追诉人权利的运用”。[1]

对于人身搜查的司法事后审查，实际是针对侦查主体搜查程序合法性问题由法院进行的合法性审查，是一种司法事后审查程序，也是国家给公民提供的一种司法救济程序。“所谓司法救济，是指在诉讼过程中，嫌疑人及其辩护人如果对有关强制侦查措施不服，可以向一个中立的司法机构或司法官提起诉讼，在诉讼中，司法警察和原作出强制侦查措施的法官都要承担举证责任，以证明其强制侦查措施具有合法性和正当性。”[2]刑事侦查程序中，缺乏司法事后审查机制的最直接后果，就是涉讼公民的一系列重要诉讼权利缺乏现实可能的救济途径，“涉讼公民的司法救济是其可以凭借的、有限的权利救济途径之一，如果连这为数不多的救济途径也被切断，那么公民在侦查中的地位就会更加客体化”。[3]

司法审查，尤其是司法事前审查常存在若干缺陷，但是并不能因此否定司法事后审查对于非法侦查行为的实际约束力度。侦查行为实施直接针对公民的基本权利，强制性侦查行为的实施可能导致公民人身自由、身体健康权受到伤害，实施过程应该受到司法审查。司法审查实质上是对公民基本权利的一种救济途径，一种权利保障。但是随着刑事案件数量的增长，尤其是暴力案件的增加，司法事前审查的可靠性和效率低下问题逐步暴露，以令状制度约束特定侦查行为实施的司法事前审查，实践中正在逐步减少，警察通过行政检查替代刑事搜查的操作在逐步增加，这使得司法事前审查的必要性不断降低。司法事后审查保证了刑事警察在侦查需要时，能够迅速实施人身搜查，同时也通过司法事后审查监督警察搜查行为，救济被非法搜查行为侵害的公民利益。司法事前审查实际只是一种许可性审查，司法机关根据警察的申请，职能决定允许或者不允许实施特定行为，对于搜查实施过程是否侵犯公民权益，实际既无法监督也无法救济。司法事后审查是一种复合型监督，警察实施的侦查已经实施结束，不再存在案件的紧急情况需要，法官可以综合全案对搜查的实施目的、实施必要性以及实施过程的合法性进行全面审视，司法事后审查是一种从案件实体方面到案件程序方面的复合

---

〔1〕 周强：“刑事被追诉人人身自由保护模式之完善”，载《法学》2010年第12期。

〔2〕 陈卫东、李奋飞：“论侦查权的司法控制”，载《政法论坛》2000年第6期。

〔3〕 谢佑平：“论公民人身自由权的宪法保障与司法保护——以刑事司法为中心”，载《上海交通大学学报（哲学社会科学版）》2003年第4期。

审查。

三、搜查中的罪过推定

毒品案件中有关搜查的法律问题还不只是《宪法》《刑事诉讼法》对于搜查程序规定存在盲区的问题，还存在搜查所获证据的罪过认定问题。毒贩一般采取“少量多次”方式携带毒品，所以警察一般只能从犯罪嫌疑人身边或体内搜到少量毒品，然而更多的毒品一般藏匿在毒贩的住处或者其他地点。这时候就存在三种需要推定的法律问题：第一种，是犯罪嫌疑人身边或体内搜到少量的毒品，可否直接认定为犯罪嫌疑人具有运输、贩卖毒品的故意；第二种，是在犯罪嫌疑人身边或体内发现少量毒品，又在其他地点发现大量毒品，是否可以推定犯罪嫌疑人具有贩卖毒品的故意；第三种，是“特情”引诱是否存在对主观罪过认定的影响。

2007 年时任云南省昆明市人民检察院副检察长周和玉曾发表观点，要求增加毒品案件主观罪过推定规范，[1]据此可知在此前较长时间内毒品案件搜查所获毒品的罪过推定尚缺乏明确规定。在此文中的立法要求虽然只针对毒品案件，但是所涉及的范围却非常宏大，可以说已经包括了主观罪过推定的各个方面：“立法应对推定的方法、规则、程序以及效果等作出规定，并且应对控诉方应当证明的基础事实作出规定，以便为司法人员在毒品犯罪案件中运用推定提供依据，从而加强对毒品犯罪的惩治力度。”[2]毒品案件中需要推定主观罪过的范围较广，但在持有状态既定或者已经搜查出毒品时的推定，实际只是集中于主观故意的“明知”条件。这种较小范围内的推定规定，显然更符合中国在改革开放时期的立法精神。

刑事案件中主观罪过证明问题，实际是世界性难题。英国有一句古老的法律格言，“无犯意则无犯人”，意指如果行为人不具有犯意（包括故意与过失），其行为就不构成犯罪。[3]刑由罪生，犯罪主观要件在决定罪与非罪、重

---

〔1〕 周和玉：“从严把握毒品犯罪中主观故意的推定”，载《人民检察》2007 年第 21 期。在我国司法实践中，毒品犯罪行为人主观故意的证明问题没有得到很好的解决。我国可以考虑借鉴其他国家和地区的做法，有限度地在毒品犯罪主观故意的证明中使用推定。

〔2〕 周和玉：“从严把握毒品犯罪中主观故意的推定”，载《人民检察》2007 年第 21 期。

〔3〕 参见王雨田：《英国刑法犯意研究——比较法视野下的分析与思考》，中国人民公安大学出版社 2006 年版，第 7~11 页。

罪与轻罪的同时，也决定了刑罚的有无及幅度。[1]在司法实践中，毒品案件中主观故意的认定有两种方法：一种方法是直接证明，即利用有罪供述或者相关的证人证言直接证明犯罪嫌疑人、被告人具有明知的故意；另一种方法就是法官利用推定来进行证明。但是这两种方法都存在不少问题：一是直接证明高度依赖有罪口供，不符合现代刑事证据发展方向，一旦出现错案、刑讯逼供问题会严重影响毒品案件办理进程；二是由于毒品亚文化与正常社会文化的隔绝，有力证人证言也往往难以取得，或者由于毒品案件中犯罪人往往结伙成为有组织犯罪，现有毒品案件政策难以转化"污点证人"；三是毒品犯罪中主观故意的推定高度依赖于司法人员的司法经验和主观判断能力，而现有法律法规并没有明确规定推定，使得司法认定具有一定不确定性和风险性。

（一）贴身藏匿或隐私部位藏匿毒品与罪过推定问题

2008年《大连会议纪要》第1条"毒品案件的罪名确定与数量认定问题"规定了三种情形，即使搜查到毒品也不宜认定为毒品运输或者贩卖。第一种，是毒品数量较小又没有其他证据证明贩卖目的，不定罪处理。吸毒者在购买、运输、存储毒品过程中被查获的，如没有证据证明其是为了实施贩卖等其他毒品犯罪行为，毒品数量未超过《刑法》第348条规定的最低数量标准的，一般不定罪处罚；查获毒品数量达到较大以上的，应以其实际实施的毒品犯罪行为定罪处罚。第二种，"以贩养吸"的犯罪人，计算毒品犯罪数量时应当扣除其吸食毒品数量。对于以贩养吸的被告人，其被查获的毒品数量应认定为其犯罪的数量，但量刑时应考虑被告人吸食毒品的情节，酌情处理；被告人购买了一定数量的毒品后，部分已被其吸食的，应当按能够证明的贩卖数量及查获的毒品数量认定其贩毒的数量，已被吸食部分不计入在内。第三种，代购毒品且没有从中牟利，只认定非法持有毒品，而不认定贩卖或者运输毒品。有证据证明行为人不以牟利为目的，为他人代购仅用于吸食的毒品，毒品数量超过《刑法》第348条规定的最低数量标准的，对托购者、代购者应以非法持有毒品罪定罪。代购者从中牟利，变相加价贩卖毒品的，对代购者应以贩卖毒品罪定罪。明知他人实施毒品犯罪而为其居间介绍、代

〔1〕王彪："犯罪主观要件证明问题研究——以证明困难的产生与克服为视角"，西南政法大学2014年博士学位论文。

购代卖的，无论是否牟利，都应以相关毒品犯罪的共犯论处。

《大连会议纪要》应该是第一次明确规定主观罪过推定问题的文件，在中国司法实践中具有先行意义。在实际执行中，法定毒品数量之下的案件得到相对灵活处理，不再以犯罪论处或者不再判处实刑，有利于更加准确地依照犯罪罪过认定社会危害性，也有利于对于毒品吸食者和毒品犯罪集团进行区别对待、分化瓦解。但是随着司法实践中毒品犯罪分子“少量多次”犯罪现象增多以及《大连会议纪要》刑罚适用偏轻、偏窄（身边搜获同时又在住宅搜获，目的如何推定规定的不明确）的原因，随着毒品犯罪高压态势政策的施行随后有部分改动。

2015 年《武汉会议纪要》其中“关于毒品犯罪法律适用的若干具体问题”部分，对《大连会议纪要》进行了修改。第一，贩毒人员被抓获后，对于从其住所、车辆等处查获的毒品，一般均应认定为其贩卖的毒品。确有证据证明查获的毒品并非贩毒人员用于贩卖，其行为另构成非法持有毒品罪、窝藏毒品罪等其他犯罪的，依法定罪处罚。第二，吸毒者在购买、存储毒品过程中被查获，没有证据证明其是为了实施贩卖毒品等其他犯罪，毒品数量达到《刑法》第 348 条规定的最低数量标准的，以非法持有毒品罪定罪处罚。吸毒者在运输毒品过程中被查获，没有证据证明其是为了实施贩卖毒品等其他犯罪，毒品数量达到较大以上的，以运输毒品罪定罪处罚。第三，行为人为吸毒者代购毒品，在运输过程中被查获，没有证据证明托购者、代购者是为了实施贩卖毒品等其他犯罪，毒品数量达到较大以上的，对托购者、代购者以运输毒品罪的共犯论处。行为人为他人代购仅用于吸食的毒品，在交通、食宿等必要开销之外收取“介绍费”“劳务费”，或者以贩卖为目的收取部分毒品作为酬劳的，应视为从中牟利，属于变相加价贩卖毒品，以贩卖毒品罪定罪处罚。第四，购毒者接收贩毒者通过物流寄递方式交付的毒品，没有证据证明其是为了实施贩卖毒品等其他犯罪，毒品数量达到《刑法》第 348 条规定的最低数量标准的，一般以非法持有毒品罪定罪处罚。代收者明知是物流寄递的毒品而代购毒者接收，没有证据证明其与购毒者有实施贩卖、运输毒品等犯罪的共同故意，毒品数量达到《刑法》第 348 条规定的最低数量标准的，对代收者以非法持有毒品罪定罪处罚。第五，行为人利用信息网络贩卖毒品、在境内非法买卖用于制造毒品的原料或者配剂、传授制造毒品等犯罪的方法，构成贩卖毒品罪、非法买卖制毒物品罪、传授犯罪方法罪等犯罪的，依法定罪处罚。行为人开设网站、利用网络聊天室等组织他人共同吸毒，构成引诱、教唆、欺骗他人吸毒罪等犯罪的，依法定罪处罚。

（二）贴身藏匿或隐私部位藏匿毒品与罪过推定问题

《大连会议纪要》规定了毒品犯罪主观罪过推定问题。毒品犯罪中，判断被告人对涉案毒品是否明知，不能仅凭被告人供述，而应当依据被告人实施毒品犯罪行为的过程、方式、毒品被查获时的情形等证据，结合被告人的年龄、阅历、智力等情况，进行综合分析判断。具有下列情形之一，被告人不能作出合理解释的，可以认定其“明知”是毒品，但有证据证明确属被蒙骗的除外：①执法人员在口岸、机场、车站、港口和其他检查站点检查时，要求行为人申报为他人携带的物品和其他疑似毒品物，并告知其法律责任，而行为人未如实申报，在其携带的物品中查获毒品的；②以伪报、藏匿、伪装等蒙蔽手段，逃避海关、边防等检查，在其携带、运输、邮寄的物品中查获毒品的；③执法人员检查时，有逃跑、丢弃携带物品或者逃避、抗拒检查等行为，在其携带或者丢弃的物品中查获毒品的；④体内或者贴身隐秘处藏匿毒品的；⑤为获取不同寻常的高额、不等值报酬为他人携带、运输物品，从中查获毒品的；⑥采用高度隐蔽的方式携带、运输物品，从中查获毒品的；⑦采用高度隐蔽的方式交接物品，明显违背合法物品惯常交接方式，从中查获毒品的；⑧行程路线故意绕开检查站点，在其携带、运输的物品中查获毒品的；⑨以虚假身份或者地址办理托运手续，在其托运的物品中查获毒品的；⑩有其他证据足以认定行为人应当知道的。

（三）特情介入案件的罪过推定

《大连会议纪要》第10条“主观明知的认定问题”规定了毒品犯罪主观罪过推定。运用特情侦破毒品案件，是依法打击毒品犯罪的有效手段。对特情介入侦破的毒品案件，要区别不同情形予以分别处理。对已持有毒品待售或者有证据证明已准备实施大宗毒品犯罪者，采取特情贴靠、接洽而破获的案件，不存在犯罪引诱，应当依法处理。行为人本没有实施毒品犯罪的主观意图，而是在特情诱惑和促成下形成犯意，进而实施毒品犯罪的，属于“犯意引诱”。对因“犯意引诱”实施毒品犯罪的被告人，根据罪刑相适应原则，应当依法从轻处罚，无论涉案毒品数量多大，都不应判处死刑立即执行。行为人在特情既为其安排上线，又提供下线的双重引诱，即“双套引诱”下实施毒品犯罪的，处刑时可予以更大幅度的从宽处罚或者依法免予刑事处罚。

行为人本来只有实施数量较小的毒品犯罪的故意，在特情引诱下实施了数量较大甚至达到实际掌握的死刑数量标准的毒品犯罪的，属于“数量引诱”。对因“数量引诱”实施毒品犯罪的被告人，应当依法从轻处罚，即使毒品数量超过实际掌握的死刑数量标准，一般也不判处死刑立即执行。对不能排除“犯意引诱”和“数量引诱”的案件，在考虑是否对被告人判处死刑立即执行时，要留有余地。对被告人受特情间接引诱实施毒品犯罪的，参照上述原则依法处理。

《大连会议纪要》规定的特情问题证据使用规定，实际具有明确的现实意义。这也是中国第一次在法律文件中规定特情引诱问题的证据评价规则。[1]学术界一度使用“架空”手段来解释《刑事诉讼法》第52条的“严禁”表述，实践中对于技术性侦查手段的“秘而不宣”，实际都是误解了立法者的表述意图。从时间持续性上来看，不可能存在两次刑事诉讼法修改均属于立法表述错误或者立法者不理解欺骗性侦查与刑讯逼供之间的暴力性差异的问题。主流意见认为司法实践中“欺骗性”侦查或者带有欺骗性的侦查措施具有一定的合理性、必要性，立法中的“严禁”存在立法表述问题；或者认为目前司法实践中的主要目的应该是禁止“刑讯逼供”，相对于“欺骗”取证手段，前者具有明显的对于人权的更巨大威胁，应该渐次进行立法规范。[2]侦查机关以秘密措施为由，拒不出示秘密侦查卷宗成为中国刑事诉讼中的惯例。一般只是出示“情况通报”保证侦查员的安全，但是这种情况通报内容极为简化，并不能防止权力滥用和证据失误问题，所以部分法院拒绝接受。这种现象说明，目前在警察秘密侦查部分的证据使用中，依然存在明显的公检法各管一段的问题。但是在实践中，由于侦查机关一直拒绝移送特情证据的卷宗，中国又没有规定司法事后审查制度，使得特情证据问题一直持续“空转”。

最高人民法院《关于深化人民法院司法体制综合配套改革的意见——人民法院第五个五年改革纲要（2019-2023）》第43条有两个地方涉及人身搜

---

〔1〕国家烟草专卖局、公安部《关于严厉打击生产销售假冒伪劣卷烟违法犯罪活动的通告》第5条规定，“对于举报、协助查处生产、销售假冒伪劣卷烟活动有功的单位或个人，按有关规定给予奖励。”

〔2〕参见何家弘：“论‘欺骗取证’的正当性及限制适用——我国《刑事诉讼法》修改之管见”，载《政治与法律》2012年第1期；龙宗智：“欺骗与刑事司法行为的道德界限”，载《法学研究》2002年第4期；李奋飞：“刑事诉讼立法应摆脱‘崇高’”，载《中国检察官》2010年第1期。

查，其一是“完善法庭调查程序，落实证人、鉴定人、侦查人员出庭作证制度，落实和完善技术侦查证据的随案移送和法庭调查规则，确保庭审发挥实质性作用”；其二是“推动完善‘病残孕’罪犯的刑罚交付执行工作机制，解决判前未羁押罪犯交付执行难问题。完善刑事裁判涉财产部分执行案件移送执行机制和退出执行机制”。[1]

（四）《大连会议纪要》与《武汉会议纪要》关于搜获毒品规定的冲突

第一，按照《大连会议纪要》的文字含义，如果吸毒者已经贩卖毒品20克，同时又在其住处查获了9.9克，那么吸毒者因为在其住处只持有的9.9克，达不到《刑法》第348条规定的最低数量标准（10克），因而只构成实施贩卖毒品的一罪，并且该罪认定的数量为已经查获的数量，即20克，不包含住处的9.9克。而根据《武汉会议纪要》的文字含义，如果吸毒者已经贩卖毒品20克，同时又在其住处查获了9.9克。由于没有统一的标准酌情考虑其吸食毒品的情节，故为了严惩毒品犯罪，只有将贩卖毒品罪数量累加，量刑时认定为29.9克。

第二，《武汉会议纪要》出台于2015年，而《大连会议纪要》出台于2008年，但是新的司法解释并没有否定旧的司法解释不再适用，这就为法官选择性适用提供了机会。从量刑的角度来观察，《大连会议纪要》对犯罪嫌疑人的判刑显然要比《武汉会议纪要》轻得多。《大连会议纪要》似乎更有利于犯罪嫌疑人。

第三，《武汉会议纪要》一味地将住处查获的毒品计算贩卖的数量，没有考虑到犯罪形态。身边搜查查获的贩卖部分可能构成既遂，而住处查获的毒品犯罪嫌疑人还没有实施对住处毒品卖的实行行为，最多只能认定为犯罪预备，连犯罪未遂都算不上。

---

[1] “特殊人群”贩毒的难点不在于证据问题，而在于审前无法羁押，看守所拒收；审后难以执行，无生活来源。特殊人群涉毒犯罪频发，主要反映了刑事追诉和刑罚执行层面的问题。虽然这些人或残疾或患病或怀孕不适合关押，但都具有刑事责任能力，仍然会被判处相应的刑罚。差别仅仅是，他们不能像常人一样被收监执行，而由此派生出刑罚不足以惩戒犯罪的问题。在毒品犯罪的查处中，除了对特殊人群贩毒的关注外，更应警惕特殊人群背后的毒贩。调研中有民警建议，针对特殊人群贩毒的查缉、取证、羁押、起诉、审判等方面应该有细则规定，增强针对性和可操作性；同时，对于那些钻法律空子、故意犯罪、屡教不改的人员，要加大惩处力度；此外，还要建立专门关押地点，解决羁押难问题。

四、搜查中的权利保护

(一) 人身权利保护

如上文所述，在社会主义国家一般将公民的人身自由视为首要保护的宪法性权利，因而在我国搜查程序中，容易出现搜查措施与公民人身权利之间的冲突。在搜查程序中涉及的被追诉者的基本权利包括人身自由权、人身权、平等权等，其中人身权利是其他权利的基础，是生存和发展的基本权利，人身权利若得不到保障，其他权利都无法行使。人身权利是指公民的人身自由和人身有关的其他权利和自由受法律保护，不受非法侵犯的权利。按照一般理解，人身自由权之所以是公民最基本的权利，“是因为公民具有人身自由，才有可能进行生活、学习和工作，才可能参加国家管理，享有民主权利和其他权利。可见，公民人身自由权利的重要。生命权和健康权是互为一体的，生命权是健康权的基础，健康权是生命权的保证”。[1]我国《宪法》第 37 条规定的内容实际正是这种思路的实施和具体展开方式。在《宪法》第 37 条中明确提出“公民的人身自由”不受非法侵犯、非经依法决定以及法定机关执行不受逮捕、禁止非法限制公民的人身自由、禁止非法搜查公民身体。在第 37 条的字面表述中，并不包含“不允许人身搜查的含义”，而是禁止“非法”人身搜查，但《宪法》并没有对“非法搜查”进行定义或者要点列举，这是目前刑事搜查的一个主要争议问题。

按照《宪法》的立法原则，其主要关注的是公民基本权利的保护范围以及国家机关的职权范围，并不会深入涉及具体制度的设计、规范。“宪法成为人本和自由的价值法则，通过人民主权的政治法则和程序理性的程序法则在公共领域里的运用。约束国家权力，保护公民权利，乃宪法之核心问题。这两个方面，通过高级的政治智慧和精巧的法律技术构成现代宪法制度的基本内容，犹车之两轮，鸟之双翼，相互配合，不可偏废。”[2]按照上述理解，人身搜查的合法形式以及合法程序应该表述于刑事诉讼法。但是尽管刑事诉讼法已经经历了三次大的修改，但是立法者似乎忘记了人身搜查的立法问题，

---

〔1〕 宋京霖：“从人身权利保护的国际标准看我国刑事诉讼法”，载《黑龙江省政法管理干部学院学报》2009 年第 1 期。

〔2〕 夏勇：“中国宪法改革的几个基本理论问题”，载《中国社会科学》2003 年第 2 期。

在《刑事诉讼法》和其他法律中始终没有对进行人身搜查程序、搜查的发动、搜查的行为规范进行细致立法。《刑事诉讼法》中第136条至第140条，只是涉及搜查的几个局部规定：搜查目的、被搜查人的义务、必须出示搜查证（附带搜查可以不用搜查证）、在场见证人、女性的身体搜查、搜查笔录这几项内容。目前这种简要规定，越来越不适应刑事执法的需要：第一，从职权角度来讲，目前的法律规定无法明确搜查的启动条件、搜查的实际执行程序、搜查的强制力度、搜查的侵入程度等问题；第二，从权利保护角度来讲，现有的规定同样没有明确规定被搜查人的权利保护问题，没有明确规定公民非法搜查的拒绝权、权利救济程序等。现有刑事诉讼法的规定既不利于司法机关的执法，也不利于普通公民的权利保障。“车之两轮，鸟之双翼”必须是表现为权力与权利的规定，能够伸张并举、共同推进，但是在搜查程序中的法律立法建设滞后，明显出现“两轮过小”问题。以“特殊人群”贩毒而论，现有的搜查程序既不利于公安民警执法，也不利于被搜查人员的权利保护。〔1〕

“在这个时代里，人的尊严和自由借助权利语言逐渐成为社会进步和制度建设的核心价值；人的愿望和要求通过转换为权利诉求而更多地依赖常规化、程序化的立法活动、司法诉讼和行政管理，而非更多地依赖道德关怀、行政裁量、社会运动乃至暴力革命；治理不仅因为民主权利的效能而逐步成为自治，而且因为以私人权利为公共权力的边界而必须走向法治。”〔2〕所以，人身权利的具体保护形式、权利行使途径必须进行法律的明文规定。

对于我国《刑事诉讼法》的搜查立法程序，已经多有学者提出建议，这里不再赘述。但是依旧应当说明的是，随着时代的发展刑事搜查立法应该有一定观念的转变，毕竟在新时代人民的法治观念已经有较大程度的提高，人民对于法治社会的要求明显提高。我们有理由质疑现有的立法模式存在对公

---

〔1〕 涉毒特殊人群疾病缠身，身体条件差，特别是“两怀”贩毒妇女还涉及怀孕生产、婴孩抚养、救助等多个环节，需司法、民政、妇联、卫计委、财政等多个部门共同参与，责任共担。由于看守所拒收贩毒特殊人群，因此，贩毒特殊人群在被公安机关禁毒职能部门抓获后只能由办案单位自行看守，体内藏毒的特殊人群在排毒过程中只能依靠办案民警或武警战士全天看守；有的医护人员担心怀孕妇女的排毒会致其流产或胎死腹中，不愿协助其排出毒品；社会福利院对不符合法定收养条件的婴幼儿普遍不予收养，甚至不同意临时寄养。公安机关对非正常死亡进行严格的责任倒查，一旦发生体内藏毒者由于排毒、怀孕生产、生病等引起的死亡事件，办案单位和收押部门都可能会被严肃追责。参见李云鹏：“特殊人群涉毒问题研究”，载《云南警官学院学报》2017年第5期。

〔2〕 夏勇：“中国宪法改革的几个基本理论问题”，载《中国社会科学》2003年第2期。

民权利保护的不足之处："主体模式和法定模式各有其产生的历史原因，也各自在历史上发挥过不同的作用，因而具有不同的特点。从形式和内容上看，前者突出决定和批准逮捕的主体，即司法机关；后者突出逮捕和拘禁的法律规定和法定程序。从作用和影响方面看，前者易于树立国家司法机关的权威，后者却易于树立法律的权威。从隐含着对事物本性的认识看，前者相信国家司法机关不会为非，而后者却宁愿相信法律。"〔1〕

（二）隐私权保护

尽管在一些论文中同样会把隐私权作为搜查程序中应当保护的公民基本权利，〔2〕但是基于以下四个原因，笔者并不认同这一观点：第一，中国宪法并没有明文列举隐私权，即使在中国民法研究中，隐私权也只属于人格权之下的一个分支权能，不具有与人身权并列的资格；〔3〕第二，人身搜查中应该优先考虑"人身健康权"，而不是隐私权，个人隐私权在搜查程序中也可能会必须处于暂时受到压制状态；〔4〕第三，场所搜查、电子搜查时，应该会存在隐私权问题，但是这种权能的重要性依旧不会高于公民身体权；第四，在使用技术侦查措施时，秘密搜查中的"线人""线民"是不构成搜查问题的。

按照一般理解，隐私权属于住宅权附带产生的民事权利，"在一个隔离公众视野，能充分自主的空间里，这种愿望总是能比较容易得到实现，因此住宅与隐私具有天然的契合性。一方面隐私需要住宅来为其提供空间和物理的保护；另一方面，住宅则需要隐私权为其提供法律支持"。〔5〕因而，当警察的搜查行为涉及住宅时，美国和加拿大"隐私合理期待"确实具有一定参考性。

住宅搜查之所以应该区别于其搜查方式，主要在于住宅搜查所涉及法益不同，这种法益主要表现为隐私权。根据相关介绍，《美国联邦宪法第四修正案》以及《加拿大权利与自由宪章》在正文中并无明确规定隐私权，但是基于公民反对不合理的搜查和扣押的权利，美国联邦最高法院和加拿大最高法

〔1〕周伟："保护人身自由条款比较研究——兼论宪法第37条之修改"，载《法学评论》2000年第4期。

〔2〕参见袁周斌："隐私权视野下的刑事搜查之限制"，载《湖北警官学院学报》2010年第3期；廖丹："场所搜查范围的判断基准——以宪法隐私权为视角"，载《时代法学》2011年第2期。

〔3〕王利明："隐私权概念的再界定"，载《法学家》2012年第1期。

〔4〕比如赤身检查、赤身搜查时，隐私权不应该高于公民身体健康权。

〔5〕廖丹："场所搜查范围的判断基准——以宪法隐私权为视角"，载《时代法学》2011年第2期。

院在刑事诉讼中建立了隐私权对刑事搜查程序的限制条件。[1]美国最高法院在卡兹案中确立了判断个人是否享有“隐私的合理期待”的双叉标准。哈伦法官表述为：第一，该人已经表现出对其隐私的真实的期待；第二，该种期待被社会承认为是“合理的”。[2]据现有资料，美国法律所支持的隐私权包括以下方面：空间隐私、人身隐私、信息隐私。[3]空间隐私权，是指人所应当具有的独处的物理空间，每个人都应当拥有一个可以安静独处的物理空间，核心问题是私人居所的隐私权利。人身隐私，是指建立在道德与尊严的基础上，对非法搜查所具有的抗拒权利。信息隐私，是指本人对其个人信息所有的基本和持续的利益。“隐私权可以被合法的权力所侵害。隐私权可以被国家侵害，但是并不是无理由或者授权的无端侵害。搜查或者逮捕必须有法律的授权。无论这一授权来自于成文法或者普通法，法律本身必须合理，并且搜查和逮捕所采取的方式必须合理。”[4]

卡兹案之后，关于公民隐私权保护范围存在一定幅度的调整，例如 1967 年的“怀特案”[5]上诉法院就作出了与卡兹案相反的判决。[6]1976 年的“米勒案”、[7]1979 年的“史密斯案”[8]进一步限制了被告人的隐私权保护范围，“如果本人愿意让政府或他人知道自己的某些秘密并自愿地将秘密告知某个人，那么他对自己泄露出去的信息不享有宪法上的隐私期待利益，并需承担隐私风险”。随着电子通讯时代的到来，电子通讯设备、电子银行信息、电子账单等问题随之更加复杂，政府在刑事侦查中所能使用的信息收集手段、渠道更加多元化。个人隐私权的边界问题与公共犯罪侦查更加呈现出一定的矛盾。笔者的主要意见是，公共利益维护与个人权利保护实际是存在一定共

---

〔1〕 向燕：“搜查与隐私权保护——加拿大宪法与美国宪法第 4 修正案之比较”，载《环球法律评论》2011 年第 1 期。

〔2〕 Katz v. U. S.，389. 347，361（1967），转引自向燕：“搜查与隐私权保护——加拿大宪法与美国宪法第 4 修正案之比较”，载《环球法律评论》2011 年第 1 期。

〔3〕 王芳：“美国刑事诉讼法对隐私权的保护”，山东大学 2012 年博士学位论文。

〔4〕 王芳：“美国刑事诉讼法对隐私权的保护”，山东大学 2012 年博士学位论文。

〔5〕 United States v. White，441 U. S. 745（1967）.

〔6〕 怀特被指控涉嫌多种不法交易，违反了禁用麻醉剂的联邦法律。政府机关用隐藏在情报人员身上的无线电发送器窃听到怀特与政府情报人员之间的某些对话，并将对话内容提交给法院。受理案件的法院采纳了政府的证词，陪审团作出有罪判决。

〔7〕 United States v. Miller，425 U. S. 435（1976）.

〔8〕 Smith v. Maryland，442 U. S. 735（1979）.

同性的，这种共同性、一致性甚至高于公共利益与个人权利可能存在的“紧张”关系。公共利益的维护，实际也是在维护每一个公民的个人权利，这种个人权利就包含了隐私权在内。特定侦查行为的实施，在局部范围确实具有一定权利侵入性，甚至可能对于特定隐私权具有破坏性。但是基于公共利益维护的正当性，隐私权主张只能局部存在对抗性。首先，隐私权本身不具有对抗国家刑事侦查行为的资格，隐私权主张只能针对不法侦查行为提出。维护公共秩序的需要高于个人权利主张。其次，隐私权主张只能在事后提起，不能以此为据对抗正在进行的侦查行为。隐私权主张依据的权利维护程序是基于非法证据审查的司法审查制度，执法主体如果不具有法定的执法依据，其行为将会受到司法的否定，丧失合法性。

（三）身体健康权保护

人身搜查，是指为了从公民的身体或贴身隐秘部位、隐秘空间内获取有关证据或物件，而实施的搜查措施。人身搜查的目的，一般包括获取公民的生物样本、私密部位、私密空间藏匿的物品等。人身搜查主要涉及公民的身体健康权，但是并不局限于身体健康内容，由于搜查发生的场所、搜查发生的侵入程度不同，搜查还涉及公民的人格权、隐私权等内容。“与人身搜查联系在一起的是个体的人身自由权、人格权、隐私权、健康权等与人的身体有着密切关系的权利，特别是当人身搜查是在公共场所进行时，搜查行为对个体的人身自由、人格、隐私等权利的限制和侵犯表现得特别明显。”〔1〕人在诉讼中应当受到有尊严的对待，即使在紧急情况下国家出于公共利益需要，执法人员在采取强制侦查措施时，也应当保证公民身体健康和基本的人格尊严。正因为人身搜查具有侵入性、伤害性的可能，国家需要对于侦查机关的执法程序进行规定，不能仅仅因为其主体身份就直接推定执法过程具有合法性；正因为如此，才需要国家建立严格的司法事后审查程序，纠正错误的执法程序，使被执法对象能够有最基本的权利救济途径。

“健康权是指各人都有使自己身体各器官系统发育良好、功能正常，并使自己体质健壮、精力充沛的权利。”“人身自由权是指行为主体自主决定支配

〔1〕 刘方权：“人身搜查和场所搜查的比较——域外法治的简单考察”，载《四川警官高等专科学校学报》2005 年第 3 期。

自身起居、行动自由的权利。”[1]对权利人来说，人身健康、自由是仅次于生命权的重要权利，如果这些权利都得不到国家的及时、有力救济，财产权就更难以得到国家的基本保障。我国刑法对于普通主体侵犯人身权利，如生命权、健康权、性的不可侵犯权、人身自由权、人格名誉权、住宅不受侵犯权以及婚姻家庭权等都作出了明确详细的规定。故意杀人罪、故意伤害罪至今依然保留了死刑刑罚，不可谓刑罚不重。但是在法定主体执法程序方面，没有道理不进行更加细致的规定，以防范执法人员滥用权力。事实上，这种权力滥用所能导致的伤害结果，其危害性远远大于所谓普通主体的犯罪行为。从根源上说，普通主体伤害的是国家公民的人身自由，破坏的是国家的法律秩序；而执法主体的滥用权力，伤害的不仅是国家公民的人身权利，更是国家统治的根基（国家掌控力）。如果普通犯罪分子猖獗，国家只要任命一两名公务员就可以及时治理，但是如果国家掌控力丧失，政权就有丧失执政资格的可能。相比普通刑事犯罪，国家更应当防范那种无视公民保护、滥用国家暴力的行为，严惩利用国家权力谋取个人利益的不法行为。基于此，国家刑事执法程序、刑事执法过程，需要进行更加完善、具体的立法。

刑事搜查程序和行政检查程序在这个时代，越来越难以区分各自法律边界、使用目的、具体手段。这种混同现象应该不属于中国刑事司法实践中的独有问题，很可能是各国所普遍面临的执法问题。其原因大概有如下几个：第一，立法与执法存在一定脱离环节。行政检查与刑事搜查原本在立法上具有各自明确的针对对象，行政检查只适用于行政执法问题，刑事搜查只能针对涉嫌刑事犯罪的犯罪嫌疑人；但是在警察执法时却具有一定执法选择权，立法者难以具体规范警察执法中的不规范行为。第二，警察的执法选择权具有一定合理性。刑事案件的发生往往难以事先预计，警察在长期的执法中会形成一定的执法经验，在行政执法程序中也可能发现刑事案件的线索，这种执法环境的变化具有一定合理性，不能一概禁止警察的侦查手段变化，即使在行政执法中也应当保留一定的机动权力。第三，刑事搜查的司法事前审查程序可能存在一定的缺陷。为了避免警察无理搜查，司法事前审查往往会设置搜查批准的一定证据标准，但是警察往往会通过行政检查绕过事先审查的手续。这种警方操作未必一定不能接受，如情况紧急时候，应当允许警察无

---

〔1〕 刘海年：“中国法律关于人身权利的保障”，载《中国社会科学》1996年第4期。

证搜查，只是需要增设对于无证搜查的事后审查程序即可。“在犯罪控制压力较大的情况下，为了满足侦查实践的需要，从近期来看，消除无证搜查的制度性障碍，一方面可以使法定的无证搜查措施具有现实的可操作性，另一方面也可以消除侦查人员规避无证搜查程序的外部因素。”[1]

（四）人格权限制与保护

在搜查中，人应当受到有尊严的对待，包括执法主体应当尊重人的身体健康权和人格尊严权。显然在一般的搜查、检查中，不会直接提出被搜查人的人格权保护问题，一般的行政检查或者刑事搜查，比如身体贴靠、隔衣触摸、拍身目视，均不应当被视为侵犯被搜查、检查人员的人格权。但是在某些人身搜查、人身检查程序中，人格权保护又不得不作为特别关注问题进行讨论。如在“赤身检查”“公众场合搜身”“药物催吐”“药物排出”等情况下，不仅对人格权应当进行保护，可能还存在人格权保护与身体健康权保护的选择问题。

虽然“赤身检查”目前并不存在于中国的司法操作中，但是这种形式的检查、搜查并不意味着司法实践中不存在或者未来不会出现。赤身搜查通常是指执法者对人的裸体体表进行的搜查，包括对全部或部分裸露的皮肤、毛发及身体附属物的查验。从广义上来讲，它还包括对人身更具侵犯性的搜查，如对人体深度口腔、胃腹、肠道、阴道等体腔的搜查，以及从人体强行提取血液等化学物质。[2]毒品案件中，常会出现怀疑体表藏毒、体内藏毒问题，这时候按照规定应该进行仪器检查，但是如果是在“查封拦截”过程中，仪器条件并不具备的情况下，赤身检查问题可能是难以避免的。法学界不予讨论，并不意味着这些问题不存在，而是目前缺乏具体规定。

同样的问题也存在于“公众场合搜身”“药物催吐”“药物排出”等情况，当警方怀疑某个公民可能体内藏毒时，这些搜查、检查操作基本是难以避免的。在这些搜查、检查程序中，不仅存在人格尊严是否得到尊重问题，还存在身体健康权与人格权的选择问题。首先，应当明确保护公民必须受到有尊严的对待，禁止不必要的搜查侵入。能够使用较轻搜查、检查措施时，

---

〔1〕 左卫民：“规避与替代——搜查运行机制的实证考察”，载《中国法学》2007年第3期。

〔2〕 吴玲、张德森：“美国警察无证裸身搜查的法律控制及其对中国的启示”，载《比较法研究》2015年第3期。

不应该使用更重的带有侵入性的搜查、检查措施，警方有义务提示被搜查人主动交出。其次，当侵入性搜查、检查不可避免时，警方应当提供基本的医疗条件，禁止在不具备医疗条件下的侵入性搜查、检查。这是法律进行的权利选择，保护更为重要的身体健康权，屈就人格尊严权。最后，适用“比例性原则”。公民所涉嫌的案件应当与所采取的侦查、检查措施具有大致相同的比例，不允许对于较轻的罪名使用过重的搜查、检查措施。

（五）司法救济程序

公民遭遇强制性搜查、检查时，能够得到的司法救济主要包括以下三种：第一，若干强制搜查、检查的实施，事先需要获得司法授权。〔1〕随着无证搜查、附带搜查、经被搜查人同意等事例的增多，司法事先审查的实际作用正在逐步减弱。第二，强制侦查手段执行中的司法救济。在若干强制性侦查行为实施中，嫌疑人及其辩护人如果对有关强制侦查措施不服，可以向一个中立的司法机构或司法官提起诉讼，在诉讼中，司法警察和原作出强制侦查措施的法官都要承担举证责任，以证明其强制侦查措施具有合法性和正当性。〔2〕主要表现为羁押措施和保释权程序。第三，在强制性侦查措施实施结束后，借助庭审非法证据排除程序进行的司法权利救济。这种权利救济程序依赖于法官对非法

〔1〕 在英国，警察要对嫌疑人实施逮捕或搜查、扣押等行为，必须事先向治安法官提出申请，并说明正当、合理的根据。治安法官经过审查发布许可逮捕或搜查、扣押的令状后，警察方能实施上述行为。在美国，基于宪法上的“正当法律程序”，警察要对公民实施逮捕、搜查、扣押、窃听等强制侦查措施，应首先向法官提出申请，证明犯罪行为的发生存在“合理根据”，并说明采取相关的侦查措施是必须的。法官经审查，认为符合法律规定的条件，才签发相关的许可令。德国自1974年开始司法改革以来，法官在侦查阶段不再直接领导指挥或者实施具体的侦查行为，其职能主要是根据检察官或司法警察的申请发布许可令。

〔2〕 在英国，遭受羁押者可向羁押警察提出保释请求，如遭拒绝，则可以向治安法院提出请求，治安法院举行听审后作出裁断。如果有关保释的申请不被接受，嫌疑人可以将此程序性问题上诉到高等法院。此外，在侦查阶段遭受不当或非法羁押的嫌疑人，还可以向高等法院王座庭申请人身保护令。该法庭一旦接受申请，将专门就羁押的合法性和正当性举行由控、辩双方同时参与的法庭审理活动，并作出裁决。在德国，被羁押的人不但可以在任何阶段向法官提出撤销羁押的申请，而且还可以直接向德国宪法法院提出申诉，要求对羁押的合法性进行审理。在意大利，被告人及其辩护人对预审法官作出的有关羁押等涉及人身自由的强制措施裁决，有权向该法官所在地的省府驻地法院申请复查，对复查结果不服，还可以向意大利的最高法院提出上诉，由后者作出最后裁决。在法国，嫌疑人对预审法官在正式侦查中所作的裁定不服，有权向上诉法院起诉审查庭提出上诉，后者经过审查可以撤销预审法官的裁定。在日本，嫌疑人对法官作出的有关羁押、保释、扣押或者返还扣押物的裁定不服，有提出准抗告的权力。对简易法院法官所作的裁定可以向管辖地方法院，对其他法官作出的裁定可以向该法官所属的法院，请求撤销或者变更该项裁定。

证据的具体解释范围和法院司法能动性的现实调整幅度呈现不同的样态。[1]由于毒品案件自身的社会危害性，在现有的各类案件中，司法救济程序中能够得到非法证据排除的机会相对较少。但是也应当注意到在所有的权利救济途径中，只有非法证据排除途径正在各国刑事司法实践中不断扩大适用范围，这对于毒品等重罪案件的适用条件和适用程序具有非常现实的意义。即使如毒品案件这样的重罪案件，也会存在警察滥用强制侦查行为的可能性，尤其在重大案件的督办压力之下这种司法保护、救济程序的必要性更是迫切。

第一，毒品案件大量使用技术侦查措施，司法事后救济具有现实性。线人、窃听、特情贴靠等措施，既难以进行司法事前批准，也难以进行程序中的司法救济，唯一现实可行的救济途径就是司法事后救济。但是问题在于，秘密侦查所获证据向来不会向法庭出示侦查卷宗，法庭也难以得到取证程序的具体信息，公安机关移送的高度概括化的“情况说明”往往并不具有司法审查的可能性。

大量的侵犯隐私的行为妨碍了人们的自由，而且经常是有意的。当这种侵犯是在偷偷摸摸地暗中进行时，就更加妨碍人们的自由，如电子监听、暗中监视、私下告密、设置圈套和心理测试等，当人们意识到时就已经太晚了。整个社会变得充满恐惧，没有人能够被信任，无论是他的家人、朋友抑或是同事；事实上，一个人也许会被导致不断地怀疑自己，因为他的自我实现的努力往往与当局的规范相冲突。这种信任的毁灭是对自由社会的一个主要危险……因雇佣、住房、保险及其他事务所进行的详细调查，隐藏的但令人怀疑的装在盥洗室中的摄像机，心理测试和测谎仪器——所有这些用以刺探他人的隐秘的、且常常是无意识的生活细节的装置，使人们产生了一种普遍的不安

[1] 《美国联邦宪法第四修正案》规定，以非法手段收集的证据不得在刑事指控中作为证据使用，对于非法收集的物证，联邦最高法院通过一系列案例确立了排除规则，并于1961年将该规则适用于各州的刑事诉讼。法院可以将警察根据非法证据而获得的其他证据予以排除，也就是禁食“毒树之果”。《德国刑事诉讼法典》第136a条规定了对违犯禁令所获得的陈述，即使被指控人同意，也不允许使用的原则。对于非法获取的物证，德国以权衡原则为标准予以处理，即侵犯人的尊严和人格自由所得的证据应予禁用。1988年修改的《意大利刑事诉讼法》第191条规定，法院或者法官发现警察或者检察官通过违反禁令获得的证据材料，不得加以适用。《日本宪法》第38条和《日本刑事诉讼法》第319条均规定非法取得的自白不得作为证据。对于非法取得的物证，日本采取排除的态度，但又有所保留，为了追求实体真实，而对这类证据材料的排除设定较为苛刻的限制。

全感，它压抑着人们，使人们丧失责任心，迫使人们由于恐惧而趋于同一。[1]

在刑事强制性措施体系中，只有针对人的强制措施——逮捕规定了须由人民检察院审查批准，而针对物的强制措施——搜查由侦查机关自行决定。[2]从公民权利保护的角度看，没有设置司法事后救济程序以及法院无法进行侦查行为控制是我国刑事诉讼法中最主要的缺陷。

第二，毒品案件中大量使用强制侦查措施，司法事后救济具有必要性。“强制侦查指为了收集或保全犯罪证据、查获犯罪嫌疑人而通过强制方法对相对人进行的侦查，如强制到案（拘捕、拘传）、搜查、扣押、查封、冻结、强制采样、强制体检、监听、秘密录音或录像等。”[3]这些侦查措施往往使得公民基本权利受到限制，甚至被完全剥夺。如果这些措施被侦查人员错误采用，或者被违法采用，将会造成严重后果。出于对公民基本权利保护的需要，应该在法律中设计司法救济程序。法定原则、比例原则和司法救济程序是强制侦查措施应该负担的主要法治社会成本。法定原则，是指这些强制侦查措施必须具有法定依据，包括法律明文规定的许可以及法律明文规定的执法程序。包括未经法定授权，不得实施相应强制措施和禁止违反法定程序进行强制侦查执法两个方面。比例原则，是指强制侦查措施在法律授权范围内和程序规定范围内，权力行使应该符合必要性、合理性要求。其基本精神就是把强制侦查措施控制在合理范围内，避免不必要的权力滥用和权力使用过度。司法救济程序，是指必须在法律中明确设置司法救济程序，允许被强制侦查人通过司法途径在事前、事中、事后进行权利救济。由于侦查行为本身在法律上不具有“可诉性”，在司法实践中，违法侦查的受害人不仅不能向法院提起行政诉讼，而且也不能在刑事诉讼过程中申请法院进行违法审查；公安、检察机关和法院也一致认为法院没有审查违法侦查的职权和职责。[4]

第三，毒品案件侦查法治化需要设置司法事后救济。在现代刑事诉讼中，与科学技术的发展以及犯罪的复杂化相适应，秘密录音、秘密录像、电话窃

〔1〕 Warren Freedman, *The Right of Privacy in the Computer Age*, Quorum Books, 1987, p. 122. 转引自熊秋红：“秘密侦查之法治化”，载《中外法学》2007年第2期。

〔2〕 熊秋红：“秘密侦查之法治化”，载《中外法学》2007年第2期。

〔3〕 孙长永：“强制侦查的法律控制与司法审查”，载《现代法学》2005年第5期。

〔4〕 孙长永：“强制侦查的法律控制与司法审查”，载《现代法学》2005年第5期。

听、互联网上信息拦截、卧底侦查、诱惑侦查等秘密侦查方法在刑事侦查中扮演着日益重要的角色。[1]对于复杂、疑难、严重的刑事犯罪而言，强制性侦查措施与秘密侦查都是有效的侦查手段，当面对信息来源极为有限、其他侦查手段难以有效实施的情况，这些侦查手段的采用几乎是无法避免的。但是在这些侦查手段中，均可能存在很大的权力滥用可能，会对公民基本权利造成极大威胁。

实践中，当犯罪嫌疑人及其法定代理人或者律师就公安机关的违法侦查活动提出申诉和控告时，检察机关应当予以监督，并在调查核实后提出纠正意见，从而发挥制约侦查权力、保障犯罪嫌疑人合法权利的功能，由此就形成了一种由侦查机关、犯罪嫌疑人以及作为监督者的检察机关共同参与的“准诉讼化的侦查程序构造”。[2]但是在实践运行中这种“准诉讼化的侦查程序构造”的侦查程序构造，明显表现出权力设置存在的不足：以检察监督以及侦查机关内部审批为主的权力控制方式，难以防范侦查权力滥用可能；缺乏法官的介入和制约，被采取强制侦查措施的公民缺乏有效的权利救济途径。核心问题是检察官作为公诉人和法律监督者在双重角色之间存在天然的冲突，既难以保持中立和超脱位置，也往往难以深入侦查实践，纠正侦查中的违法操作。《刑事诉讼法》第 19 条第 2 款规定了检察院两种侦查权：诉讼监督中发现的“司法工作人员利用职权实施的非法拘禁、刑讯逼供、非法搜查等侵犯公民权利、损害司法公正的犯罪”与检察院机动侦查权。其中司法工作人员利用职权实施的非法拘禁、刑讯逼供、非法搜查等侵犯公民权利、损害司法公正的犯罪，存在两大问题：第一，在检察院下属侦查机关转隶监察委之后，检察院需要重建侦查机构，并且需要重建侦查网络；第二，检察院对于自身不具有侦查权的案件，可能难以有效实施侦查监督，难以发现、纠正不合法的强制侦查行为。要聚焦人民群众反映强烈的突出问题，抓紧完善权力运行监督和制约机制，坚决防止执法不严、司法不公甚至执法犯法、司法腐败。[3]应该说，新时代刑事搜查程序法治化正当其时。

---

〔1〕 熊秋红：“秘密侦查之法治化”，载《中外法学》2007 年第 2 期。

〔2〕 周长军：“语境与困境：侦查程序完善的未竟课题”，载《政法论坛》2012 年第 5 期。

〔3〕 “习近平出席中央政法工作会议并发表重要讲话”，载中国政府网：http://www.gov.cn/xinwen/2019-01/16/content_5358414.htm，访问日期：2019 年 4 月 3 日。

第四章 毒品案件技术侦查证据

Chapter 4

公安部于1984年颁布《刑事特情工作细则》，主要规定了刑事特情注意保密、严禁诱人犯罪、特情人员的教育监督考察、特情情报不能进入庭审、特情不得出庭质证等内容。[1]在较长时间内，这部行政文件一直作为指导刑事技术侦查的主要法律依据，实际确立了技术侦查所获证据的使用原则：技术侦查所获证据秘密保存不进行诉讼移交、技术侦查由侦查机关内部严格控制、技术侦查实施过程不受司法审查、技术侦查的执法依据不受司法审查、技术侦查所获证据经过证据转化才能进入法庭。《大连会议纪要》并没有禁止"犯意引诱"等引诱方式而是客观上肯定了"特情介入"侦破毒品案件的合法性，只不过对于使用"犯意引诱"等方式进行侦查的案件在量刑上应区别对待，对犯罪嫌疑人应当依法从轻处罚。[2]2012年修订的《刑事诉讼法》第151条第1款规定："为了查明案情，在必要的时候，经公安机关负责人决定，可以由有关人员隐匿其身份实施侦查。但是，不得诱使他人犯罪，不得采用可能危害公共安全或者发生重大人身危险的方法。"2018年修订的《刑事诉讼法》第150条按照技术侦查决定机关共规定了三种决定程序：第一，公安机关在立案后，经过严格的批准手续，对于危害国家安全犯罪、恐怖活动犯罪、黑社会性质的组织犯罪、重大毒品犯罪或者其他严重危害社会的犯罪案件，根据侦查犯罪的需要，实施技术侦查；第二，人民检察院在立案后，对于利用职权实施的严重侵犯公民人身权利的重大犯罪案件，根据侦查犯罪的需要，经过严格的批准手续，可以采取技术侦查措施，按照规定交有关机关

---

〔1〕张惠芳："毒品犯罪诱惑侦查问题研究"，载《湖南师范大学社会科学学报》2018年第3期。

〔2〕张惠芳："毒品犯罪诱惑侦查问题研究"，载《湖南师范大学社会科学学报》2018年第3期。

执行；第三，追捕被通缉或者批准、决定逮捕的在逃的犯罪嫌疑人、被告人，经过批准，可以采取追捕所必需的技术侦查措施。《刑事诉讼法》第153条保留了“为了查明案情，在必要的时候，经公安机关负责人决定，可以由有关人员隐匿其身份实施侦查。但是，不得诱使他人犯罪，不得采用可能危害公共安全或者发生重大人身危险的方法”。但是《刑事诉讼法》第154条规定：“依照本节规定采取侦查措施收集的材料在刑事诉讼中可以作为证据使用。如果使用该证据可能危及有关人员的人身安全，或者可能产生其他严重后果的，应当采取不暴露有关人员身份、技术方法等保护措施，必要的时候，可以由审判人员在庭外对证据进行核实”。也就是技术侦查所获证据应该移送至法院接受证据调查，法庭调查的方式可以是法庭内正常调查、采取保护措施后的法庭调查以及审判人员庭外调查这三种形式。

一、技术侦查的证据审查

（一）证据裁判主义要求证据必须经历司法审查

证据裁判主义又称证据裁判原则，是现代诉讼证据制度的一项核心的原则，其基本含义是对案件审理中认定事实和作出裁判应当依据证据进行。古罗马有一句谚语，无证据就无事实。尽管证据裁判主义的准确含义目前仍旧难以完全表述，但是下列内容应当是各国所认可的基本内容：第一，法官的事实认定必须依据证据进行。法官不能根据主观臆断、猜测、臆想的内容裁判某个公民构成犯罪，有罪判决必须具有足够的证据证明。大陆法系更是明确提出，犯罪构成要件和主要的情节必须具有证据进行严格证明。这种严格证明包括法定的证据形式以及法定的证据调查程序。第二，法官的事实认定必须依据审判程序中查证属实的证据进行裁判。事实认定不能依赖侦查程序收集的证据进行定案，这些证据必须经历审判程序下的庭审证据调查程序，才能被认可为定案的依据。法庭调查程序与侦查收集程序的重要区别就是，审判程序中允许多方主体的证据评价和证据质证。未经这种法定质证程序，任何人不能被确认为有罪，这既是无罪推定原则的基本含义，也是证据裁判主义的基本要求。第三，法庭事实认定的依据必须符合证据规则和正当性程序的要求。作为庭审裁判基础的证据，还必须符合证据规则要求和不能违背正当性审判程序的要求。证据规则的范围在各国并不相同，但是一般主要规定证据的准入资格，较少规定证据证明力。所以，法庭在认定事实时，只能依据具有资格的证据定案，这是证据裁判主义的要求。审判正当性是指庭审程序本身应当具有正当性，不能剥夺被告人的重要诉讼权利，不能搞庭审形式化、走过场，应当保证被告人的当事人权利得以真实运行、有效运行。

随着欧洲资产阶级民主革命取得胜利，资本主义制度的确立对法定证据制度进行了强烈的抨击，民主、平等、人权的观念使得法律制度和证据制度发生了重大变革，证据制度方面的表现即是以自由心证制度取代了封建时期的法定证据制度。自由心证制度改变了以往的纠问式诉讼模式，取而代之的是法官居中裁判的辩论式诉讼模式，控审分离、保障被告人的权利。运用证据方面，裁判官可以不必拘泥于法定证据制度的机械要求，发挥主观能动性对证据作出审查和判断，证据判断的基础在于法官自身的理性和经验。鉴于法官在审判中自由判断的权力较大，为防止法官恣意判案，自由心证也需满足一定条件约束才能实行。这种约束主要集中在对证据的判断上，证据认定需要遵循客观事实，与案件存在关联，同时法官认定事实形成心证应当建立在法庭调查和辩论的基础上，法官的裁判应当符合经验法则、合乎逻辑规律。这些要求其实与现代证据裁判主义的要求在很大程度上是重合的。20 世纪中期以来两大法系在诉讼理念和诉讼程序上实现了相互融合，大陆法系在吸收英美法系的基础上逐步建立起证据能力规则。而这些证据规则体现了现代证据裁判主义的精神，它的建立逐渐完善克服了大陆法系传统自由心证制度的弊端，也推动着证据裁判主义自身不断发展。证据裁判原则与自由心证制度两者实际上是相辅相成的，自由心证的作出应当遵循证据裁判原则的要求，以保证自由心证的作出实现了客观公正。

证据能力又称“证据资格”，是证据材料经审查认定为证据所应具备的条件，证据材料只有具备证据能力才能成为证据，进而成为裁判者定案的根据。证据能力是大陆法系的称谓，在英美法系中被归纳为证据可采性问题。在大陆法系国家，证据能力需要具备两方面的条件：一是证据材料不被法律禁止；二是证据应当经过法定的调查程序。只有满足了上述两方面的要求，才能作为证据由裁判者据以进行裁判。

在案件审理过程中涉及的诸多事实的认定中并非均需经过证据裁判，证据裁判原则的适用范围就是在事实认定过程中必须通过证据裁判才能认定的事实。日本学者田口守一曾表述：“诉讼法上值得研究的事实可以分为三类。即需要证实的事实、不需要证实的事实和禁止举证的事实。其中，需要证实的事实是作为证明对象的事实；不需要证明的事实是没有必要证实的事实，是众所周知的事实和推定的事实；禁止举证的事实是禁止证明事实本身的事实。”〔1〕由于禁止举证事实较为特殊且适用情形较少，那么可以将事实区分为待证事实和免证事实，待证事实才是证据裁判主义适用的范围。2013 年施行的最高人民法院《关于适用〈中华人民共和国刑事诉讼法〉的解释》（以下简称为《刑诉法解释》）第 104 条和第 105 条对该项规定又进一步作出了细化，其中第 104 条规定：“……证据之间具有内在联系，共同指向同一待证事实，不存在无法排除的矛盾和无法解释的疑问的，才能作为定案的根据。”第 105 条规定：“没有直接证据，但间接证据同时符合下列条件的，可以认定被告人有罪：（一）证据已经查证属实；（二）证据之间相互印证，不存在无法排除的矛盾和无法解释的疑问；（三）全案证据已经形成完整的证明体系；（四）根据证据认定案件事实足以排除合理怀疑，结论具有唯一性；（五）运用证据进行的推理符合逻辑和经验。”

证据裁判原则作为诉讼法、证据法的基本原则，在我国立法中有一定的体现，刑事诉讼实践中实际上也一直在运用证据裁判原则。例如 2010 年的《关于办理死刑案件审查判断证据若干问题的规定》第 2 条首次明文确立了证据裁判原则，2013 年的《刑诉法解释》第 61 条以及《人民检察院刑事诉讼规则（试行）》第 61 条为进一步实施证据裁判原则提供了更加明确的指导，但作为我国刑事法律领域基本法的《刑事诉讼法》至今对证据裁判原则都还没有一个明确的规定，这就导致我国的刑事证据裁判原则存在着高位阶法律缺位的问题。《刑事诉讼法》应当开宗明义地规定：“认定犯罪事实，必须以证据为根据。没有证据，不得认定犯罪事实。”关于判决说明理由制度，根据《刑诉法解释》第 246 条的规定：“裁判文书应当写明裁判依据，阐释裁判理由，反映控辩双方的意见并说明采纳或者不予采纳的理由”，对判决文书说理制度作出了明确的规定。但司法实践中判决文书的裁判理由缺乏或简单一笔带过的情形仍然大量存在，法官在案件的自由裁量中作出缺乏法律依据的裁判文书，这类判决文书整体呈现出法官判决的空洞化和非专业化，一方面造成案件当事人对法官判案不理解，进一步对案件的公正裁判产生怀疑，另一方面法官判案的权威性和公信力在社会上也会受到进一步的攻击。因此完善

〔1〕［日］田口守一：《刑事诉讼法》，刘迪等译，法律出版社 2000 年版，第 220 页。

判决说明理由制度，以指导性案例或示范案例的形式将判决文书的要素通过明确的相对硬性的指标方式作出指引，在司法领域开展对判决文书说理制度的重要性的探讨，以深化法官对判决文书说理重要性的认识是我们必须要做的。

（二）技术侦查所获证据的司法审查必要性

1. 技术侦查所获证据必须接受法庭调查

技术侦查所获证据在2012年刑事诉讼法修改时，就已经取得了证据资格，依法可以进入法庭作为证据使用，不再需要公安机关进行证据转化。根据《刑事诉讼法》第50条第3款的规定："证据必须经过查证属实，才能作为定案的根据"，所有的证据如果要作为定案的依据，就必须接受法庭证据调查。技术侦查证据、技术侦查卷宗应该如同其他证据、案卷一样，根据侦查原样移送检察院审查起诉、移送法院进行证据调查。这种证据移送不应该包括证据的法定形式转化，以及证据内容方面的变化。《刑事诉讼法》第245条第2款规定："对作为证据使用的实物应当随案移送，对不宜移送的，应当将其清单、照片或者其他证明文件随案移送"。按照字面理解，证据移送的原则是应该移送原物、原始书证、原始记录，只有原物不便移送才将其制作成清单、照片或者其他证明文件。

2. 毒品案件大量使用技术侦查措施

根据有关数据，技术侦查手段被大量使用于毒品案件侦查，特情手段基本成为毒品案件办理的首选侦查方式。[1]司法机关需要对于证据提取过程以及证据内容进行全面审查，即使是按照《大连会议纪要》的规定这种需要也是完全合理的：特情侦查中需要查清技术侦查过程，才能决定是否需要对被告人进行刑罚减轻处罚。按照证据裁判主义，所有证据必须经过法庭质证才能作为定罪量刑的依据；按照非法证据排除规则要求，法院必须如实调查证据取证过程中是否存在非法取证行为。如果毒品案件中的证据不能如实移交

---

〔1〕　参见张惠芳："毒品犯罪诱惑侦查问题研究"，载《湖南师范大学社会科学学报》2018年第3期。据统计，广西桂林某城区检察院从1998年至1999年6月受理的毒品案件中有80.85%的案件运用了诱惑侦查手段；成都市W区从2008年至2011年累计办理贩卖毒品案件207件，诱惑侦查案件达到了156件，占到全部案件的75.36%，以西部C市J区为例，2013年当地公安机关向检察机关提捕的毒品案件共488件，通过诱惑侦查手段侦破的就有460件，占全年提捕贩卖毒品案件总数的94.3%。从这些数据中我们可以得出，诱惑侦查已成为毒品犯罪侦查实践中侦破案件的首选方式。

法院，法院无法查清证据的合法性问题，这些证据也不能够作为定案的依据。

3. 如何保证公安部门如实移送证据

在长期的技术侦查实践中，我国公安机关已经习惯于对技术侦查证据进行证据转化，而且由于法律没有规定证据转化的审查程序，如特情证据在习惯中往往是公安机关重新制作“虚假”的证人证言或者“虚假”的书证移交给司法机关。[1]如果根据2018年《刑事诉讼法》第150条的规定，大量毒品案件的线人使用可能属于违法侦查；进一步设想，如果按照2018年《刑事诉讼法》第50条第3款的规定，这些技术侦查证据是否能够如实移送至法院，接受法庭证据调查。一方面，对未成年人、极少量毒品交易进行的技术侦查，已经使用犯意引诱、数量引诱、“双套引诱”侦破的案件，公安机关是否会原样移送证据接受法庭调查，令人质疑；另一方面，被告人未必知道自己被采取技术侦查措施，即使存在对被告人有利的证据，也难以得到证据的信息。一般认为，鉴于技术侦查证据的适用可能涉及有关人员身份、技术方法的暴露问题，区别于一般证据适用，司法实践中一般均遵循技术侦查证据的最后适用原则，即不提供技术侦查证据则不足以对被告人定罪量刑的，才予以适用。[2]所以对于公安机关移送技术侦查证据是否全面、是否如实、是否详尽，并没有足够的程序保证。

（三）技术侦查所获证据的司法审查

《刑事诉讼法》第154条规定：“依照本节规定采取侦查措施收集的材料在刑事诉讼中可以作为证据使用。如果使用该证据可能危及有关人员的人身安全，或者可能产生其他严重后果的，应当采取不暴露有关人员身份、技术方法等保护措施，必要的时候，可以由审判人员在庭外对证据进行核实。”一

〔1〕 参见万毅：“证据‘转化’规则批判”，载《政治与法律》2011年第1期。公安机关对于技术侦察证据一般有三种转化方式：一是将秘密证据转化为公开证据。即，侦查机关依照法定程序对其通过秘密侦查措施获取的证据（物证）重新予以收集和提取，以此将秘密证据转化为公开证据。从目前司法实务中的情况来看，这种证据转化方式主要适用于实物证据。二是将“此类”证据转化为“彼类”证据。即，侦查机关将通过秘密侦查措施获得的证据转化为其他法定种类的证据，通常是将通过秘密侦查措施所获的实物证据转化为言词证据（犯罪嫌疑人供述）。三是出具“情况说明”。由侦查部门向检察院和法院出具“情况说明”，叙述侦查部门采取秘密侦查手段所获取的信息，如技术侦查部门所获取的信息等，以此方式将技术侦查证据“转化”为书证。

〔2〕 李晓林、赵丹：“毒品犯罪案件中技术侦查证据的审查和运用”，载《人民司法（案例）》2016年第17期。

般理解，本条规定三种技术侦查证据的法庭调查方式：庭审质证、庭审技术保护下质证、审判人员庭外调查。但是，按照笔者理解，这三种庭审证据调查方式还必须有一个前提，即必须是形式合法的技术侦查证据才能够进行这三种证据质证。如，违背《刑事诉讼法》第 150 条规定的案件范围，超出《刑事诉讼法》第 151 条规定的技术侦查期限、对象、范围所取得的证据，应当认为不具有证据资格，不能进行证据质证，也不能作为定案的依据。

《刑事诉讼法》第 154 条规定的“采取侦查措施收集的材料”，应该是指技术侦查程序的原始记录、原始证据、原始笔录、原始录音录像，不是证据转化过的材料。防止技术侦查过程中权力滥用可能与保证技术侦查手段的信息隐秘，确实是一种两难选择，但是对于技术侦查资料移送必须首先考虑本案证据公正问题，只有在保证本案证据公正的前提下，才存在作为技术侦查措施的一定隐秘保护问题。如果个案公正问题无法保证，侦查技术保密问题就没有存在意义。“法不可知，则其威不可测”，是一种权术运用，而非治国之道。在毒品案件中，秘密侦查技术基本无法对贩毒、制毒组织保密，那些“零包贩毒”的个体可能更多考虑到的是国家无法发现，而非有意识逃避技术侦查；再者，技术侦查实施的对象应该主要是有组织的毒品犯罪，而非“零包贩毒”的个体。笔者认为，技术侦查的主体法律结构、法律规定应该公开，涉及案件的证据也应该采用以公开审查为原则，技术措施遮蔽下审查、庭外审查为例外的证据审查方式。理由如下：第一，侦查机关实施侦查行为，应该有法定依据。侦查行为的实施，尤其是涉及公民基本权利的侦查措施，必须依照基本法律的授权，侦查机关不能违背法律规定在法外自行规定自己的侦查权力。在依法治国条件下，更应该注意侦查行为的法律依据问题，否则决定侦查行为的官员、实施具体侦查行为的侦查人员都将负担违法行为的法律后果。第二，侦查机关遵循基本法律规定，也应该不断进行技术创新。侦查机关应该有自己的法律研究机构和侦查技术研究机构，在法律规定的范围内，不断改进技术侦查的实施计划、实施技术。一些侦查实施方面的技术，即使被曝光之后，仍不会影响到继续实施侦查。第三，公安机关应当如实移送技术侦查资料，不能进行证据转化，也不能进行局部移交。技术侦查机关应当保证所移交的证据真实、有效，能够真实反应技术侦查的决定程序和实际执行程序，以便于法庭裁决证据是否具有可采性、是否具有证据资格、是否能够证明案件的真实情况。为了保证技术侦察资料的真实性、完整性，应该制定一定的资料移交程序。

二、技术侦查的司法审查

虽然在传统上，我国《宪法》并没有规定司法审查制度，法院也就无权通过司法程序审查和裁决立法、行政机关制定的法律、法令以及行为是否违反宪法。但是，这并不意味着，审判机关无权在刑事诉讼中就侦查机关的强制措施、强制性侦查行为是否得当进行司法审查。我国《宪法》已经规定了公民基本权利的主要内容以及相应保护程序，这些规定高于《刑事诉讼法》《警察法》以及其他法律、法规规定的内容，这些规定也当然应该适用于技术侦查措施的批准、实施、审查方面。在公民遭遇到非经法定程序批准或者非依法实施的技术侦查措施，有权通过现实可行的程序进行权利维护、权利救济以及国家赔偿。现实可行的权利救济途径，当然包括司法救济，包括在刑事诉讼中要求法院排除非法证据，也包括救助司法机关纠正非法侦查行为。《宪法》第37条、[1]第38条、[2]第39条，[3]实际已经给技术侦查措施的实施确立了基本权力范围。至于权利救济途径，《宪法》第41条规定："中华人民共和国公民对于任何国家机关和国家工作人员，有提出批评和建议的权利；对于任何国家机关和国家工作人员的违法失职行为，有向有关国家机关提出申诉、控告或者检举的权利，但是不得捏造或者歪曲事实进行诬告陷害。对于公民的申诉、控告或者检举，有关国家机关必须查清事实，负责处理。任何人不得压制和打击报复。由于国家机关和国家工作人员侵犯公民权利而受到损失的人，有依照法律规定取得赔偿的权利。"

从反面来看，如果不建立司法审查程序，技术侦查措施的实施容易出现各种弊端，尤其容易出现权力滥用。在毒品案件中，这种侦查权力滥用所能导致的危害，甚至会远远超出程序违法，导致公权私用或者制造假案，从而产生极大的社会危害。以"马进孝案"为例，马进孝与甘肃省的临洮、临夏

---

〔1〕 中华人民共和国公民的人身自由不受侵犯。任何公民，非经人民检察院批准或者决定或者人民法院决定，并由公安机关执行，不受逮捕。禁止非法拘禁和以其他方法非法剥夺或者限制公民的人身自由，禁止非法搜查公民的身体。

〔2〕 中华人民共和国公民的人格尊严不受侵犯。禁止用任何方法对公民进行侮辱、诽谤和诬告陷害。

〔3〕 中华人民共和国公民的住宅不受侵犯。禁止非法搜查或者非法侵入公民的住宅。

和西固等地公安机关的个别人员联手，在2001年先后制造了“荆爱国贩毒假案”“杨树喜贩毒假案”以及“彭某贩毒案”，使得荆爱国、杨树喜、彭某先后被一审判处死缓或死刑。[1]虽然这些案件在死刑复核程序时被甘肃省高级人民法院依法纠正，最终被改判无罪，但是已经导致极为严重的后果，暴露出特情证据在司法审查中的制度漏洞。如果从技术侦查的实施、技术侦查证据的司法审查角度，荆爱国、杨树喜、彭某等案的制度运行缺陷，至今尚缺乏彻底反思，如果不构建清晰的司法审查制度，“马进孝案”再次发生的可能始终是存在的。技术侦查资料受到司法认真审查，既是出于维护涉案公民权利的需要，也是对办案人员办案过程的法定审查程序。这种司法审查应当包括对于案件事实审查、司法行为审查、非法证据审查三种。

（一）对案件事实的司法审查

“无证据，则无事实。”司法机关对于侦查机关移交的证据应当进行有效的证据调查，庭审实质化是避免冤假错案的主要制度内容。在目前毒品案件办理当中，无论是检察官、法官还是侦查人员，都提出一个基本相同的观点：毒品案件办理，必须适当降低证明标准。主要的理由包括毒品案件证据收集难度大，证据之间的矛盾难以有效排除、“事实清楚，证据确实、充分”的标准过高、“排除合理怀疑”的标准过高等。[2]笔者承认毒品案件在证据收集当中存在一定客观难度，也认为一些毒品案件应当适用主观罪过推定，但是反对类型化降低特定案件证明标准，笔者认为要求法院减少对于毒品案件控诉证据审查力度的建议不具有合理性。笔者承认，现有关于证明标准的论述，客观上夸大了司法证明标准的实际作用，混同了证据证明与查明之间的边界，导致在实际办理案件中，严格证明的范围被局限于证据证明，忽略了推定等认定事实方法的实际作用。但是，类型化降低证明标准，更加不合理。案件证明标准应该是统一的，适用于所有类型案件的认定标准。类型化降低证明标准，在理论中具有非常严重的错误，在实践中可能带来庭审实质化的进一步萎缩。

---

〔1〕“兰州‘贩毒导演’马进孝受审”，载中国法院网：https://www.chinacourt.org/article/detail/2004/04/id/110897.shtml，访问日期：2019年4月5日。

〔2〕参见杨锐：“特情引诱毒品犯罪案件的证据审查”，载《人民司法》2013年第14期；付斌、高玉蓉：“刑事案件证据证明标准解析——以毒品案件办理过程为例”，载《中国检察官》2017年第2期；张催雷：“毒品案件的证明标准”，载《市场周刊（理论研究）》2013年第11期。

首先，现有证明标准的理论研究，夸大了证明标准的实际作用。“司法证明的目的和标准是两个密切相关的概念。司法证明的目的，是指司法证明主体追求的目标，是司法证明活动的标的。司法证明的标准，则是指司法证明必须达到的程度和水平，是衡量司法证明结果的准则。”〔1〕证明标准虽然存在表意含混的问题，但毕竟是对于司法证明的结果提出的统一衡量标准，在所有刑事案件中，意味着要求裁判法官对案件事实进行心证方面的程度审视。控诉证据所指向的证明目的，与控诉证据所能达到的实际证明水平之间，并不意味着完全一致。证明目的与证明标准之间的差异，实际是要求法官认真审视控诉证据，反复比较案件证据所能够达到的程度，这对于改变“庭审形式化”具有实际意义，不应当被轻易否定。

其次，证明标准统一对所有的刑事案件作出要求，不存在案件类型化差异。证明标准是一个体系化的标准，但是这种体系化差异主要表现为随案件进程不同，证据方面的要求逐步严格化，具体表现为从立案、使用侦查措施、侦查终结到审判终结方面的程序推进中证据所应当达到的标准差异。是要求案件不能满足适当证据要求，就不能继续推进，而必须撤销案件、不起诉或者无罪判决的问题，不是在不同案件中设置不同的证明标准。如果按照案件类型规定不同的证明标准，势必会导致若干类型案件没有达到“事实清楚，证据确实、充分”的标准，而进行了定罪量刑，这是完全违背宪法和刑事诉讼法要求的，实践中势必加剧庭审“形式化”的不当操作。“在以审判为中心的诉讼制度改革当中，探索不同案件类型适用差异化的证据标准是落实证据裁判原则的一大创新。”〔2〕毒品案件存在的证据难度，实际上是庭审形式化所导致的，应该加强而不是削弱庭审实质化，如证据数量薄弱、种类单一的问题，应该加强适当证据进入庭审，扩大庭审事实查证范围。警察作为证人进入法庭作证、作为专家证人进入法庭帮助法庭掌握特定毒品案件实际办理经验、“污点证人”能够增强法庭指控、适当的特情证据查证可以增强法庭对证据来源的掌握等。毒品案件属于重罪案件，而且实际采用刑罚的“重刑

---

〔1〕何家弘：“论司法证明的目的和标准——兼论司法证明的基本概念和范畴”，载《法学研究》2001 年第 6 期。

〔2〕黄常明等：“毒品案件的证据收集与证据规则完善——基于重庆市 S 分院辖区若干毒品犯罪疑难案件的分析”，载《中国检察官》2017 年第 12 期。

率”高于其他刑事案件，[1]如果毒品案件可以降低证明标准，基本上所有的刑事案件都可以降低刑事证明标准，最终的刑罚适用又要按照什么标准实施呢？

运用特情侦破毒品案件，是依法打击毒品犯罪的有效手段，在某些地方，特情侦查甚至是侦破毒品案件必不可少的手段。公安部制定的《刑事特情侦查工作细则》《刑事特情工作规定》等文件对特情进行筛选、使用、管理进行了规定，但是这些文件并不能保证庭审中技术侦查资料的可靠性问题：一则，这些文件一直属于公安机关内部规定、内部文件，社会公众对之了解甚少，其中操作环节的要求未必符合审判证据的要求；二则，缺乏资料分析、核实这些规定是否得到有效执行，难以保证每个案件中的特情证据都是合法有效的。在刑事诉讼法及司法解释层面，急需要对技术侦查证据规定具体审核程序，理论上讲，任何指控证据都应当进行法庭证据调查，法官应当根据法定的证据核实方式严格进行证据审查判断。执法部门对特情问题的疏忽和随意，庭审证据审查时法官必须予以慎重对待。

（二）对侦查行为的司法审查

“无救济，即无权利。”技术侦查部门实施侦查行为，应该依据法律的明文授权，并且按照法定的执法程序进行侦查。为保证被侦查人员的合法权利不受非法侦查行为侵害，法律规定相应的司法审查程序尤其是事后司法审查程序，就成为公民权利救济程序的必然内容。公民权利救济程序中对于技术侦查行为的合法性、合理性的判断，是司法事后审查的主要内容。

按照笔者的理解，司法审查制度必须建立合法性判断原则与合理性判断原则。合法性原则主要是指技术侦查是否合法批准、合法实施，主要集中于技术侦查行为是否构成违法侦查。合法性原则的判断标准是“因果关系”，警方的诱惑行为与犯罪行为之间如果构成前者是后者的原因，后者是前者的结果，则认为警方诱惑行为构成违法侦查行为。美国联邦最高法院在对“杰克波森案”的判决中指出：“如果政府部门为了追求犯罪而导致了一名守法的公民被捕，而此人就其自身能力或条件来说，可能从来不会犯罪，那么这时就

[1] 据最高人民法院统计，毒品案件的重型率高于其他类型案件。近两年间，毒品犯罪的重刑人数为4.61万，占犯罪总人数的21.48%，比重高于同期全部刑事案件重刑率11.31个百分点。数字来源于最高人民法院。参见最高人民法院：“司法大数据专题分析报告之毒品犯罪”，载中国法院网：https://www.chinacourt.org/article/detail/2018/06/id/3371760.shtml，访问日期：2019年4月6日。

需要司法的干预。"[1]合法性原则对于侦查的约束，是强而有力的，凡是构成违法性侦查，其效果应当视为侦查行为违法，侦查所获证据应当被排除。合理性原则主要是指技术侦查行为是否具有必要性、比例性，核心问题是在合法基础上进一步提出侦查手段的慎重性，主要问题是是否滥用权力。合理性原则主要防范警方对于一些轻微案件适用烈度较大的侦查行为。合理性原则的约束力，相对较弱，法官只能对明显不公平的侦查行为判断为不合理，目的并不是证据排除，而是通过证据排除告诫警察在实际执法中，适当考虑技术侦察的必要性，其效果或许会导致侦查证据被排除。

因为从传统上讲，中国并未在法律中明确规定司法机关，尤其是审判机关有权对技术侦查行为进行司法审查，所以上述理解只是一种理论讨论。但是这种讨论，并非完全不具有现实性和法律依据。从现实调研情况来看，技术侦查中大量的特情侦查实际构成诱惑侦查，即使根据《大连会议纪要》，也应当设立司法审查机制，建立司法裁判规则，实现"减轻"刑罚情节的司法确认和裁判。如果按照《刑事诉讼法》第150条至第153条的规定，技术侦查资料是否经历"严格审批程序"、是否针对法定的特定案件、执行中是否"严格按照批准的措施种类、适用对象和期限执行"、是否遵守"不得诱使他人犯罪，不得采用可能危害公共安全或者发生重大人身危险的方法"的戒律，都需要现实可行的程序进行审核。即使在公安机关内部已经实施了严格的监督，出于被侦查人权利保护，也需要设置司法审查机制。所以现实可行的审查机制，只能是检察院审查或者法院审查两种。检察院司法审查程序的困难之处在于，检察院自身既属于控诉一方，又进行司法监督，可能会导致内部职能的冲突以及被侦查人的怀疑。按照"马进孝案"的实际运行来看，马进孝所炮制的三起冤案在审查起诉环节、一审环节中，技术侦察资料均未受到质疑，[2]但是其所参与炮制的技术侦查资料实际错漏百出。所以，在审判程序证据审查环节之中，进行技术侦查行为的合法性、合理性审查，应该具有实践可行性，脱离庭审环节的司法审查实际效果是可疑的。

---

[1] Jacobson. 503 U. S. [S] J. S：Supreme Court Documents，1992：553~554，转引自宁凯越、陈讲生："基于因果关系学说的诱惑侦查合法性标准研究"，载《辽宁警察学院学报》2017年第5期。

[2] "兰州'贩毒导演'马进孝受审"，载中国法院网：https://www.chinacourt.org/article/detail/2004/04/id/110897.shtml，访问日期：2019年4月5日。

（三）对非法证据的审查与排除

“无证据审查，就无司法审查。”技术侦查资料的证据资格审查、证据内容审查程序，实际是司法事后审查的实际落脚点。从这一角度来讲，无证据审查程序，就无司法审查程序。《刑事诉讼法》第154条规定：“依照本节规定采取侦查措施收集的材料在刑事诉讼中可以作为证据使用。如果使用该证据可能危及有关人员的人身安全，或者可能产生其他严重后果的，应当采取不暴露有关人员身份、技术方法等保护措施，必要的时候，可以由审判人员在庭外对证据进行核实。”按照一般理解，该条主要确立了三种证据审查程序：原则上法庭质证、符合条件时采取技术措施后进行法庭质证、“必要时”审判人员庭外调查。该条规定也可以总结为，技术侦察资料必须接受法庭质证，而质证方式必须是上述三种形式之一。这就为原始技术侦查资料的移送接受审查提供了完全的法律依据。从改变长期“证据转化”操作可能导致的证据虚假问题角度，明显是一种长足的制度进步。“证据转化可能架空非法证据排除规则，侵及被告方的辩护防御权，同时还有隐匿技术侦查滥权的风险。”〔1〕如果从制度建言角度，目前先进行《刑事诉讼法》第154条规定的全面落实，督促技术侦查部门和法院部门建立原始证据移交程序，结束证据转化，实现法院对于技术侦查证据的全面司法审查，当是更为重要的问题。

有学者提出，《刑事诉讼法》第154条的规定，可能会在实践操作中滑向单一的庭外调查形式，产生秘密审判之可能性，〔2〕显然夸大了不利结果的负面影响可能。按照笔者的调研，虽然技术侦查证据并未按照《刑事诉讼法》第154条规定进行公开质证为原则的法庭质证，但是庭外调查程序也并未阻止辩护人参与，一般都允许辩护人具结保证后参与庭外调查程序，未曾出现秘密审判。《人民法院办理刑事案件第一审普通程序法庭调查规程（试行）》（以下简称《证据调查规程》）第35条规定：“采用技术侦查措施收集的证据，应当当庭出示。当庭出示、辨认、质证可能危及有关人员的人身安全，或者可能产生其他严重后果的，应当采取不暴露有关人员身份、不公开技术侦查措施和方法等保护措施。法庭决定在庭外对技术侦查证据进行核实的，

〔1〕万毅：“证据‘转化’规则批判”，载《政治与法律》2011年第1期。

〔2〕董坤：“论技术侦查证据的使用”，载《四川大学学报（哲学社会科学版）》2013年第3期。

可以召集公诉人和辩护律师到场。在场人员应当履行保密义务。"《证据调查规程》第36条第2款规定："对于控辩双方补充的和法庭庭外调查核实取得的证据，应当经过庭审质证才能作为定案的根据。但是，对于不影响定罪量刑的非关键性证据和有利于被告人的量刑证据，经庭外征求意见，控辩双方没有异议的除外。"实际根本上否决了秘密审判的可能性，庭外调查的证据仍旧必须经历法庭质证或者控辩双方没有异议。在未来刑事司法程序中应该进一步落实刑事诉讼法的具体规定，对于能够接受法庭公开质证的技术侦查证据，原则上应该进行公开质证，不仅辩护人要参与，被告人也应当有权在合理形式下参与证据质证。[1]

非法证据排除中的警察出庭问题，长期以来一直是中国庭审中的顽疾，对于技术侦查证据的证据审查、司法审查都极为不利。[2]现行刑事诉讼法主要规定了两种警察出庭情形，一种是警察出庭证明取证合法性，一种是警察作为目击证人出庭接受质证。《刑事诉讼法》第59条第2款规定的是警察出庭说明取证合法性："现有证据材料不能证明证据收集的合法性的，人民检察院可以提请人民法院通知有关侦查人员或者其他人员出庭说明情况；人民法院可以通知有关侦查人员或者其他人员出庭说明情况。有关侦查人员或者其他人员也可以要求出庭说明情况。经人民法院通知，有关人员应当出庭。"《刑事诉讼法》第192条第2款规定的是警察出庭作证："人民警察就其执行职务时目击的犯罪情况作为证人出庭作证，适用前款规定。"上述两处规定，均未包括侦查人员对侦查取证活动的有关情况出庭作证，技术侦查行为的实施过程难以被纳入到法庭调查范围。《证据调查规程》第13条第3款规定："控辩双方对侦破经过、证据来源、证据真实性或者证据收集合法性等有异议，申请侦查人员或者有关人员出庭，人民法院经审查认为有必要的，应当通知侦查人员或者有关人员出庭。"

三、网络贩毒证据审查

（一）网络毒品案件的侦查压力

"互联网+"时代背景下，毒品犯罪出现了新的变化，毒品犯罪中心由生

〔1〕 李锟："论刑事法官庭外调查的失范与规范"，载《新疆大学学报（哲学·人文社会科学版）》2018年第5期。

〔2〕 参见龙宗智："中国作证制度之三大怪现状评析"，载《中国律师》2001年第1期。

产地向消费地转移以及毒品的生产、运输、销售等环节犯罪手段更加复杂隐蔽。[1]网络毒品犯罪在传统毒品犯罪“人货分离”的基础上，基本实现了网上（线上）交易订购，网下（线下）物流寄递或隐藏后待取，毒品交易的交接环节基本消失。毒品网上交易使用“黑话”，成员之间使用网络化名，交易内容和真实身份均被隐藏在网络语言之中。网络的普及性与新型毒品的便捷提取方式相结合，使得毒品制作技术扩散更加迅速，毒品制作、销售进一步靠近毒品吸食市场，更加难以拦截堵查。

网络制贩毒案件的出现使得原本对快速增长的毒品犯罪已经捉襟见肘的警方，陡然面对新型的、更加难以应对的网络制贩毒证据收集、固定任务。网络制贩毒案件的办理难度主要集中于以下几个方面：第一，网络制贩毒案件不再局限于传统的犯罪地，往往出现跨行政区划、跨人群的毒品制、贩、售情节。“条块分割，以块为主”的警力布局，对于跨行政区域犯罪的侦查能力、办案能力是一种考验。第二，网络制贩毒案件涉案人数众多，吸贩毒证据数量大、证据鉴别难度大。传统的警力设置存在内部分工不明，相互权力交叉重叠、运行不畅的问题，对于网络毒品案件目前只能组建专案组进行协同办案。第三，网络制贩毒案件常涉及第三方网络技术压力，警方在网络证据提取、网络情报汇集、分析方面存在技术方面的困难。网络聊天室、第三方网络平台吸引公众的主要方式是网络内容的私密性，网络毒品犯罪利用这种私密性进行犯罪指挥、技术传播、证据隐藏、证据销毁，警方的证据收集、固定需要较强网络技术支持。第四，现代物流成为毒品网下（线下）交易的实际供货渠道。现代物流所具有的巨大的运输量、立体式供货方式、繁杂的物流管理环节，警方难以获取毒品运输线索。没有具体详实的毒品情报，缉毒组织一般难以发现毒品的交付和运输行为，也难以控制现代物流中毒品的运输。

就目前情况看，网络毒品案件已经出现如下特征：网络制贩毒案件增长极为迅速，涉案人员众多，证据固定、提取难度大，办案机关需要上级警力、技术支持，办案时间较长、案件线索繁杂。基于网络的传播方式、联系方式的便捷性，毒品犯罪网络也呈现出立体式分布，毒品犯罪分子内部联系方式更加细致、内部组织结构更加复杂。网络视频技术、QQ、微信等第三方联系

---

〔1〕 彭伟：“论‘互联网+’时代毒品犯罪防控策略”，载《江西警察学院学报》2017 年第 6 期。

平台，在提升交往便利性的同时，也提高了毒品制作技术扩散风险，提升了毒品网上交易能力，扩大了毒品犯罪网络覆盖范围，细致化了毒品交易内部指挥方式。毒品案件犯罪形式在互联网技术的便利基础上，出现新的分工方式、交易方式。

2011 年甘肃警方破获“8 · 31”特大网络吸贩毒案，这是我国首例利用互联网视频交友平台进行涉毒违法犯罪活动的新类型毒品案件，涉及全国 31 个省市，共查获涉毒违法犯罪嫌疑人 12 000 余名，延伸破获毒品案件 4 起，抓获犯罪嫌疑人 6 人，缴获合成毒品 2775 克，制毒原材料 2.5 吨，捣毁制毒加工点一处。[1]2012 年吉林省通化市警方破获利用 QQ、淘宝网络进行的网络贩毒案，涉及全国 18 个省市，共抓获违法人员 77 人，涉及下线 400 多人，缴获被贩卖的盐酸曲马多片剂等国家二类精神管制药品近 120 万粒。2015 年浙江省宁波市警方破获“2 · 16”特大网络贩毒案，最终抓获贩毒犯罪嫌疑人 14 名，缴获冰毒 14.1 公斤、仿“64”式手枪 1 支、子弹 9 发、作案轿车 1 辆和涉案银行卡 8 张，冻结涉毒资金 10 余万元，查控涉嫌参与毒品交易的 QQ 号码 80 余个、手机号码 60 余个以及银行账号 55 个。[2]2016 年 6 月，浙江省警方破获利用微信平台进行的网络贩毒案件，在经历 7 个多月侦查，捣毁了特大跨省网络贩毒团伙，抓获吸贩毒人员 350 余人，其中刑事拘留 105 人，行政拘留 320 人（决定强制隔离戒毒 68 人），缴获冰毒 58.2 公斤，麻古 65 颗，毒资 30 余万元。[3]2016 年 11 月至 2017 年 11 月，山东省济南市警方破获“2 · 06”特大网络贩毒案件，打掉制毒（制毒物品）场点 18 处，抓获制贩毒嫌疑人 110 余名，缴获甲卡西酮、冰毒等各类毒品 3.95 吨，溴代苯丙酮、麻黄素等重点制毒物品 6 吨，其他制毒原料和配剂 5 吨，仿制手枪 2 支，爆炸物 1 宗，毒资 500 余万元，运毒作案车辆 40 余部。[4]2017 年内蒙古自治区警方成功破获一起艾滋病群体利用网络贩毒案，共缴获毒品 2 公斤，查获

〔1〕 马进帅、马国顺：“揭秘特大网络吸贩毒案”，载《检察风云》2011 年第 23 期。

〔2〕 谢台选：“宁波警方破获部督特大网络贩毒案 缴获冰毒 14.1 公斤”，载中国网：http://www.china.com.cn/legal/2015-08/07/content_36252020.htm，访问日期：2019 年 4 月 9 日。

〔3〕 宫路等：“基于微信平台的贩毒案件侦查问题研究”，载《云南警官学院学报》2017 年第 1 期。

〔4〕 徐鹏、贾卫国：“山东最大网络制贩毒案详情披露——缴获各类毒品 3.95 吨重点制毒物品 6 吨”，载《吉林人大》2018 年第 2 期。

涉毒资金30多万元。[1]2018年吉林省扶余市公安局历时9个月破获网络贩毒案件，跨8省16市抓获涉案人员45名。2018年徐州市警方破获“11·18”特大网络贩毒案件，分赴18个省市的32个地级市，共抓获贩毒嫌疑人25名，吸毒违法人员31人，扣押毒品2.1公斤，收缴各类仿真枪16支、管制刀具18把。[2]2018年西安市警方破获一起特大跨国（通过QQ群、微信群）网络贩毒案，在全国破获涉毒案件240起，抓获涉案人员245人，查获毒品61.35公斤。[3]

（二）网络毒品案件的证据审查压力

目前网络贩毒案件的证据认定有关信息较为有限，根据现有公开资料尚无法判断证据使用、证据核实等具体细节问题，但是考虑到网络证据进行司法认定所应该存在的困难，就具体侦查过程所能获取到的证据而言，下列问题是司法认定时必须面对的证据难题。

网络贩毒案件，一般是利用网络社交平台或者第三方软件组建“毒群”，专门吸引吸贩毒人员加入，交易过程中，全程保持钱货分流、人货分离，专业化程度极高。警方在现实中能够控制的快递网点也只是出货的途径之一，出货人员或投递人员不知晓太多机密，随时会被“壁虎断尾”，毒贩甚至会利用无关群众进行快递包裹的发送、接受。如果要证明全案，就必须全面掌握该贩毒团伙的组织脉络、进货渠道以及交易手法，其中所需要的证据研判、证据分析、证据固定、证据提取、证据提交各个环节都存在一定难题。具体来讲，网络毒品案件的证据难点主要表现为以下几点：第一，案件的线索发现和证据提取较难。网络平台或第三方软件所营造的私密空间，致使警方难以在网络组建“毒群”早期就进行监控。“毒群”开始运行后，毒品网上贩运的成员、资金的流动变化较快，案件收网的时机难以准确控制，过早易使毒贩“壁虎断尾”，过迟则容易出现毒品流向社会或毒贩更换、外逃。第二，核实真实身份较难。网络毒品案件涉案人员众多，多采用化名或网名，警方容

---

〔1〕“行程40余万公里 通辽警方斩断一艾滋病群体网络贩毒通道”，载内蒙古晨网：http://www.nmgcb.com.cn/chengshi/tongliao/2019/0331/195242.html，访问日期：2019年4月9日。

〔2〕“徐州警方侦破部督‘11.18’特大网络贩毒案”，载新华网：http://big5.xinhuanet.com/gate/big5/www.js.xinhuanet.com/2018-02/07/c_1122381094.htm，访问日期：2019年4月9日。

〔3〕“西安警方破获跨国特大网络贩毒案”，载搜狐新闻：http://www.sohu.com/a/237268875_336604，访问日期：2019年4月9日。

易掌握网络地址、上网时间、网名，难掌握其具体身份，在庭审中身份认定存在一定困难。第三，证实网络贩毒事实较难。网络毒品案件一般会使用网络“黑话”或“专用术语”指代毒品交易。这种“黑话”可能存在多重含义或者可以做多种解释，网络毒贩一般会百般狡辩，交易过程的证据认定存在难度。第四，网络毒品案件证据易毁灭。毒品案件中的聊天记录、微信记录、视频记录易被犯罪嫌疑人快速销毁，计算机记录的物理恢复难以得到技术支持，网络云存储证据收集又需要网络平台或第三方软件公司的支持。第五，证据研判需要大量人力支持。证据判断需要大量的证据阅读与判断，而且往往容易忽略网上交易的组织脉络，易出现毒品货源、毒品售卖组织者信息不清等状况。第六，需要银行部门的技术支持。网络毒品案件存在大量网上现金流、虚假银行账号、卡号，需要银行部门的大力协助。毒品犯罪收款人往往使用虚假身份登记银行账号，或者使用他人银行账号，或者利用他人身份证登记银行信息，或者通过大量网上交易掩盖真实信息，银行部门的信息调取、查实对于案件事实认定具有重要意义。第七，网络毒品案件难以实现“人赃俱获”。传统“控制下支付”“卧底”等侦查手段，一般难以在网络贩毒案件中直接实施，网络制贩毒案件会有成员吸纳程序，一般需要内部成员推荐或现场录制吸毒、制毒视频；线下毒品配送，已经基本实现“人货分离”“钱货分离”，警方难以对毒品网络的核心成员实现“人赃俱获”式抓捕，这为后来庭审中犯罪行为、组织体系问题的证明增加了难度。基于数学、计算机编程和统筹技术在20世纪所取得的巨大成就，以及网络技术在21世纪的持续推广适用，人们发现人工智能在刑事司法方面存在巨大的应用空间，也出现一些新的法律问题，如数据化取证与公民隐私权、人工智能的法律确权、司法证据收集、刑事司法辅助判断等，可以称之为人工智能与法律的相关问题。司法机关一般倾向于在严重犯罪中更多地使用新技术解决证据收集方面的传统问题，所以新技术一般适用于侦查技术方面，尤其是较多使用在毒品等严重刑事犯罪的侦查、审判程序中，随之，产生各种对新侦查技术的建议、期待或者批评，进而成为法律问题的讨论内容。如果民事法律主要关注网络搜查带来的隐私权问题，那么刑事法律主要关注人脸识别、网络信息调查等“人工智能”在加强警方证据收集能力同时，所涉及的对于侦查权力界限规定和数据证据收集规则等问题；刑事法律同样也应当注意到司法辅助系统为法官、检察官提供特定资料收集便利的同时，也会带来司法裁判形式与裁判权力运行的特定变化。[1]

网络毒品案件中的数据证据收集程序、计算机技术规范问题，在目前刑事诉讼法当中尚无具体规定。内容局部涉及网络毒品案件问题的是最高人民法院2016年公布的《关于审理毒品犯罪案件适用法律若干问题的解释》，但是其中的主要内容是实体裁判依据，并非证据收集和裁判问题。[2]这与证据收集、固定程序中存在的具体困难以及司法实践中对于证据使用、证据固定方面的法律依据需求尚存在一定的距离。最高人民检察院的司法解释以及公安部的部门规章关于网络毒品案件电子数据搜查、扣押适用规定，也基本没有涉及。1998年《公安机关办理刑事案件程序规定》（现已失效）第197条规定："勘查现场，应当按照现场勘查规则的要求拍摄现场照片，制作《现场勘查笔录》和现场图。对重大、特别重大案件的现场，应当录像。计算机犯罪案件的现场勘查，应当立即停止应用，保护计算机及相关设备，并复制电子数据。"1998年公安部制定的《公安机关办理刑事案件程序规定》第215条至第217条规定了电子邮件扣押采取县级以上公安机关负责人签发令状、网络服务单位（公司）扣押转交的程序。[3]最高人民检察院《人民检察院刑事诉讼规则（试行）》第九章专设第六节"调取、查封、扣押物证、书证和视听资料、电子数据"（第231条至第240条），主要规定了查封、扣押、复制、录音录像等执法方式，其中第238条规定："扣押犯罪嫌疑人的邮件、电报或者电子邮件，应当经检察长批准，通知邮电部门或者网络服务单位将有

[1] Amgoud, L. and Caminada, "On the Evaluation of Argumentation for Malisms", *Artificial Intelligence*, 172 (2007), 286~310；国内研究参见魏斌、郑志峰："刑事案件事实认定的人工智能方法"，载《刑事技术》2018年第6期。

[2] 最高人民法院《关于审理毒品犯罪案件适用法律若干问题的解释》（法释［2016］8号）第14条规定："利用信息网络，设立用于实施传授制造毒品、非法生产制毒物品的方法，贩卖毒品，非法买卖制毒物品或者组织他人吸食、注射毒品等违法犯罪活动的网站、通讯群组，或者发布实施前述违法犯罪活动的信息，情节严重的，应当依照刑法第二百八十七条之一的规定，以非法利用信息网络罪定罪处罚。实施刑法第二百八十七条之一、第二百八十七条之二规定的行为，同时构成贩卖毒品罪、非法买卖制毒物品罪、传授犯罪方法罪等犯罪的，依照处罚较重的规定定罪处罚。"

[3] 1998年《公安机关办理刑事案件程序规定》第215条："扣押犯罪嫌疑人的邮件、电子邮件、电报，应当经县级以上公安机关负责人批准，签发扣押通知书，通知邮电部门或者网络服务单位检交扣押。"第216条："不需要继续扣押的时候，应当经县级以上公安机关负责人批准，签发解除扣押通知书，立即通知邮电部门或者网络服务单位。"第217条："对于扣押的物品、文件、邮件、电子邮件、电报，应当指派专人妥善保管，不得使用、调换、损毁或者自行处理。经查明确实与案件无关的，应当在三日以内解除扣押，退还原主或者原邮电部门、网络服务单位。"

关的邮件、电报或者电子邮件检交扣押。不需要继续扣押的时候，应当立即通知邮电部门或者网络服务单位。对于可以作为证据使用的录音、录像带、电子数据存储介质，应当记明案由、对象、内容，录取、复制的时间、地点、规格、类别、应用长度、文件格式及长度等，妥为保管，并制作清单，随案移送。”《人民检察院刑事诉讼规则（试行）》第228条规定：“进行搜查的人员，应当遵守纪律，服从指挥，文明执法，不得无故损坏搜查现场的物品，不得擅自扩大搜查对象和范围。对于查获的重要书证、物证、视听资料、电子数据及其放置、存储地点应当拍照，并且用文字说明有关情况，必要的时候可以录像。”《刑诉法解释》第93条至第94条规定了法院证据审查方法，但是没有涉及庭外调查取证、庭外证据核实、法庭的电子数据证据调取权力和程序等问题。[1]

笔者认为，电子数据时代改变的不仅仅是给刑事诉讼法增加一种证据形式，而是产生刑事诉讼证据部分的整体变化，甚至引发刑事诉讼权利的整体变化。主要表现在：第一，数据化形式的证据，带来证据收集方式的变化。警方在获得更加便利的证据收集方式的同时，也存在非法数据收集问题、民间数据收集公司的隐性权力问题（数据即权力）、数据库辩方访问权利等问题。第二，数据化证据在司法机关内部的使用问题。智慧司法、司法辅助系统等计算机程序，将会直接影响到案件裁判权力的实际运行。现有司法辅助

〔1〕 第93条规定：“对电子邮件、电子数据交换、网上聊天记录、博客、微博客、手机短信、电子签名、域名等电子数据，应当着重审查以下内容：（一）是否随原始存储介质移送；在原始存储介质无法封存、不便移动或者依法应当由有关部门保管、处理、返还时，提取、复制电子数据是否由二人以上进行，是否足以保证电子数据的完整性，有无提取、复制过程及原始存储介质存放地点的文字说明和签名；（二）收集程序、方式是否符合法律及有关技术规范；经勘验、检查、搜查等侦查活动收集的电子数据，是否附有笔录、清单，并经侦查人员、电子数据持有人、见证人签名；没有持有人签名的，是否注明原因；远程调取境外或者异地的电子数据的，是否注明相关情况；对电子数据的规格、类别、文件格式等注明是否清楚；（三）电子数据内容是否真实，有无删除、修改、增加等情形；（四）电子数据与案件事实有无关联；（五）与案件事实有关联的电子数据是否全面收集。对电子数据有疑问的，应当进行鉴定或者检验。”

第94条规定：“视听资料、电子数据具有下列情形之一的，不得作为定案的根据：（一）经审查无法确定真伪的；（二）制作、取得的时间、地点、方式等有疑问，不能提供必要证明或者作出合理解释的。”其中缺乏规定的是侦查机关对于电子数据的搜查权力界限、搜查运行程序、第三方网络公司的权利、被搜查人的权利、技术侦查中的电子数据收集、使用技术手段对于电子数据的拦截、搜查、提取、司法审查程序；检察院对于电子数据的搜查、技术拦截、司法审查；法院对于电子数据的提取权力、提取程序、司法审查程序。

系统的数据建模方法、数据库建设方法都可能会使司法裁判权力出现前所未有的变化，一方面这种变化对于执法人员存在一定的权力运行规范化约束；另一方面，也可能存在对于司法裁判时，过度依赖现有判决意见或者过去司法经验的约束，尤其是合议庭将会难免受到裁判库中的各种智慧统计数字的实际影响。第三，法官的裁判可能受到更多因素的影响。现有智慧司法平台，基本都是建立在既往司法经验的数据输入、数据总结、程序建模，其中可能存在程序设计缺陷、非理性情绪影响、司法外观点的介入等问题。这对于司法审判存在一定不公正影响的可能性。

目前急切需要规定的有以下几个方面的证据问题：第一，警方、司法机关查证、调取网络交友平台、网络视频、第三方交友软件公司云存储数据的程序。应当设立如上公司的证据保存义务，以及警方调取条件、司法调取程序，在保证适度隐私权保障的前提下，保证云存储证据的真实性。第二，建立警方网络毒品案件侦查技术库和侦查人员遴选库。主要的作用在于，一方面，支持和保证网络毒品案件侦办技术的不断发展；另一方面，又能够对一些网络毒品案件的事实认定难题由技术专家出庭提供技术支持。诸如对网络黑话、网络证据判断、一定范围的司法推定等问题的认定，能够提升司法判断的准确性。第三，建立适度事实推定的法律依据。刑事诉讼中不宜过度强调法官的“消极中立”，而应该鼓励法官依法积极探求事实真相。“消极中立”导致法官轻视证据证明过程，滥用证明责任理论；而“……法官通过简单适用对于证明责任规范分配败诉风险来规避自己的裁判责任。”〔1〕“滥用证明责任无形中降低了证据在事实认定中的价值，助长了法官裁判简单化的惰性思维，即法官不注重对证据本身和证据之争过程的考量，而倾向于直接依据证责任制度作出裁判，这种惰性思维已经偏离了证明责任制度的初衷。”〔2〕第四，建立毒品案件严格证明规则。有罪认定必须具有更严格的证据调查程序和更明确的证据要求。法律应当明确规定各种证据所随附的法定的证据调查程序，有罪认定的证据必须经历严格证明的过程。第五，增设辩方网络证据查证权利。目前的网络毒品案件的网络证据完全掌控在专门机关尤其是公

〔1〕 罗建芳：“事实真伪不明的界定及处置方法”，载《河南工程学院学报（社会科学版）》2011年第1期。

〔2〕 陈科：“经验与逻辑共存：事实认定困境中法官的裁判思维”，载《法律适用》2012年第2期。

安机关和检察院手中，电子数据其中是否存在有利于被告人的证据，第三方网络公司是否完整移交证据，控方是否完整移交所有证据内容，均不得而知。故此，有必要在特定条件下，允许辩方提请法院签发令状，责令第三方网络公司向法院提交完整证据。

（三）网络毒品案件侦查行为的司法审查

有别于一般毒品案件的证据形式，网络毒品案件线上方式的主要证据是与网络有关的聊天记录、视频记录、邮件地址、电子域名、电子签名等，主要证据形式属于书证、视听资料、电子数据等。网络毒品案件线上证据主要的取证方式是计算机物理恢复、计算机云存储记录调取。因而，网络毒品案件线上证据取证行为可能存在的权利侵害是侵犯隐私权问题，网络毒品案件侦查行为的合法性审查主要集中于是否构成侵犯隐私权。存在三种可能的利益相关方：第一，犯罪嫌疑人、被告人，认为警方行为构成非法搜查，侵犯其合法隐私权；第二，第三方网络平台认为警方行为构成非法搜查或者损害其商业利益，应予以惩戒、赔偿；第三，与网络毒品案件无关人员，认为警方行为侵犯其合法隐私权，要求惩戒、赔偿或恢复名誉。其中的法律问题存在两个：第一，网络证据提取，是否属于搜查措施范围；第二，警方提取网络证据，尤其是云存储证据时候的程序和权力边界问题。网络证据提取，理论上应该属于搜查措施，搜查程序规定同样适用于所有的网络证据提取程序。但是法院同样应该具有网络证据提取权力，这又超出现有搜查程序规定的范围。

美国联邦最高法院在侦查权力控制方面，逐步发展、总结出“合理隐私期待”理论，并将之运用于数据化证据取证程序中，形成相对统一的标准或规范。1958 年在 Miller v. United States[1]一案中，法院判决认为，当个人把自己的账户信息披露给银行时，就应该意识到存在银行可能会把该信息披露给政府的风险，所以银行向执法人员披露个人的银行账户信息不侵犯个人的隐私权。但是在 1967 年 Berger v. New York[2]一案中法官则认为，执法人员窃听无形的通讯也构成搜查，因此，侵犯宪法第四修正案所保护的当事人的

〔1〕 Miller v. United States, 357 U. S. 301 (1958).

〔2〕 Berger v. New York, 388 U. S. 41 (1967).

隐私权。在 Katz v. United States[1]一案中，卡茨被指控违反联邦法律，从洛杉矶打电话传送赌博信息到迈阿密和波士顿。联邦特工人员将电子窃听和录音设备附置于公共电话亭的外部，取得了卡茨的电话录音。美国联邦最高法院认为，当政府行为侵犯了人们的合理的隐私期待时，该行为就应构成宪法第四修正案下的搜查，本案发展出非常具有特色的“合理隐私期待”理论。在2007年的 U. S. v. Heckenkamp[2]一案中，法院判决将“合理隐私期待”扩张入计算机存储信息，认为个人对其私人计算机拥有合理的隐私期待。美国对电子证据还单独制定了若干成文法，如《反欺诈法》《统一电子交易法》《联邦证据规则》《电子通讯隐私法》《综合犯罪控制和街道安全条例》《美国笔录和陷阱法》等。根据《美国联邦民事诉讼规则》[3]的规定，任何与待证事实存在关联的、不受特权保护的电子证据都在开示的范围内。当事人应当向另外一方当事人主动开示与案件有关的数字、记录、文档等目录以及电子邮件的原件和复印件等。2015年《美国联邦民事诉讼规则》第26条（b）款（1）项重新界定了证据开示的范围：“除非法院另有规定，否则证据开示的范围如下：双方当事人可以获得与任何一方当事人的主张和抗辩相关的任何非特权事项的证据开示，但证据开示须与案件需要成比例。考虑的因素有诉讼中所涉问题的重要性、争议的数量、当事人获取相关信息的难易程度、当事人的资源、证据开示在解决问题上的重要性以及证据开示的负担或者费用是否超过其可能的利益。证据开示范围内的资料不一定可以被呈为证据。”[4]

加拿大是世界上最早制定统一的电子证据法的国家，其对电子证据的概念、基本含义、证据收集与固定、电子证据的鉴定、非法证据排除等作了较为详尽的规定，取得了若干突破。电子证据是解决包括电子商务在内的网络纠纷的核心，它具有综合性、易变性、隐蔽性、可挽救性、微缩性、扩散激增性等特征，它是一种既与书证、视听资料有密切联系，又不同于书证、视听资料的一种新的证明方法。[5]德国和法国等大陆法系国家一般在刑事诉讼

〔1〕 Katz v. United States, 389 U. S. 347 (1967).

〔2〕 U. S. v HeckenKamp, Case No. 05-10322 (C. A. 9, Apr. 5, 2007).

〔3〕 2015年《美国联邦民事诉讼规则》修正案内容。

〔4〕 林洋、王群：“美国电子证据开示规则”，载中国法院网：https://www.chinacourt.org/article/detail/2019/03/id/3795905.shtml，访问日期：2019年4月16日。

〔5〕 韩波：“论加拿大《统一电子证据法》的立法价值”，载《政治与法律》2001年第5期。

法中设立专门章节对电子取证规范进行规定，如《德国刑事诉讼法》在第一编第八章就电子证据取证措施的种类、适用条件、批准权限等作出了详细的规定，而《法国刑事诉讼法》在第一卷第三编第二节专门规定了“电讯的截留”措施。联合国《电子商务示范法》《电子签名示范法》《打击跨国有组织犯罪公约》以及欧洲理事会《网络犯罪公约》等采取的是集中立法模式。其中，欧洲理事会《网络犯罪公约》在第二章的程序法部分规定了有关电子证据调查的特殊程序法制度，比较完备地规定了电子证据的调查措施，包括搜查、扣押、存储的计算机数据的快速保护、电子证据的实时收集、提交指令、证据鉴定等。

我国构建电子证据规则存在一个前提，就是必须依赖完善的证据规则，电子证据一般只能依据证据规则体系，进行局部具体规范。我国证据规则本身的不完善性，必然制约电子证据制度自身的完善性和实效性。在进一步完善中国证据规则体系的基础上，电子证据法的立法框架大致应该包括：电子证据的界定，电子证据的收集、保全、展示规则，电子证据质证规则，电子证据证明力审查、判断规则，并且应该融合对数字签名、电子认证、电子合同的具体的可操作性规定。〔1〕

四、“洗钱”侦诉证据审查

（一）洗钱犯罪侦诉

毒品案件属于贪财类犯罪，毒品犯罪集团和“毒枭”组织、参与毒品犯罪的最终的目的不是获得一定数量的毒品，而是通过毒品的制造、贩卖、运输获得巨额利润。毒品犯罪的最后环节应当属于毒资的“洗钱”环节，从理论上“洗钱”环节存在一种反推毒品犯罪存在的可能性，这就存在一种可能性：从毒品案件的最终得利者追索毒品犯罪的主犯。同时，“遏制毒品犯罪和打击洗钱犯罪是相辅相成的综合治理手段，截断毒品犯罪的获利渠道和漂白途径，从经济上加以控制，无疑可对毒品犯罪釜底抽薪，予以最佳设防”。〔2〕我国刑法典把违法犯罪所得及其产生的收益限定在毒品犯罪、黑社会性质的组

〔1〕 韩波：“论加拿大《统一电子证据法》的立法价值”，载《政治与法律》2001年第5期。

〔2〕 李春：“毒品犯罪中洗钱控制问题研究——以《刑法》第191条为视角”，载《云南大学学报（法学版）》2016年第6期。

织犯罪、恐怖活动犯罪和走私犯罪，是具有明显针对性的。这四种犯罪具有严重的社会危害性同属于贪利性犯罪，犯罪分子为获得高额利润不惜铤而走险，这些高额利润当然可以成为司法机关侦破这类犯罪案件的线索和对犯罪分子定罪量刑的重要根据。一方面，洗钱行为属于上游犯罪的继续犯罪行为。洗钱行为掩盖了上游犯罪非法所得性质，帮助非法资金获得合法掩饰途径，实质上是消灭犯罪线索和证据，为司法机关指控犯罪设置了障碍，从而妨害了司法机关追究、惩罚犯罪的正常活动。对于洗钱罪行的打击，可以阻止上游犯罪的获利途径，间接打击上游犯罪。另一方面，洗钱行为属于特殊的犯罪行为，洗钱行为能够从反面证明源资金的不合法来源，从洗钱行为进行反向侦查，意味着侦查行为可以接触到毒品犯罪的最终获利者，从而解决大多数毒品案件只能截获毒品犯罪底层环节的问题。洗钱环节可以成为重要的毒品案件办理方向。

但是，从现有资料来看，极少数案例表明毒品查缉部门能够反向按照洗钱线索查获犯罪分子，或者银行交易报告能够帮助缉毒组织破获毒品案件。〔1〕2017年，中国人民银行各分支机构发现和接收可疑交易报告10 265份，向侦查机关移送线索2667份，同比增长35.73%；协助侦查机关调查涉嫌洗钱案件1790件，同比增长8.35%；协助破获涉嫌洗钱等案件366件，同比增长19.22%，批准逮捕涉嫌《刑法》第191条“洗钱罪”的案件32件62人，提起公诉32件52人；批准逮捕涉嫌《刑法》第312条“掩饰、隐瞒犯罪所得、犯罪所得收益罪”的案件3802件7445人，提起公诉5656件16 331人；批准逮捕涉嫌《刑法》第349条“窝藏、转移、隐瞒毒品、毒赃罪”的案件22件61人，提起公诉28件102人。〔2〕从该报告涉嫌罪名情况来看，并没有包括毒品罪名，可以认为尚不存在从洗钱途径侦破毒品案件的现实案例。

1988年《联合国禁止非法贩运麻醉药品和精神药物公约》（又称《联合国禁毒公约》）不但对遏制贩运毒品提出宏观建议和具体措施，而且明确规

---

〔1〕只有为数极少存在毒品犯罪在洗钱环节破案的案例，依托洗钱行为倒查毒品案件的案例并未见到。目前引用的毒品洗钱案例主要是指2004年的汪某洗钱案（广东省广州市海珠区人民法院刑事判决书海刑初字第255号），以及2008年的杨某某洗钱案，但是这两个案例都不存在倒查的情形，只是在毒品犯罪后进行洗钱时被发现。

〔2〕中国人民银行：《中国反洗钱报告》（2017），载中国人民银行网站：http://www.pbc.gov.cn/fanxiqianju/135153/135282/index.html。

定为贩毒人员“洗钱”属于犯罪行为，为有效打击贩毒洗钱提供了国际法律依据。〔1〕2007年颁布的《禁毒法》第29条的具体规定，并没有严格实施对于毒品洗钱行为的同等严格制裁，实际在侦查权力设置方面进行了洗钱侦查与毒品侦查的分离，“反洗钱行政主管部门”具有完全的洗钱侦查权力，毒品侦查机关必须等待相关线索移交或在具体案件中向其提交协助要求。〔2〕这就使得现有规定在执行中存在两个问题：第一，毒品洗钱实体惩罚过轻。毒品洗钱的刑罚惩戒，单纯只针对洗钱行为，未能考虑到上游犯罪所具有的严重性。第二，毒品洗钱行为作为侦查途径使用不够。程序上毒品洗钱问题与毒品犯罪问题分别由不同侦查机关行使侦查权，毒品案件办理中的资金流向需要多个机关进行协同，导致对于毒资流向的探查能力有限，资金流向的探查权力不足。“这种管辖上的隔离状态导致管辖上游犯罪案件的执法机关不管辖其下游的洗钱犯罪案件，管辖洗钱犯罪案件的执法机关难以侦办涉及上游犯罪案件的局面，必然导致实践中对洗钱犯罪的打击真空和执法脱节。”〔3〕

企图通过犯罪行为一夜暴富，是毒品犯罪分子参与毒品犯罪的主要目的，法律如果不能有效打击毒资“漂白”，毒品犯罪的吸引力自然会不断地侵蚀那些处于贫困线下的社会底层。如果国家不能斩断毒品犯罪中的不法获利，毒品犯罪的有组织化甚至集团化将不可避免。当毒品寡头不断地从正常经济体上吸纳成员和资金，将会对正常社会秩序、正常社会文化产生极大的危害；当缉毒组织不断抓捕毒品犯罪的外围运输人员，却无法接触到毒品犯罪团伙的真正组织者，这实际上难以遏制毒品犯罪的蔓延态势。从经济上加以遏制，截断毒品犯罪清洗资金的途径，或者进一步通过清洗资金行为反向侦查毒品

〔1〕《联合国禁止非法贩运麻醉药品和精神药物公约》前言：“……决心剥夺从事非法贩运者从其犯罪活动中得到的收益，从而消除其从事此类贩运活动的主要刺激因素，希望消除滥用麻醉药品和精神药物问题的根源，包括对此类药品和药物的非法需求以及从非法贩运获得的巨额利润……”；第3条（b）款规定：“（一）明知财产得自按本款（a）项确定的任何犯罪或参与此种犯罪的行为，为了隐瞒或掩饰该财产的非法来源，或为了协助任何涉及此种犯罪的人逃避其行为的法律后果而转换或转让该财产；（二）明知财产得自按本款（a）项确定的犯罪或参与此种犯罪的行为，隐瞒或掩饰该财产的真实性质、来源、所在地、处置、转移、相关的权利或所有权。”

〔2〕《禁毒法》第29条规定：“反洗钱行政主管部门应当依法加强对可疑毒品犯罪资金的监测。反洗钱行政主管部门和其他依法负有反洗钱监督管理职责的部门、机构发现涉嫌毒品犯罪的资金流动情况，应当及时向侦查机关报告，并配合侦查机关做好侦查、调查工作。”

〔3〕李春：“毒品犯罪中洗钱控制问题研究——以《刑法》第191条为视角”，载《云南大学学报（法学版）》2016年第6期。

犯罪，都是对毒品犯罪的有效打击手段。

（二）全链条打击毒品犯罪

毒品案件“全链条”侦查，意味着毒品案件的侦查在查清毒品制造、运输、贩卖行为之后，进一步对于毒品原料来源、毒品资金来源、毒品资金去向进行全方位的调查取证。这对于目前被分割于不同部门的侦查权而言实际是一种协同运作，主要表现为公安部门内部的经侦部门、刑侦部门、缉毒部门相互配合，各地公安机关之间的配合以及公安机关与银行机构的协同配合。在目前的侦查权力格局下，应该属于一种权宜之计。以公安机关内部机构为例，上述“全链条”侦查取证程序的存在难以具有现实示范性：按照目前的理解，洗钱罪属于经济犯罪，归公安机关的经侦部门负责，毒品案件一般归公安机关的禁毒机构、刑侦机构负责，技术侦查归公安机关技术侦查部门负责，网络侦查归公安机关的网络安全保卫部门负责。上述分工方式的标准并不统一，有些是基于案件罪名不同（如，经济犯罪侦查与刑事案件侦查，毒品案件与普通刑事案件），有些则是根据侦查手段不同进行的分工（如，技术侦查、网络侦查）。这些内部机构一直存在职责不清，管辖重叠、交叉的问题。

不同辖区的公安机关同样存在管辖分工问题，主要表现在地区管辖交叉缺乏有效的解决途径。最高人民法院、最高人民检察院、公安部2007年联合发布的《办理毒品犯罪案件适用法律若干问题的意见》，对于犯罪地进行了扩大解释。“犯罪地”包括犯罪预谋地，毒资筹集地，交易进行地，毒品生产地，毒资、毒赃和毒品的藏匿地、转移地，走私或者贩运毒品的目的地以及犯罪嫌疑人被抓获地等〔1〕。这与刑事诉讼法规定的“犯罪地”指“犯罪行为实施地”并不相同，表面看是扩大了毒品案件侦查机构的管辖范围，但实际上却加剧了侦查机关之间的管辖争议。“全链条”侦查意味着必须要有相关机关进行不同辖区公安机关之间的协同工作，这里可能涉及两个问题：第一，毒品侦查工作的保密性；第二，毒品侦查工作的高效性。所以现实的协同机关只能是各辖区公安机关的共同上级机关。

以公开报道的案件为例，上述公安机关的各内部机构之间如果能够有效

---

〔1〕 最高人民法院、最高人民检察院、公安部2007年联合发布的《办理毒品犯罪案件适用法律若干问题的意见》第一部分“关于毒品犯罪案件的管辖问题”规定：“‘犯罪地’包括犯罪预谋地，毒资筹集地，交易进行地，毒品生产地，毒资、毒赃和毒品的藏匿地、转移地，走私或者贩运毒品的目的地以及犯罪嫌疑人被抓获地等。”“被告人居住地”包括被告人常住地、户籍地及其临时居住地。

协同，案件侦破工作可能取得更加明显的实际效果。广州“毛某英制造毒品案”为全国涉毒犯罪财富调查全链条打击毒品违法犯罪的经典案例，也是全国第一宗当庭质证涉毒财产来源的案例。2016年10月至12月广州警方在“徐某某等人制造毒品案”“留某制造毒品案”和“刘某辉等人制造毒品案”基础上，成立专案组，对毒品来源进一步开展专项侦查工作，最终破获“毛某英团伙案”。[1]根据公开的侦破过程显示，本案由广东省公安厅禁毒局进行协调，主要办案机关涉及广州、梅州、江门等公安机关，主要的办案机构涉及禁毒机构、经侦机构、银行机构。在破获3起毒品制造案件、查获缴获各类毒品约230公斤、半成品298公斤后，广州警方进一步开始毒品来源调查。广州警方多次召集专案协调会议，对各地案件中原有零散分布的证据进行统一梳理，同时运用经侦手段查明犯罪嫌疑人的财产状况、企业经营状况，为最终案件侦破提供了重要证据支持。案件侦破后，又对化工制造企业进行专项治理工作，防范化工原料进入毒品制造，实现对毒品制造的“打击、防范、管理”相互结合的办案流程。

〔1〕“广州宣判一起毒品犯罪典型案例 没收巨额个人财产”，载广东省公安厅：http://www.gdga.gov.cn/2018/jwzx/jwyw/201901/t20190108_866497.html，访问日期：2019年4月17日。

第五章 毒品案件中的言词证据

Chapter 5

一、言词证据调查

（一）言词证据在毒品案件中的证明作用

毒品案件一般需要现实查获的毒品才能证明毒品犯罪的客观存在，这就奠定了毒品物证在毒品类案件办理过程的中心地位，但是毒品物证的中心地位并不意味着办理毒品类案件可以轻视言词证据的实际作用。一方面，若干毒品案件办理过程中并不一定存在真正的毒品。以“控制下支付”为例，联合国禁毒署鼓励最好是进行替代品的控制下交付。[1]如果警方使用毒品的替代品进行“控制下交付”，意味着本案中可能并没有出现真实毒品，但是案件的“交易”过程却是真实存在的，因此可以通过一系列的证言证实毒品犯罪存在。另一方面，毒品案件侦查中出现的若干案件侦破方式，尤其是“线人”“隐秘探话”等方式，最终都转化为证人证言形式，这些证言的查实对案件公正办理具有重要意义。即使2012年《刑事诉讼法》已经规定了技术侦查证据的合法性，这种证据转化形式依旧顽固存在，说明建立相应言词证据调查程序具有现实必要性。

长期以来形成的办案经验是毒品案件完全围绕毒品物证的搜集、提取、鉴定而展开，毒品几乎成为毒品案件中的唯一证据形式，言词证据能够起到的实际作用比较有限。传统办案经验中常见的言词证据包括犯罪嫌疑人、被告人本人的供述与辩解（口供）、证人证言、同案其他被告人的口供、毒品检验鉴定意见等。在具体案件中，上述言词证据主要表现为：犯罪嫌疑人、被

〔1〕 米镝：“‘控制下交付’问题研究”，载《商丘师范学院学报》2010年第1期。

告人的口供基本以推诿、抵赖内容为主；证人证言基本以“线人”的情报转化为主；毒品鉴定意见的出示、质证在法庭上一般不受重视。这些言词证据被轻视的主要原因是，言词证据对案件证明只能起到次要辅助证明作用；传统办案程序中言词证据收集范围较小；言词证据的查证难度过大。

言词证据的次要辅助证明作用，不是证据形式决定的，而是由于警方掌握情报不足。实践中言词证据对案件证明只能起到次要辅助证明作用，是因为“查封堵截”办案方式下难以抓获案件的核心人物，警方无法掌握与毒品制造、运输、贩卖直接相关联的言词证据，只能掌握与毒品案件核心问题距离较远的证人证言。如，毒品交货人、接货人、毒品犯罪集团中知情不多的底层、外线等。这些证人的证言当然只能起到次要或者辅助作用，但是这种次要辅助作用不是证据形式的原因导致的，而是警方侦查能力不足导致的。警方如果能够抓捕到毒品案件中的核心人物或者掌握毒品案件中的核心证据，言词证据对于案件的证明作用自然会因此上升。

“口供”在毒品案件中不被重视，既是刑事司法进步的表现，同时也说明法庭的事实发现能力尚待提升。一般在涉案毒品数量较少的案件中，犯罪嫌疑人、被告人会非常轻易认罪；而在涉案毒品数量较多的案件中，犯罪嫌疑人、被告人一般会拒绝认罪。法律并没有规定犯罪嫌疑人、被告人提交“口供”不实，负担怎样的法律后果，这使得办案机关基本对于被告人“口供”缺乏足够的耐心，一般予以直接采信或者不予采信，不再进行仔细分析。在实际调研中，曾经发现过一起实际案例，现举例说明“口供”实际证明作用的可疑性。犯罪嫌疑人、被告人唐某某，无业，在本案起诉前曾多次参与少量毒品贩卖。控方指控的事实包括：2017 年 9 月 12 日至 2017 年 9 月 15 日被告人唐某某通过电话、微信等联系方式，采取线上收款、线下将毒品藏匿在隐蔽空间，然后通知取货的手法，先后 4 次联系买家，分别出售毒品海洛因 0.14 克、0.13 克、0.18 克、0.21 克。2017 年 9 月 15 日 10 时，被告人唐某某被公安机关在住宅内抓获，在裤子口袋内查获毒品海洛因 0.06 克，以及本案作案工具手机 1 部、踏板摩托车 1 辆。本案在证据方面存在的主要困难在于，被告人交货场所变换频繁，监控只能证实被告人在每次特定的毒品交易现场外出现或在毒品交易前离开，但是监控录像并不能证实毒品的放置行为。虽然特定位置放置的毒品全部被查获，但是 4 包毒品包装袋上均未检出指纹等个人信息。微信截图只能证实毒品交易的联系过程，微信绑定银行卡却未能查获，所以微信交易只掌握部分资金流转。被告人不承认犯罪，不承认吸毒，认为复方甘草口服液导致自己的尿检阳性，对于微信现金交易辩称是朋友之间的债务往来，对于监控录像辩称是恰好路过。被告人在自我辩解时，完全不理会案件发展经过，甚至对于法律和法庭毫无尊敬之意，这实际导致了“口供”证据形式在实际诉讼中的次要地位。这种次要地位既说明司法文明的进步，被告人诉讼地位的上升；同时也说明法庭事实认定方面存在规定不足问题，尚需要进一步提升庭审事实发现能力。如《刑事诉讼法》“如实供述”的要求，应该体现在事实认定方面，不能只体现在最终酌定量刑情节方面。一定案件事实是否可以在被告人谎言被证实情况下，进行一定范围的司法事实推定，在严格限制推定范围和推定事项后，应该可以保障法庭的基本尊严。

随着新型毒品犯罪形式的出现，网络贩毒、人货分离等犯罪手段使传统毒品办案面临一系列难题。一方面，毒品案件越来越难以实现“人赃并获”。由于人货分离，毒品与贩毒者之间的联系难以用证据证明，因而“由物到人”的办案思路受到有力撼动，以毒品收集为中心的传统证据收集方式遭遇困难。这种困难主要表现在，控诉证据急需得到法官推理、事实推定的支持，或者也可以表现为侦控方希望毒品案件降低证明标准的要求。另一方面，毒品案件越来越需要对案件线索进行全面、深入的分析，组合侦查。“全链条”毒品案件侦破方式实际意味着综合运用各种案件侦查方式、平等对待各种证据形式，毒品案件不再局限于对毒品的追索、查堵，而是持续深入进行毒品来源、毒资去向等延伸线索调查。“全链条”实际是将分割于公安机关内部不同部门的侦查权力、侦查方式又重新组合起来，进行案件线索的全方位调查。因此，毒品案件中的各种证据形式在案件中的证明作用，就需要全面梳理。如，在既往毒品犯罪行为证明、贩毒财产来源证明方面，言词证据、交易流水的证明作用是毒品物证难以取代的。

（二）言词证据的调查方式

相对于物证而言，言词证据的证明范围较广，主观性较强，庭审环节易发生反悔或变化。因此言词证据应该有特定的证据调查方法和调查程序，法庭在进行事实认定时也要严格遵守法定的调查方法和调查程序。《刑事诉讼法》第 50 条第 3 款规定：“证据必须经过查证属实，才能作为定案的根据。”严格证明则要求在法律上明文规定法定的证据调查方式和证据调查程序。

（1）对证人证言、鉴定意见的调查方式。《刑事诉讼法》第61条规定证人证言的法定调查方式，《刑事诉讼法》第194条规定证人证言的法定调查程序。《刑事诉讼法》第61条："证人证言必须在法庭上经过公诉人、被害人和被告人、辩护人双方质证并且查实以后，才能作为定案的根据。法庭查明证人有意作伪证或者隐匿罪证的时候，应当依法处理。"本条强调两种调查方法：控辩双方质证和法庭"查实"；言词证据必须在控辩质证和法庭"查实"后，才能成为"定案的根据"；本条还强调证人"如实"陈述义务。按照笔者的理解，这里的"查实"应该包括《刑事诉讼法》第194条规定的交叉询问方式和《刑事诉讼法》第196条规定的庭外调查形式。《刑事诉讼法》第194条规定："……公诉人、当事人和辩护人、诉讼代理人经审判长许可，可以对证人、鉴定人发问。……审判人员可以询问证人、鉴定人。"《刑事诉讼法》第196条规定："法庭审理过程中，合议庭对证据有疑问的，可以宣布休庭，对证据进行调查核实。"应当注意的是《刑事诉讼法》第196条规定在证人证言、鉴定意见、物证的出示与调查程序之后，意味着所有的证据法庭都有权进行庭外调查。

（2）对被告人"口供"的调查方式。《刑事诉讼法》规定的主要调查方式是"讯问"和"发问"形式。《刑事诉讼法》第191条规定，公诉人可以讯问被告人、法官可以讯问被告人，被害人、附带民事诉讼的原告人和辩护人、诉讼代理人，经审判长许可，可以向被告人发问。首先，需要明确的是"讯问""发问"在实质内容上并无差异。由于刑事诉讼法并没有明确规定被告人在庭审中辩解、供述的真实义务，所以上述"讯问""发问"均不存在内容差异性。所以，被告人"口供"在实质上并不存在与证人证言不同的证据查证方式和查证程序，基本表现为控辩双方"交叉询问"与法官庭外调查。其次，司法实践中常存在控方使用庭前程序中的犯罪嫌疑人"口供"笔录进行"讯问"，所存在的法律问题是，庭前程序中的"口供笔录"应该如何进行核实。《关于办理死刑案件审查判断证据若干问题的规定》第22条规定："对被告人供述和辩解的审查，应当结合控辩双方提供的所有证据以及被告人本人的全部供述和辩解进行。"但是这一规定在操作中容易导致法官忽略警方非法获取口供手段的持续影响力，导致法庭可能认定虚假证据。[1]"以审判为

[1] 万毅："论'反复自白'的效力"，载《四川大学学报（哲学社会科学版）》2011年第5期。

中心”意味着证据必须经过当庭质证，庭前证据不能成为定案依据。对于多次重复的庭前供述、当庭翻供的供述应当建立适当查证程序，结合实物证据进行判断，不宜采信庭前供述。[1]最后，是否应该规定被告人法庭陈述的诚实义务，以及这种诚实义务是否应当与案件事实认定联系起来。被告人的当事人地位确立，必然是权利义务统一的一体，不可能只享有权利而拒绝义务。在这个意义上来讲，如同证人负有诚实义务一样，被告人也应当负有诚实义务，这种义务就表现在被告人应当对自己法庭陈述的内容承担责任。这种责任既表现在事实责任方面，也表现在案件整体认罪态度的酌定情节方面。这就需要法律在证据调查方式和调查程序中规定明确的义务告知和相应的裁判权力。

由于毒品案件中一般不存在被害人，所以毒品案件中的言词证据主要表现为证人证言，鉴定意见，犯罪嫌疑人、被告人供述与辩解这三类。上述调查方式和调查程序可以总结为以下几点：第一，言词证据的查证方式主要有两种，一种是交叉询问方式，一种是庭外查实方式；第二，言词证据的法庭调查方式只存在一种，交叉询问方式具有言词证据法庭调查方式的唯一性；第三，在我国刑事诉讼法表述中，交叉询问主要表述为控辩双方的“质证权”或“对质权”；第四，在我国刑事诉讼法中，法官具有询问、讯问权力。关于庭外调查权，刑事诉讼法只规定了庭外调查权以及法院的勘验、检查、扣押、鉴定以及查询、冻结权力，并未规定具体程序。《刑诉法解释》第66条包括2款内容，其中第1款规定人民法院庭外调查核实证据，必要时，可以通知检察人员、辩护人、自诉人及其法定代理人到场。上述人员未到场的，应当记录在案。该条第2款规定：“人民法院调查核实证据时，发现对定罪量刑有重大影响的新的证据材料的，应当告知检察人员、辩护人、自诉人及其法定代理人。必要时，也可以直接提取，并及时通知检察人员、辩护人、自诉人及其法定代理人查阅、摘抄、复制。”有学者认为这一规定应当理解为：法官庭外调查活动如果仅核实了证据，或者发现对于定罪量刑影响不大的新证据材

---

〔1〕　办案人员重获取嫌疑人的有罪供述，轻物证、书证的收集，甚至认为嫌疑人只要作有罪供述，案件即破，因而千方百计地逼取口供。这不仅有损程序的正当性，更不利于查明案件事实的真相。在73起案件中，有32起嫌疑人在庭审翻供，约占45%。参见贺恒扬、吴志良：“对73起重大疑难命案的实证分析——从刑事证据的收集、固定、审查判断和运用的角度”，载《西南政法大学学报》2008年第1期；王彪：“审前重复供述的排除问题研究”，载《证据科学》2013年第5期。

料，可以自行提取；如果发现对定罪量刑有重大影响的新证据材料，原则上应当告知控辩双方进行提取。[1]也有学者认为，根据《刑事诉讼法》第191条的规定庭外调查方式实际局限于实物证据，排除言词证据庭外调查。[2]笔者认为，庭外调查权在毒品案件中具有重要作用，实际运行可能包括三种不同情形：第一，法官对犯罪现场证据的勘验、对于实物证据的检查等庭外调查；第二，对于表现为书证的言词证据庭外调查；第三，对技术侦查证据的庭外调查。其中争议比较大的问题是言词证据是否能够在庭外调查，按照现有的学者讨论意见，一般反对法官在庭外核实言词证据。鉴于毒品案件中大量使用技术侦查，笔者认为庭外核实该种证据能够有效增强法庭的事实发现能力，因而应当肯定其合理性。但是为保证庭审对证据的核实程序，应当建立更加全面的庭外核实证据程序，并且保证庭外发现的证据必须经历法庭质证的规定。

二、被告人作证

被告人在刑事诉讼中实际具有两种相互矛盾的诉讼角色。其中一种角色是被告人具有诉讼主体地位，刑事诉讼法必须保证被告人能够对诉讼中的证据进行有效质证，保障被告人的主体性诉讼权利能够顺利实施；另外一个角色，就是被告人本人在刑事诉讼中也是重要的证据来源。这两种诉讼角色，实际存在内部冲突。被告人的主体性地位的建立，需要淡化被告人证据来源角色；反之，也能够成立。即使在英美法系，刑事诉讼中也不能够完全排除被告人“口供”，而只能是保证“自愿”“明知”“明智”的成立要件，以及限制警方获取“口供”的手段、方式。在本书的框架里，被告人主体地位与证据来源问题兼而有之，一定意义上并行不悖。我们主要讨论的是两个问题：第一，“污点证人”作证；第二，被告人作证。

（一）“污点证人”作证

“污点证人”实际是刑事案件的被告人之一，而并不是标准的证人。被告

---

〔1〕 褚福民：“刑事法官庭外调查活动的初步研究”，载《当代法学》2014年第3期。

〔2〕 勘验对象为犯罪现场；检查对象为人的生理状态，包括提取指纹、采集血液、尿液等生物样本；查封、扣押的对象为财物和文件；查封、冻结的对象为存款、汇款等财产；鉴定是针对某些专门性问题，调查对象也为人身和实物。基于此，可以推出法官庭外调查的对象应为实物证据。而从反对解释的角度可以认为，庭外调查对象排斥言词证据，进而可以得出法官采用讯问、询问的方式调查言词于法无据，应当被限制适用。参见李锟：“论刑事法官庭外调查的失范与规范”，载《新疆大学学报（哲学·人文社会科学版）》2018年第5期。

人去做“污点证人”，虽然没有经历刑事审判，依旧可以理解为该被告人实质上认罪了。按照笔者理解，“污点证人”实际相当于被告人放弃作为当事人的所有诉讼权利，包括对证据的质证权和重要的当事人权利，最终退化为专门的证据提供角色。“污点证人”转为证人，需要进行三种法律设置：第一，控方具有起诉裁量权。推动控方进行“污点证人”操作的直接动因是控方证据不足。在司法实践中，控方需要将部分被告人转化为证人，以增强控诉证据、弥补控诉证据可能存在的不足。第二，法律允许这种刑事责任豁免。法律允许在特定条件下，将被告人转为证人，豁免其自身的刑事责任。第三，“污点证人”是一种刑事诉讼中的“交易”。“污点证人”实际是一种国家与被告人之间的“交易”，控方获得更加充足的指控证据，被告人免于刑事指控。污点证人刑事责任豁免制度从本质上看是国家与罪犯之间进行的一种交易，这种交易对于国家而言是一种“退而求其次”的选择；为了达到追诉和惩罚罪行较重罪犯的目的，在证据并不充分的情形下，国家为了打消罪行较轻的罪犯害怕被追诉、定罪的顾虑，承诺对其罪行予以豁免以换取其供述或证言。〔1〕

“污点证人”制度的存在，证明了即使在现代社会刑事诉讼中，来自被告人方面的证据仍旧具有一定的现实必要性，被告人仍旧属于重要的证据来源，现代物证技术并未能完全取代“口供”在刑事诉讼中的实际作用。从现行刑法的规定来看，《刑法》虽然鼓励犯罪嫌疑人、被告人自首、立功，但对自首、立功罪犯的刑罚豁免具有高标准性、有限性、非必然性的特点，〔2〕对于团伙犯罪、有组织犯罪的分化瓦解难以实现，“轻其轻者、重其重者”的刑事打击侧重难以实施。从刑事诉讼法规定的“认罪认罚从宽”制度来看，主要侧重的是被告人的“真诚悔过”“赔偿损失”“获得被害人谅解”等要素，控诉方难以获得证据方面的支持。“污点证人”制度，主要考虑的则是控诉证据方面的问题，也有利于解决“线人”问题，〔3〕在毒品案件的法律依据中应该具有重要地位。“污点证人”也可能存在一定的弊端，主要表现为罪行豁免是

---

〔1〕 汪海燕：“建构我国污点证人刑事责任豁免制度”，载《法商研究》2006年第1期。

〔2〕 汪海燕：“建构我国污点证人刑事责任豁免制度”，载《法商研究》2006年第1期。

〔3〕 笔者认为，“污点证人”可以有效减少“线人”使用，也可以解决“线人”自身刑事责任免除的法律依据问题。参见汪海燕：“建构我国污点证人刑事责任豁免制度”，载《法商研究》2006年第1期。

否可以起到控方的证据支持作用，以及这种豁免权力可能存在的滥用问题。为此，应该建立具体的实施制度，如，由具体的办案机关提交相应的证据支持方案，经一定级别、机构批准后实施；被告人中途反悔，应该撤销对其的罪行豁免，重新进行起诉；“污点证人”出庭可能是当庭接受质证，也可能是经技术措施后接受质证，甚至是庭外接受调查，应当规定与自身危险、实际证据支持作用相符的豁免待遇；应当加强“污点证人”安全保卫等工作，必要时由办案公安机关进行直诉等。

（二）被告人作证

在大陆法系国家，证人与犯罪嫌疑人、被告人属于完全不同的诉讼参与人，犯罪嫌疑人、被告人不负担作证义务，不享有作证权利，也不负诚实作证义务。但是，犯罪嫌疑人、被告人本身所具有的当事人地位与其实际在刑事诉讼中是证据来源之间的角色冲突，在一定程度上可以通过允许“被告人”作证制度进行解决。被告人在法庭上说谎而不承担任何责任，并不能认为是一种良好现象，但是因为被告人具有主体地位，法官并不能对说谎的被告人进行实质性惩罚。如果被告人放弃主体地位转为证人，法官就可以仔细衡量其证言的主要内容，对违背证人义务的行为进行惩罚。被告人主动放弃诉讼主体地位，可能基于以下考虑：第一，被告人不负证明责任，但是仍旧可能进行积极举证，说明自己的无罪理由。这种举证行为，法律应当允许，在举证中被告人的角色实际就从被告人转为证人。第二，犯罪嫌疑人、被告人的“立功”情节，实际就是对于他人犯罪的检举揭发，被告人从中承担的角色实际就是证人角色。为防止冤假错案，应当允许本案被告人出庭证实他案罪行。第三，被告人为增强辩方证据的说服力，作为辩方证人进行作证，向法庭说明案发过程中辩方的主张。反对被告人转为证人作证的理由主要有以下几点：第一，被告人的主体性地位，可能因转为证人受到影响。在纠问式诉讼中，被告人作为证据来源，实际沦为了诉讼客体。被告人转为证人，可能会影响被告人沉默权等主体权利。第二，被告人作为直接承受判决结果的当事人，其与判决结果具有直接关联。被告人转为证人后证言内容的真实性存疑。第三，被告人违反证人诚实义务，法官必然存在对其追加刑事责任，加大了刑事被告人的负担。存在鼓励法官更加关注对被告人“口供”的追索欲望，实际降低被告人在庭审中的主体性地位。

笔者认为，被告人作证并不构成对被告人主体地位的动摇，理由有三个：

第一，允许被告人作证有利于增强被告人主体地位。被告人的主体性地位主要与庭审是否“实质性”进行有直接关联，庭审“形式化”时候，被告人的主体性地位和主体性权利均无实际意义，所有加强庭审实质化的改革，同时也就有力支持了被告人的诉讼主体地位。第二，被告人作证有利于增强法庭质证环节和法庭质证效果。被告人转证人实际加强了庭审的质证效力，进一步强化了交叉询问对于言词证据的调查程序和调查方式，实际是提升了庭审事实发现能力。也就是说，被告人转证人有利于保证庭审实质性。第三，被告人作证在其他大陆法系国家也有部分引进。有学者认为，英美法系被告人作证制度对某些大陆法系国家的刑事诉讼已经产生了影响，主要表现在被告人证据调查程序发生了变化：对被告人进行“交叉询问+职权讯问”方式、对被告人前科的调查程序发生变化。[1]至于被告人直接承受案件审理结果，是否就因此导致被告人作证的可靠性降低。这实际是证据的证明力问题，证据的证明理应当交由法官进行自由心证，法律不宜直接规定某种证据的证明力。证人与案件没有直接利害关系，但是并不意味着所有的证人证言都是真实可信的，证人证言同样也需要进行交叉询问。至于被告人的虚假陈述，以及因此导致的被告人实际刑罚增加的问题，可以视之为不同法益的结果，有利于维护法庭的尊严，是否具有实际起诉必要，还要看具体侦查部门的立案、起诉选择。

三、侦查员出庭作证

国内一般认为，“警察出庭作证一般基于两类情形：一类是警察就执行职务的过程中了解到的案件事实情况出庭作证。如果警察是在非执行职务的过程中目睹了案件事实的发生或者了解到与案件有关的事实，只能作为普通证人出庭作证。另一类则是警察就侦查行为比如讯问、搜查、扣押、鉴定等的合法性出庭作证，以解决控辩双方就证据的可采性产生的争议。”[2]顾永忠教授将侦查员出庭的法律依据确定为 1996 年《刑事诉讼法》第 42 条第 3 款和第 43 条（2018 年《刑事诉讼法》第 50 条第 3 款、第 52 条），认为这两条隐

---

〔1〕 纪虎：“为自己作证的权利及其真实义务——论英美法被告人作证权制度及其对大陆法系的影响”，载《现代法学》2011 年第 5 期。

〔2〕 史立梅：“我国刑事证人出庭作证制度的改革及其评价”，载《山东社会科学》2013 年第 4 期。

含了侦查人员出庭的要求。[1]中国关于警察出庭作证问题，实际经历了较长时间的研究讨论，[2]但是立法采纳意见则相对迟缓，2010年第一次在司法解释中规定警察出庭作证问题，[3] 2012年刑事诉讼法修改时，第一次明确规定警察在两种情况下应该出庭作证。[4]

（一）毒品案件侦查员出庭范围

严格来讲，警察出庭作证的范围不应当局限于目前讨论范围，笔者认为，警察出庭最少应当包括以下四种情况：第一，警察作为普通证人出庭，证明案发时自己耳闻目睹的情况；第二，警察就强制性侦查行为出庭，证明证据提取过程或者对侦查行为合法性进行作证；第三，警察就一些重要的文书、笔录作为辅助证人出庭，证明文书内容的真实性；第四，警察作为专家证人或者辅助证人出庭，按照自己执业经历或经验，证明案情判断的依据和相关知识。对于其中第一点、第二点已经有较多的论述，不再赘述。警察作为笔录的辅助证人和警察作为专家出庭的必要性向来被学术界所忽略，为此有必要进一步厘清。法院判决书依旧普遍将侦查案卷笔录作为判决的基础，案卷

---

〔1〕 顾永忠：“侦查人员出庭作证的法律依据辨析”，载《法学家》2009年第6期。

〔2〕 知网检测数据，最早的警察出庭作证文章出版于1998年，至2019年知网检测相关论文506篇，2014年当年发表相关论文48篇，其余每年大概发表相关论文30余篇；506篇文章中过半数（51.27%）以上文章主旨在于呼吁增加警察出庭制度建设。最早的警察出庭文章，参见中国政法大学刑事法律研究中心：“英国刑事诉讼制度的新发展——赴英考察报告”，载《诉讼法论丛》（第2卷），法律出版社1998年版，第373页。

〔3〕 学术界一般认为司法解释中第一次规定警察出庭作证，是在1999年的《人民检察院刑事诉讼规则》第343条以及最高人民法院《关于执行〈中华人民共和国刑事诉讼法〉若干问题的解释》第138条。但是笔者认为上述条款并未有效约束警察出庭作证，故只承认其后的司法解释。2010年7月1日起施行的最高人民法院、最高人民检察院、公安部、国家安全部、司法部《关于办理刑事案件严格排除非法证据若干问题的规定》，规定了讯问人员在庭前供述取得的合法性有疑问时出庭作证的情况，但仍仅限于刑讯逼供嫌疑排除的范围。

〔4〕 2012年《刑事诉讼法》中涉及警察作证的条款主要体现在第57条和第187条第2款。根据第57条的规定：“在对证据收集的合法性进行法庭调查的过程中，人民检察院应当对证据收集的合法性加以证明。现有证据材料不能证明证据收集的合法性的，人民检察院可以提请人民法院通知有关侦查人员或者其他人员出庭说明情况；人民法院可以通知有关侦查人员或者其他人员出庭说明情况。有关侦查人员或其他人员也可以要求出庭说明情况。经人民法院通知，有关人员应当出庭。”显然，本条规定是对《关于办理刑事案件严格排除非法证据若干问题的规定》的认可与继承。根据第187条第2款的规定，人民警察就其执行职务时目击的犯罪情况作为证人出庭作证适用第1款的规定。刑事诉讼法关于警察出庭范围的规定显然只侧重于非法证据排除方面，未能充分考虑警方出庭的其他必要；权力设置也过于强调法官职权决定，未能重视庭审发现能力提升。

笔录中心主义的裁判方式依然存在着，并对整个刑事审判制度产生了越来越大的影响。[1]尽管大陆法系各国一般都未曾引进书证调查的“最佳证据规则”，但是鉴于中国司法实践中较为严重的“侦查笔录”情结，法律规定严格的或者必要的——这个需要随时间中的具体效果来定——辅助证人出庭制度，显然是必要的。一些学者明显已经关注到了“侦查中心主义”对于刑事审判的巨大不良影响，仍旧沉溺于侦查机关与审判机关的程序中心问题而并未从证据方面进行论述，无形中削弱了论说的针对性。要求警察辅助证明笔录文书中的内容真实性，通过交叉询问方式进行证据的质证，显然可以保证庭审对于侦查证据的实质性审查程序，避免侦查证据直接成为定案依据。关于警察作为专家证人或者辅助人出庭，主要的考虑是毒品案件的侦办工作具有一定的专业性，一般的陪审员或者审判法官未必能够对案件进行有质量的裁判。警察作为专家证人出庭，可以帮助法庭扩展相关的案件办理经验，掌握一些内部的警方操作规程。从有利于控方的角度，警察专家出庭，可以增强法官对案件事实推定的信心；对于辩方，警察作为专家出庭，也有利于进一步揭示控方在证据收集中的违法情形、相关措施采用中的违法情形、相关案件事实推定的错误可能。

警察不向法庭作证的现象，被龙宗智教授总结为中国作证制度三大怪现状之一。“警察不作证的第一层意思，是我国的警察一般不到法庭作证，尤其是他们不会应辩护方的要求到庭作证；第二层意思是指，即使警察出具书面证言，常常也不是警察的证词，而是以某某刑警队、某某派出所的名义出具的证明材料。”[2]在毒品案件中警方出庭存在以下现实必要性：第一，被告人当庭翻供时，办案警察有必要出庭证明“口供”提取过程。“口供”在毒品案件中相对比较重要，办案警察出庭有利于彻底揭示“口供”获取过程，在进行交叉询问程序后，足以保证被告人充分表露自己翻供的真实理由。第二，控辩双方对于强制措施、强行性侦查措施的采用是否具有合法性发生争议时，警察有必要出庭。只有办案警察才能够说明当时特定的办案环节、办案情况。第三，技术侦查措施提取的证据，应当有警察出庭，证明侦查行为的合法性。

---

〔1〕 陈瑞华：“案卷笔录中心主义——对中国刑事审判方式的重新考察”，载《法学研究》2006年第4期。

〔2〕 龙宗智：“中国作证制度之三大怪现状评析”，载《中国律师》2001年第1期。

第四，警察作为专家出庭说明特定的情况、特定的技术原理、特定的侦查经验。如缉毒犬、毒品赃款等。

（二）侦查员出庭后的证据调查

侦查员出庭问题，不仅需要论述出庭的必要性，更应当设计相应出庭后的证据调查方法和证据调查程序。侦查员出庭后主要接受证据的质证，因此应当适用交叉询问规定。另外，按照上文所述侦查人员出庭的不同事由，法律也应当进行具体的程序规定。这些规定主要包括：侦查员出庭程序的启动、侦查员到庭后的准备、侦查员作证、侦查员无理由拒不出庭的惩戒。

侦查人员作为普通证人出庭，主要是向法庭陈述自己接警时或者办案时的所见所闻，其出庭程序应该适用普通证人的相关规定。侦查员应该由检察院通知出庭，并在事先做好出庭准备工作；辩方对于取证程序提出非法证据排除要求或者法官对于取证程序合法性存在疑问时，也有权要求侦查员出庭证明取证过程的合法性。警方没有合法理由拒不出庭，应该在进行听证程序后予以惩戒或者直接排除该证据。侦查员作为笔录类证据、书证的辅助证人出庭，主要目的是证明笔录、书证内容的真实可靠性，控诉方、辩护方、庭审法官都有权要求侦查人员出庭，如果没有合法理由拒不出庭，法庭可以裁判该证据无法保证内容的真实性。侦查员作为专家出庭，应当使用鉴定人相关程序，由双方当事人提出要求，由法官裁决选择特定的侦查员出庭，必要时，辩方可以申请重新选择人选。这种情况下，警察拒绝出庭，不应受到惩罚。

四、鉴定意见调查

毒品案件办理中，侦查人员所缉拿到的毒品，实际属于必须呈送法庭的原始物证；而在侦查阶段对于毒品的检验报告，则属于毒品案件中重要的鉴定意见，也应在法庭接受质证。在司法实践中，由于毒品在保存和移交过程中存在一些具体困难，所以可能不会随卷移送，这使得原始物证与毒品的鉴定意见之间实际存在一定的质证距离。如，有的被告人拒绝承认警方查获的毒品属于自己所有，或者认为警方所作鉴定的毒品数量、成分含量存在缺陷。笔者认为，毒品案件中的鉴定问题，主要表现为以下三个问题：第一，毒品的保存、鉴定程序；第二，毒品鉴定质证流于形式，采纳率高；第三，鉴定意见的证据查实方法。

（一）缺乏证据调查规范

在司法实践中，毒品被缉拿到以后应该当着犯罪嫌疑人的面，在有见证人在场情况下，进行封存、称重，但是在实践中，毒品称重的地点、条件规定不清楚、不规范。办案现场可能并不具备称重技术条件，公安机关也没有建立规范的证据保存中心和规范的证据保存条件，所以经常在案件中出现的毒品称重争议是，现场称重与鉴定机构称重不一致、现场称重没有见证人、称重时对于包裹物处理不当、毒品保管不当，存在相互污染可能、物品扣押手续不全等问题。[1]毒品保存和移交中存在的问题，根源在于我国缺乏证据保存中心和证据鉴定中心的设置，实际并不是毒品案件特有问题，其他刑事案件也存在控方证据的公正保存问题。“在具体案件中，从侦查机关收集证据到庭审中运用证据存在一定的时空距离，如何妥善保存已收集的各种证据以防止其被污损或丢失，如何防止侦查人员不当地处置证据，如何通过相关制度激励追诉机关妥善地保存相关证据，上述问题的解决对于刑事司法公正的实现至关重要。”[2]建立专门的证据保存中心和证据检验中心在司法实践中，具有十分现实的意义，主要的作用在于对毒品的提取程序和毒品的检验程序进行了分离，使得毒品办案部门与毒品保存鉴定工作分离，公诉证据更为科学准确，毒品鉴定更有公信力。鉴于办案部门在实践中常在简陋条件下进行毒品交接、案件交接，可以规定现场警察在犯罪嫌疑人在场情况下进行证据封存、签字、见证人签字等环节，保证证据在送交和移交过程中的“唯一性”；鉴定机构能够满足特定仪器条件和技术规范要求，所以毒品的鉴定、称重等问题，应该由证据保存中心委托鉴定中心完成。

司法鉴定作为刑事案件中的核心证据，应该在诉讼中进行仔细的质证、核实，但是实践中鉴定意见的质证程序却较为简略，甚至大量的鉴定人不出庭，以书面形式取代了交叉询问，从而形成了司法鉴定的质证程序简单而采信率极高的矛盾局面。如，2003 年吉林省的高级和中级人民法院进行司法鉴

---

〔1〕 重大毒品案件往往毒品数量众多，在转移这些毒品时，办案部门往往都忽略保持毒品的原始包装状态，把原来单独包装的毒品混在一起保存，导致不同检材互相污染，给后续的检验鉴定工作带来影响。参见谢明清、黄建：“查处、鉴定毒品遇到的常见问题”，载《广东公安科技》2008 年第 1 期；李煜：“涉案毒品扣押、鉴定中存在的问题与对策”，载《河北公安警察职业学院学报》2011 年第 1 期。

〔2〕 冯俊伟：“追诉机关违反证据保存义务的法律后果——以有利于被控方的证据为中心”，载《法学杂志》2017 年第 12 期。

定的案件共有2153件，其中鉴定人出庭参与质证的仅为17件，出庭率仅为0.8%。[1]浙江省司法厅统计，2013年该省办理涉及诉讼的司法鉴定36 832件，鉴定人出庭作证只有167次，出庭率仅为0.45%。[2]在上海市、青岛市和呼和浩特市中级人民法院随机调阅的所有法院案卷中，没有一起案件有司法鉴定人出庭接受质证的记录。[3]与鉴定人较低出庭比率相对应的是，鉴定意见的司法采信率基本接近99%，[4]这未必意味着司法鉴定的质量高，更可能的是鉴定意见在法庭中没有受到有力质证。在一些毒品案件中存在鉴定过程空缺、鉴定意见结论不规范、使用公安机关称重结果等问题，严重缺乏权威性的司法鉴定可能依旧会被法院采信。如，表述为"在公安机关查获的重××克的毒品疑似物中检出××成分"、鉴定中对于片剂、颗粒状毒品混装检测、毒品疑似物"含有"二乙酰吗啡成分（应该说海洛因）等问题。

（二）鉴定意见调查规范

在对2012年《刑事诉讼法》修改时，已经明确规定鉴定人应当出庭接受质证，并且还规定了具有专门性知识的"辅助人"出庭增强辩方质证效果。但在实践中，上述规定并没有取得较好的实践效果。笔者认为，主要的原因有以下几个：第一，毒品案件的鉴定机构都交由公安机关内设鉴定机构进行鉴定，这些人员既属于鉴定人员，也属于侦查人员。侦查人员出庭的法律规范不明确，导致公安机关下属的鉴定机构出庭也存在困难。第二，2018年《刑事诉讼法》第192条规定关于鉴定人出庭具有前提条件：公诉人、当事人或者辩护人、诉讼代理人对鉴定意见有异议，人民法院认为鉴定人有必要出庭的，鉴定人应当出庭作证，核心就是法官才有权决定鉴定人是否有出庭必

---

[1] 刘建伟："论我国司法鉴定人出庭作证制度的完善"，载《中国司法鉴定》2010年第5期。

[2] 俞世裕等："鉴定人出庭作证制度实施现状及完善——以浙江省为视角"，载《中国司法鉴定》2014年第5期。

[3] 杜志淳、廖根为："论我国司法鉴定人出庭质证制度的完善"，载《法学》2011年第7期。

[4] "司法鉴定平均采信率达99%"，载人民网：http://legal.people.com.cn/n/2015/0929/c188502-27644611.html，访问日期：2019年4月23日；"我省司法鉴定意见被法院采信率达99.8%"，载《陕西日报》：http://www.weinan.gov.cn/news/zwyw/438578.htm，访问日期：2019年4月23日；"宁夏司法鉴定意见采信率达97%"，载法制网：http://www.legaldaily.com.cn/index/content/2018-08/29/content_7631833.htm?node=20908，访问日期：2019年4月23日；"上半年新疆共受理司法鉴定案件19 200余件 司法鉴定意见采信率达98%"，载环球网：https://m.huanqiu.com/r/MV8wXzEwOTk3MDAzXzkwXzE1MDAzNTU4MzU=，访问日期：2019年4月23日。

要。第三，法律并没有规定具体的鉴定意见采纳规则、限于专业知识辩护人更难以进行专业性的交叉询问，鉴定意见的质证程序难以具有实际效果。第四，法律规定了法律援助制度，但是没有规定鉴定方面的援助规定。“辅助人”的服务体系尚未能有效建立，公诉机关仍旧具有证据检验方面的绝对优势，辩护方难以形成与之对抗的实力。“从理论上看，司法解释针对非法鉴定意见所确立的排除规则，属于‘强制性的排除’规则，而不是‘自由裁量的排除’规则，更不属于‘可补正的排除’规则。”〔1〕

“由于鉴定意见的形式和内容都在科学的框架下完成，被称为‘科学的证据’，因此不少法官盲信鉴定意见。但是鉴定意见的科学性并不意味着绝对正确。鉴定意见的基础在于科学理论，而科学理论的基础在于理论假说。”〔2〕鉴定意见容易受到鉴定人的主观因素、个人能力、个人经验、实验条件等因素的影响，实在难以负荷“科学的证据”之称谓。我国长期以来一直缺乏有关鉴定意见可采纳的规则建设，未能从立法上规范鉴定意见所运用的科学范围，也未能明确规定鉴定意见的质证程序、采纳规则。在司法实践中，法官容易过于迷信鉴定者的身份、资质，而缺乏对于鉴定过程、鉴定科学性的直接质疑，辩护人往往受其知识局限，难以进行有效对抗，被告人的质疑则可能被法官拒绝，所以才会出现鉴定意见质证程序“空转”的现象。对于那些已经运用于司法鉴定领域的科学技术和方法，经过后续的科学研究和实践的检验被认为是错误的或者已被新的技术所取代，该技术方法就应当从鉴定领域中被剔除出去，这样就需要确立落后技术的淘汰和限制机制。〔3〕1923 年的“弗赖伊诉合众国案”（Frye V. United States），第一次就专家证言与其他证据可采信规则的不同作出了规定，也即对衡量专家证言科学可靠性的标准作出了规定。按照弗赖伊标准，确定一个具体的科学技术是否获得普遍承认需要两个步骤：一是确定科学原理或新发现所属的特殊的科学领域以及相关的科学领

〔1〕 陈瑞华：“鉴定意见的审查判断问题”，载《中国司法鉴定》2011 年第 5 期。2017 年最高人民法院颁布的《关于全面推进以审判为中心的刑事诉讼制度改革的实施意见》第 29 条第 2 款规定，“经人民法院通知，鉴定人拒不出庭作证的，鉴定意见不得作为定案的根据”。

〔2〕 俞世裕等：“鉴定人出庭作证制度实施现状及完善——以浙江省为视角”，载《中国司法鉴定》2014 年第 5 期。

〔3〕 郭金霞：《鉴定结论适用中的问题与对策研究》，中国政法大学出版社 2009 年版，第 339~340 页。

域；二是确定该技术或原理是否为该领域接受的技术、原理以及新发现。[1]《联邦证据规则》（1975）对证据的可采性问题进行了区分，但并未提到法官在采信专家证言时要采用普遍接受原则，对一般证据的可采性进行了规定，分别是相关证据的判断标准、相关证据的可采性、相关证据的排除。[2]1993年，在弗赖伊标准实行70年以后，美国最高法院在“多伯特诉梅里尔·道公司一案”（Daubertv. Merrel Dow Pharmaceuticals. Inc.）中裁定，弗赖伊标准与联邦证据规则第702条的规定不符合，在联邦法院系统，应用多伯特标准代替弗赖伊标准。在1999年的库霍轮胎（Kumho）判例中，最高法院将多伯特标准的应用范围由科学证据推广到第702条所指的所有的科学、技术和其他专业知识证据。[3]2000年修正后的《美国联邦证据规则》确定了专家证言的采信的三个规则：第一，证言应当以充分的事实或者数据为基础；第二，证言应当具有可靠性，证言产生于可靠的方法和原理；第三，证人适用原理和方法于特定的案件应当是可靠的。[4]

上述美国专家证人的裁判规则对于我们构建中国自己的鉴定意见调查、质证规则，具有一定的参考意义。这种参考，结合中国的“二元制立法传统”，主要体现在以下几个方面：第一，立法机关应该注意到目前鉴定意见在刑事诉讼中的困境，应该在法律立法中规定基本的原则。鉴定意见应该注意克服对于“科技证据”的迷信，应该加强对于鉴定意见的法庭质证环节。具体的质证规则可以交给具体司法机关进行细则规定，也可以在适当时候进行经验总结后，逐步进行规范。第二，鉴定意见的质证程序，应当分为交叉询问程序和实质真实两个方面。所有的鉴定意见都必须遵循交叉询问的质证程序，未经质证的鉴定意见不能作为裁判的依据。经历过交叉询问的鉴定意见，也必须接受鉴定内容方面的审核，这种审核属于上诉程序、再审程序中的审核内容之一，而且不论事实审是否一审终审，上级法院均有权因为鉴定意见内容不当而撤销认定事实。第三，鉴定意见应当保证鉴定依据、鉴定过程、

〔1〕 郭金霞：《鉴定结论适用中的问题与对策研究》，中国政法大学出版社2009年版，第339~340页。

〔2〕 金雷霆、李江：“论美国专家证言的采信规则”，载《中国司法鉴定》2018年第3期。

〔3〕 郭金霞：《鉴定结论适用中的问题与对策研究》，中国政法大学出版社2009年版，第339~340页。

〔4〕 金雷霆、李江：“论美国专家证言的采信规则”，载《中国司法鉴定》2018年第3期。

鉴定结论的权威性。在庭审质证中，辩护方和法官有权利要求鉴定人公开自己鉴定的依据和鉴定过程，这种可以视为控方证据开示的部分内容。鉴定结论的权威性，主要是指禁止垃圾鉴定进入法庭，这种权威性应当具有一定司法判断准则，“弗赖伊标准”和“多伯特标准”具有一定参考性。“普遍承认原则”和证据的“可靠性”“关联性”条件可以作为中国鉴定意见的起步原则。鉴于目前“辅助人”制度的广泛推行，尚存在不少条件制约，单纯依赖法庭质证形式，未必能够实现对鉴定意见的有效质证，适当建立司法裁判对于鉴定意见的指导性规则具有明显的实践必要性。法官应当避免对于鉴定的迷信心理，从多方面核实证据的可靠性、关联性，这既是对鉴定证据的应有原则，也是对所有控诉证据的应有原则。毒品案件中的证据调查，并不具有不同于普通案件的特点，而往往是基于案件本身巨大的社会危害性，导致法官更多考虑案件在实体方面的真实性，忽略证据裁判主义的基本要求。证据裁判主义，是所有刑事案件所必须遵守的首要原则，毒品案件并不具有例外可能。应该让法官树立起这样的观念：越是重刑案件，证据调查程序就应当越细致；越是公众所担心的案件，证据调查就应当越慎重。在毒品案件辩护中，证据辩护将会成为主要的辩护方法，取证程序方面、证据证明范围方面、推定合理性方面、鉴定过程方面都可能会受到辩方的质疑。法官和检察官必须正确应对辩方的质疑，既不能视而不见，也不能对辩护提出不合理要求，如，不能进行无罪辩护。真正有效的解决办法，就是严格要求毒品案件的控诉证据达到定案水平，证据裁判主义是毒品案件裁判的“帝王条款”。

第六章 毒品案件与证据裁判主义

Chapter 6

在本书的最后一章，我们研究毒品案件的证据裁断问题。虽然我们从本书的开始就一直在强调应当加大对缉毒组织的力量构建，加强毒品证据的建设，有针对性地增强法庭事实发现能力，但是在具体案件审理过程中和毒品案件审理程序中仍旧应当坚持证据裁判主义，必须保证毒品案件审判程序公正性、正当性以及可接受性。毒品案件的审理程序，容易受到偏见等情绪的影响，涉毒人员也相对难以得到社会帮助。但是基于以下几个原因，对毒品案件应当坚持公正程序：第一，保证所有被告人能够得到公正审判，是现代刑事审判的基本精神，也是国家司法系统的基本职责之一。涉嫌毒品犯罪与实施毒品犯罪，并不是同样的含义。即使被告人实际实施了更加恶毒的罪行，也应该得到公正的审判对待。第二，冤假错案在毒品案件中也同样存在。即使采用最严格的侦查约束手段，也存在无辜者被卷入的可能性。偏见和歧视是现代社会比较普遍的一种社会情感，人们易将与自己不同者划分入“异类”之列，那些与公众长期隔离的人群同样易被公众所疏离。越是公众容易存在歧视、偏见等情绪的案件，发生冤案的可能性就越大。第三，毒品犯罪办理必须坚持公正司法。毒品案件的侦查、起诉、审判属于国家侦查机关、检察机关、审判机关的执法过程，这些执法过程的公正性，不仅仅针对的是毒品案件，也同样是对于国家权力公正实施的需要。毒品案件中存在的不公正问题，也同样会影响到其他案件的公正性，毒品案件的证据问题也同样会影响到其他案件的证据问题。所以，毒品案件的证明标准，不能因为被告人涉嫌毒品犯罪而降低证明程度；毒品案件的控诉证据，应该认真有效进行法庭质证，不能免于证据调查；证据调查中，应当有效避免裁判组织存有司法前见，保证裁判者公正对待所有的证据形式。

一、毒品案件的证据裁判

在笔者看来，正因为毒品案件的巨大社会危害性，更应当严格要求案件审理的正当性。但是中国刑事案件中的“正当性”应该怎么进行定义，迄今尚无明确的讨论。

第一，正当性的内容。对于美国20世纪60年代的“正当程序革命”，学者们进行了不同角度的各种解读，但是国内学者对于美国正当程序的核心内容以及实际范围并未明确解释。“正当程序条款本身包含两个需要明确的问题：首先，什么样的程序是正当的，即正当程序的标准是什么；其次，哪些权利或利益受正当程序条款保护，也就是正当程序的适用范围。”〔1〕笔者认为，对于包括毒品案件在内的刑事案件，司法正当性首先意味着对于司法实践中的裁判行为、证据问题存在一种法律约束和理性期待。这种期待并不应该局限于纯粹的诉讼程序设置，也应当包含裁判内容期待，因此可以用“实质性正当”与“程序性正当”简单涵盖“正当程序”的内容。〔2〕也就是说刑事司法的正当性，并不仅仅是指控辩平等、法官消极中立等普通法含义下的程序公正性要求，也应当包括裁决内容正当性的程序期待。程序正当性问题已经得到国内法学界的详细解释，但是似乎是基于对狭义程序问题的强调，内容的正当性期待问题并不受当前国内主流学术研究的喜爱。笔者认为这种内容正当性期待实际依旧属于程序问题，但是并非单纯的审判程序内容，主要是指基于实体公正性考虑的程序设置，包括司法裁判对于既得权利的保护、法律只能进行“一般性”规范，不能专门针对特殊情形追溯既往、审判程序必须考虑对警察权力的控制、司法程序应该侧重对公民基本权利进行保护等内容。〔3〕如果司法正当性只研究狭义的程序公正是明显不够的，脱离案件内容的诉讼权利既难以实现，也无存在意义。对“庭审形式化”来讲，法官仅仅给予被告人适当的举证机会，但是并未无偏见地认真倾听；或者仅仅给予

〔1〕 参见陈卫东、刘计划：“论刑事程序正当化”，载《诉讼法论丛》1999年第0期，第55~67页；王锡锌、傅静：“对正当法律程序需求、学说与革命的一种分析”，载《法商研究（中南政法学院学报）》2001年第3期。

〔2〕 Ryan C. Williams, “The One and Only Substantive Due Process Clause”, *The Yale Law Journal*, 120 (2010), 408.

〔3〕 Ryan C. Williams, “The One and Only Substantive Due Process Clause”, *The Yale Law Journal*, 120 (2010), 421~427.

质证的机会，但是并未建立质证中的理性原则，那么法官裁判的内容既无法实现对内论证的合理性，也无法实现法律裁判的普遍化、正当化。本书进行证据裁判主义的研究，主要基于正当性内容的研究，实际针对新时代刑事诉讼程序的公正性具体应当包括的裁判行为约束范围。[1]

第二，正当性的社会考量依据。“法律至上”的法治理念离不开社会民众对于法律信仰的支撑，也同样离不开社会民众通过感性的法律体验而达成的法律共识。司法裁判活动是否严格依法进行，会直接影响到社会大多数成员对于刑事司法的态度；刑事司法裁判的结果是否公正，也应该适度考虑到社会公众在长期社会生活中会形成一定正当性的标准——社会民众就是从自己的角度来观察和判断具体现实的司法裁判。从法教义学的理论角度来讲，法官对于案件事实的认识能力并不高于普通公众，即从理性主义来考量，普通人同样具有是非判断的基本能力。正当的司法裁判到底应该包含哪些标准，应该具有哪些内容，这对于判断程序正当性具有至关重要的作用。具体到毒品案件审判，毒品案件的裁决是否公正，也意味着法院裁判过程和裁判内容在一定范围内同样会受到最终结论公正性的社会考量。这种公正性考量，意味着案件审判工作需要面对社会公众的正当性质疑：案件审判程序是否符合法律规定以及案件的裁判结果是否符合法律的实质性要求。在毒品案件中，法官除了要考虑被告人行为与法条规定的符合性以外，也应当考虑案件的社会危害程度以及公众的可接受程度，应当避免的是机械司法。[2]在刑事政策中可以强调“重刑止毒”，但在具体案件中不能片面依赖重刑来防范毒品滥用，尤其对于一些轻微毒品案件，应当充分考虑刑事措施的必要性、刑罚措施的“谦抑性”问题。如，被告人实施两次毒品贩卖行为，每次 0.01 克，最终以贩卖毒品罪，被判有期徒刑 1 年 6 个月，并处罚金 2000 元，[3]则存在机械司法问题。

毒品案件的社会考量，并不局限于毒品数量。众所周知，“毒品”实际是

---

〔1〕 毒品案件因为证据不足被判无罪案件列举：[2000] 海中法刑初字第 81 号、[2014] 江蓬法刑初字第 158 号；因证据排除被判无罪毒品案件：[2013] 深中法刑一初字第 234 号、[2014] 南溪刑初字第 76 号 [2002] 定中刑初字第 11 号。

〔2〕 李杰：“法官‘机械司法’的博弈分析”，载《法律和社会科学》2012 年第 0 期。

〔3〕 [2016] 湘 05 刑终 295 号，参见何荣功：《毒品类死刑案件的有效辩护》，中国政法大学出版社 2017 年版，第 7 页。

个法律概念，就是说，毒品等概念存在一定的边界问题，实质是由特定国家机关决定毒品的实际包含范围，也就决定了被作为毒品进行司法认定的物品范围。严格讲，“毒品”和“制毒物品”实际上一直存在某种程度的不确定性。现有毒品概念，大概包括了所有可能致人成瘾的东西，但是又并不包括我们日常生活中的烟、酒等普通物品在内。之所以说，毒品是个法律概念，就是因为按照罪刑法定原则，毒品的范围原本应该是固定的、明确的，具有法律效力条款的明确规定。如，根据《刑法》第357条，刑法规定的“毒品”是指鸦片、海洛因、甲基苯丙胺、吗啡、大麻、可卡因以及国家管制的麻醉药品和精神药品。但是在司法实践中，也存在毒品范围不断扩大的现象，主要表现在毒品名单的不断扩大。在我国，具体确定管制麻醉药品和精神药品品种范围的部门为卫生部门；而付诸卫生部门予以解释补充或者通过司法解释予以补充毒品名单，不仅有悖法律明确性原则，且有使刑事犯罪立法权专有性流于形式之可能。〔1〕与此相同，“制毒物品”在行政法上称之为“易制毒化学品”，应该包括所有可能用于制毒的化学品。但是2016年最高人民法院《关于审理毒品犯罪案件适用法律若干问题的解释》第7条第2款又规定：“易制毒化学品生产、经营、购买、运输单位或者个人未办理许可证明或者备案证明，生产、销售、购买、运输易制毒化学品，确实用于合法生产、生活需要的，不以制毒物品犯罪论处。”在某些毒品案件中，“毒品”和“制毒物品”的实际包括范围已经超出现有法律列举名单。其原因是公安司法机关在案件办理中可能发现新的毒品种类，也可能会把原来未列入名单范围的物品增列入名单之中。但是，这种通过部门解释、行政规章增到毒品范围的操作可能被认为违背了罪刑法定原则；反之，如果一概禁止这种解释扩张，也不符合实际办案需要，因为毒品犯罪分子也在不断更新、创制新的毒品。这种情况下，在毒品案件审判中引入社会考量因素具有合理性。

第三，裁判公正性的考量背景。毒品案件发生的历史背景不同，可能会存在不同的公正性要求。在欧美学者视野中，毒品犯罪只是一种重大的经济犯罪，而“当重大的经济犯罪得不到社会认可的时候，我们就需要对其谨慎处置，不要表现出直截了当的厌恶，因为这种强烈的对比不论从社会角度或是

---

〔1〕 靳澜涛：“毒品概念界定的立法模式比较与选择”，载《甘肃理论学刊》2017年第3期。

政治角度讲，都是十分危险的”。[1]但是对于中国国民来讲，基于特定历史情感，毒品案件显然并不单纯被认为属于一种经济犯罪案件。2014 年 7 月，中共中央、国务院印发《关于加强禁毒工作的意见》，明确将禁毒工作纳入国家安全战略。2018 年习近平同志明确提出“新时代禁毒人民战争”的表述，认为禁毒工作事关国家安危、民族兴衰、人民福祉，毒品一日不除，禁毒斗争就一日不能松懈。国家禁毒委进一步提出，要依法严厉打击毒品违法犯罪，加大对重点地区的整治力度，坚决摧毁制贩毒团伙网络，深挖涉毒黑恶势力及其“保护伞”，铲除毒品问题滋生蔓延的土壤。在国家安全战略层面，准确认定毒品案件的事实，提升法庭事实发现能力，坚持证据裁判主义，显然是极为必要的。

（一）证据裁判主义

2014 年以来，中共中央在推进司法改革、强化司法制约、防范冤错案件等方面推出了几项重要决策。例如，《中共中央关于全面推进依法治国若干重大问题的决定》提出要“推进以审判为中心的诉讼制度改革，确保侦查、审查起诉的案件事实证据经得起法律的检验”，“保证庭审在查明事实、认定证据、保护诉权、公正裁判中发挥决定性作用”。又如，2015 年 1 月 20 日的中央政法工作会议要求，坚决取消刑事拘留数、批捕率、起诉率、有罪判决率、结案率等不合理的考核项目。中央政法委书记孟建柱特别强调，要“强化制约监督，……防止事实不清、证据不足的案件或者违反法律程序的案件‘带病’进入起诉、审判程序，造成起点错、跟着错、错到底的现象发生”。据此，我们可以最终确认，“庭审形式化”是产生冤假错案的实际原因，防止冤假错案最主要的方法实际就是“庭审实质化”与“证据裁判主义”的实际落实。

自 2018 年 1 月 1 日起，最高人民法院印发的“三项规程”，[2]已经在全国开始试行。其中《人民法院办理刑事案件第一审普通程序法庭调查规程（试行）》（以下简称《一审调查规程》）是最高人民法院在出台《关于全面推进以审判为中心的刑事诉讼制度改革的实施意见》的基础上，制定的深化

---

〔1〕［法］蒲吉兰等：“毒品贸易、经济犯罪及其经济社会后果研究：对国内外公共毒品控制的政策建议”，载《世界经济与政治》2003 年第 12 期。

〔2〕《人民法院办理刑事案件庭前会议规程（试行）》《人民法院办理刑事案件排除非法证据规程（试行）》和《人民法院办理刑事案件第一审普通程序法庭调查规程（试行）》（法发［2017］31 号，简称“三项规程”）。

庭审实质化改革的具体程序规定，主要内容细化了法庭调查等庭审关键环节的裁判操作规程。《一审调查规程》实际是最高人民法院第一次系统性规定的法官裁判行为规则，除去在实践操作中所具有的提升刑事审判的事实发现能力，明确法官裁判行为的规范标准，在理论研究中实际也开启了裁判行为规范的研究路径。《一审调查规程》比较重要的内容包括：①在证据裁判主义中，明确表述非法证据不得进入庭审；②在程序公正表述中，明确规定刑事程序应当追求实体公正；③首次扩大的侦查人员出庭事由；④首次明确规定证人证言的法庭质证规则；⑤首次提出证据裁判的具体操作性规范。这些规定直接指向并且规范了法官的裁判行为和法官对待证据的行为。

在有罪案件中严格要求证据裁判主义，保证案件定罪量刑具有充足的证据依据就是在刑事案件中贯彻“让人民群众在每一个司法案件中感受到公平正义”。证据裁判主义对有罪案件实际提出了明确的证据要求：第一，据以定罪的证据都必须具有证据资格；第二，据以定罪的证据能够排除合理怀疑；第三，证据裁判具有公众能够理解的逻辑关系。这就要求法官在事实裁判中必须遵循以下具体要求：第一，案件事实认定必须以证据为支持；第二，定罪证据必须经历法庭的调查核实；第三，定罪证据必须经历正当程序和证据规则审查。《一审调查规程》实际是对一审程序中的法官证据调查程序的具体落实。

法庭的职责在于正确适用法律、准确判断事实。在法庭事实认定中应当公正发现事实，准确判断事件的真相。事实认定本质上表现为审判主体的职权规范运行问题，其中首要的应该是直接决定法庭事实认定者的心证形成和心证内容的各种司法行为的规范性问题。第一，诉讼中，争执的事实是存在于过去某个时空中的事实，法庭对这些事实的追溯、求证、认定只能依赖这些事实发生时所遗留的各种痕迹以及有关人的记忆痕迹。以痕迹、记忆痕迹来判断当初事实的具体内容并作出法律性质判断。这是一种主观意识过程，也是一种法官个体的主观“创造性”过程，既不能依托于某种形式的“组织”进行认识，也无法最终摆脱认识过程的主观性。因为人类在法庭上无法真正“再现”这些事实，只能借助于证据、科学原理和人的智慧，在个体主观观念中实现事实的“复原”。第二，事实认定的进行必须依赖人的活动来完成，事实的主张、真伪的争执以及对它们的听取与判断都只能由人来进行，因而事实认定无法从根本上摆脱现实存在的人的诸多弱点：包括认识能力有限以及人的个体性结证、人的社会关系的干扰。事实认定的参与者、决定者本身就必须是来自于现实生活的一般个体，律师身份、检察官身份或者法官身份更多是作为一种职业存在，而不能够将这些人隔绝于现实的各种利益，也不能够假设他们的绝对自觉性。因而事实认定者的产生与工作环境必须有制度上的防范与保障。法官或陪审团的选择与拒绝也就成为保障事实认定本身公正内容的前提条件。第三，事实认定是法庭审理程序的当然内容，依据程序法制原则，事实认定者必须遵从法律的权利、权利配置，在特定的时空条件下和特定的权力配置中进行。法庭追寻事实真相的活动必然受到法庭权力界限的约束，事实认定不能随意进行。尤其是完全摆脱双方当事人的法官庭外调查权作为庭审认识能力的全能型补救措施是极为不当的。[1]事实认定必须准确、全面。不能抓住部分证据以偏概全，认定那些不具备特定法律性质的行为是犯罪；也不能故意利用职权，将那些完全具备犯罪要件的行为仅仅因部分细节问题不清，认为是“事实不清”。对于侦查机关的侦查行为能够准确判断其目的与性质，对于侦查所获证据能够公正裁判；对于辩方意见能够细心听取、准确裁量，旁观者自然能够相信审判的公正，判决才能具有公信力。

（二）证明标准

“事实清楚，证据确实、充分”在《刑事诉讼法》的规定以及司法实践中都具有重要地位。司法证明具有主观认识过程性，证明标准并不具有司法证明规范化、可度量化或者标准工艺流程化的含义。“事实清楚、证据确实、充分”标准之外应该存在审判程序的裁判规则。在二审程序中，“事实是否清楚”实际构成二审程序中撤销一审判决、发回重审的主要情形；对于审判监督程序，无论是上级检察院提起抗诉，还是本院决定再审或者上级法院指令再审，都必须充分考虑到“事实不清、证据不足”的实质性条件。这里的“事实不清”不仅要求基于新的证据或者原案证据对于原案事实部分已经具有了正确的事实认识，也意味着审判监督程序的启动者已经形成了对于原庭审事实认定程序或者结果错误的分析和评价；在申诉程序中，申诉人再审申诉理由“认为原判的事实认定部分仍旧具有内容缺损或者性质判断错误的判

〔1〕参见李奋飞：“刑事诉讼中的法官庭外调查权研究”，载《国家检察官学院学报》2004 年第 1 期。

决”，虽然具有“新证据”情况下提起有效申诉的可能性，但是所谓“新证据”实际仍然是存在对于原判决事实是否清楚的潜在判断。“事实不清”在具体案件适用中一直存在操作规程方面的模糊性，或者“裁判规范不清”主要表现为无视案件定性等裁判行为问题。

1. 事实不清与举证责任

2012年《刑事诉讼法》第53条第2款规定：“证据确实、充分，应当符合以下条件：（一）定罪量刑的事实都有证据证明；（二）据以定案的证据均经法定程序查证属实；（三）综合全案证据，对所认定事实已排除合理怀疑。”〔1〕

学术界一般将上述法律规定内容解读为“事实清楚，证据确实、充分”，〔2〕但是，“事实清楚”和“证据确实、充分”不应该存在同样的内容要求，这种表达不符合汉语使用的习惯，也可能有违立法的原意。首先，从字面看第53条是针对“证据确实、充分”的具体要求，而非针对“事实清楚”；其次，从语义结构看，第53条中“裁判认定事实”“据以定案的根据”或者“所认定事实”的表述应该指向裁判认定的事实，与普通人所理解的事实并不同义。不论裁判的事实是否清楚，原本案件的事实并不存在清楚与否的问题，“是否清楚”始终只能是针对裁判认定的事实。最后，对于“事实清楚”或“事实不清”的讨论，不能停留在举证责任层面进行研究，应当从裁判行为规范角度进行分析。无论裁判所认定事实“清楚”，或者裁判所认定事实“不清”，法官才是裁判事实“清楚”或者“不清楚”的裁判行为实施者，不能够归因于举证者或者举证行为。

“事实清楚”或“事实不清”都是针对裁判认定事实进行的判断，这种判断必须具有两个以上的比较项进行实际比对才能得出结论。法官认定的事实相对于什么，更清楚或者更不清楚，不能认为“事实不清”仅仅就是控方举证责任所导致的法官心证不清楚。〔3〕“滥用证明责任无形中降低了证据在事

---

〔1〕“事实不清”的概念界定必须考虑到包括2012年《刑事诉讼法》第53条规定的“事实清楚”、第242条规定的“事实不清”，以及《刑诉法解释》第375条对于第242条的补充规定，《人民检察院刑事诉讼规则（试行）》第404条、《人民检察院复查刑事申诉案件规定》第47条所规定的内容。虽然这些规定并不是针对证明标准的立法表述，但是基本表现为“事实清楚”的正反两面论述。

〔2〕陈瑞华：“刑事诉讼中的证明标准”，载《苏州大学学报》2013年第3期。

〔3〕一般学术界认为，“事实清楚，证据确实、充分”就是与举证责任相关联的控方责任问题，裁判者的责任并没有直接列明，如“所谓证明标准，是指承担证明责任的诉讼一方对待证事实的论证所达到的真实程度”。陈瑞华：“刑事诉讼中的证明标准”，载《苏州大学学报》2013年第3期。

实认定中的价值，助长了法官裁判简单化的惰性思维，即法官不注重对证据本身和证据之争过程的考量，而倾向于直接依据证明责任制度作出裁判，这种惰性思维已经偏离了证明责任制度的初衷。”[1]

事实不清是与裁判行为直接相关的概念，应当包含“裁判事实不清时的责任”含义。《刑事诉讼法》以及司法解释所规定的“事实不清”包括但并不仅仅包括《刑事诉讼法》第242条和《刑诉法解释》第375条规定的情况。《刑事诉讼法》第242条规定“有新的证据证明原判决、裁定认定的事实确有错误”“据以定罪量刑的证据不确实、不充分、依法应当予以排除，或者证明案件事实的主要证据之间存在矛盾的”，人民法院应当重新审判。《刑诉法解释》第375条增加了“主要事实依据被依法变更或撤销的”，并在第376条进一步详细解释了“新的证据”。

应当说“新证据”肯定是与“事实不清”有关的，但是“新证据”并没有包括原判决缺损或遗漏某些关键证据（未发现），或者并未发现“新证据”但原判决却出现对于证据的错误判断从而认定事实错误的可能性，因此发现“新证据”和“事实不清”并不完全包容。相比较而言，《人民检察院刑事诉讼法规则（试行）》第404条所包含的事项，如“犯罪构成要件事实缺乏必要的证据予以证明的”“据以定罪的证据之间、证据与案件事实之间的矛盾不能合理排除的”“根据证据得出的结论具有其他可能性，不能排除合理怀疑的”等显然更具有细节启示性。[2]但是最高人民检察院的这些解释目前主要针对审查起诉阶段“证据不足案件”以及法院已生效判决是否抗诉阶段检察

---

〔1〕 陈科：“经验与逻辑共存：事实认定困境中法官的裁判思维”，载《法律适用》2012年第2期。

〔2〕《人民检察院刑事诉讼规则（试行）》第404条规定：“具有下列情形之一，不能确定犯罪嫌疑人构成犯罪和需要追究刑事责任的，属于证据不足，不符合起诉条件：（一）犯罪构成要件事实缺乏必要的证据予以证明的；（二）据以定罪的证据存在疑问，无法查证属实的；（三）据以定罪的证据之间、证据与案件事实之间的矛盾不能合理排除的；（四）根据证据得出的结论具有其他可能性，不能排除合理怀疑的；（五）根据证据认定案件事实不符合逻辑和经验法则，得出的结论明显不符合常理的。”《人民检察院复查刑事申诉案件规定》第47条规定：“经复查认为人民法院已经发生法律效力的刑事判决、裁定确有错误，具有下列情形之一的，应当按照审判监督程序向人民法院提出抗诉：（一）有新的证据证明原判决、裁定认定的事实确有错误，可能影响定罪量刑的；（二）据以定罪量刑的证据不确实、不充分的；（三）据以定罪量刑的证据依法应当予以排除的；（四）据以定罪量刑的主要证据之间存在矛盾的；（五）原判决、裁定的主要事实依据被依法变更或者撤销的；（六）认定罪名错误且明显影响量刑的；（七）违反法律关于追诉时效期限的规定的；（八）量刑明显不当的；（九）违反法律规定的诉讼程序，可能影响公正审判的；（十）审判人员在审理案件的时候有贪污受贿、徇私舞弊、枉法裁判行为的。”

院的办案规则，对于法院庭审裁判行为并不存在现实的约束力。

2. 事实不清与裁判确有错误

审判监督程序中规定的生效判决“确有错误”条件，进一步明确了“事实不清”应当涵盖裁判行为规范问题。按照“认定事实确有错误”和“适用法律确有错误”，可以将“事实不清”分为错误认定被告人的行为以及错误判定了被告人行为的法律性质两种情况。

错误认定被告人的行为是指根据现有证据，将没有发生的行为认定为已经发生，或者将已经发生的行为认定为没有发生。这种事实不清主要发生在犯罪构成要件中的客观行为方面，主要是证据不足、重要证据缺失、主要证据存疑等原因所致。比如说，无辜者被卷入刑事案件可能是因为侦查机关和审判机关误判没有发生的行为已经发生（没有发生案件或者他人实施犯罪被误判为本人实施，如“佘祥林案”和“赵作海案”）；已经实施的特定具有定罪量刑影响的行为，被法庭误判为没有实施（特定伤害或自首等特定行为被误判为没有实施，如“于欢案”）；据以认定事实的关键证据出现重大缺陷，原审所认定事实无法得出结论（据以定罪的关键证据、鉴定意见被推翻，如“念斌案”）。这种事实认定错误主要是因为裁判者错误采信控诉证据，具体可能表现为对于控方证据证明力判断有误。如控方证据在局部问题证明方面存在缺陷、轻信伪证，核心证据存在其他可能，可以称之为“误信”；如法官将“空气净化消毒设备”误认为是医院使用的“空气消毒设备”，产品鉴定标准错误，导致案件性质发生错判；〔1〕再如被指控“伪造”房产证以“诈骗”安置款，但是案件原判并未委托相关部门对涉案房产证进行技术鉴定，也没有排除合法获得房产证或者具有不知情的其他可能性。〔2〕

适用法律确有错误是指，法官错误判定了证据所证明事件的法律性质或者对于该行为应该如何进行法律评价存在争议。这种情况实际是裁判者对于指控事实的法律性质误判。〔3〕如将单位借贷误判为“挪用资金”，〔4〕单位负

---

〔1〕［2015］刑监字第 85 号李某民、王某生产、销售伪劣产品一案刑事决定书。

〔2〕［2015］刑监字第 172 号被告人李某明诈骗一案。

〔3〕笔者认为，事实认定的法律性质判断问题与我们平常所说的“法律问题”存在一定交叉部分，但并不相同。“事实认定的法律性质判断”会涉及法律适用问题，主要是指特定行为对应的法律评价、法律意义，如特定“用手一抓”“轻轻一拿”“顺手一刺”等证据所证明行为的刑事法律性质判断，主要是指罪过判断。而“法律问题”往往是指全案性质判断，主要指实体法问题、程序法问题等。

〔4〕［2003］刑监字第 122-1 号许某东挪用资金一案刑事决定书。

责人把本公司银行贷款借给其他单位使用，公司之间签有借款协议，也进行了财务监管，应属单位之间的借贷。对于涉案财产性质认定错误，把“房改房”误认为发生产权转移，导致案件性质出现错误。[1]“误判”在一般情况下表现为是否具备主观罪过，具备哪种罪过，以及对于据以判断主观罪过的证据是否能够证明罪过问题存在争议。[2]对于被害人死亡原因分析有误，轻微暴力行为与被害人的死亡具有因果关系，但被害人的特殊体质系死亡发生的主要原因，以故意伤害罪定性不当，量刑偏重。[3]将合同定金误认为“非法获利”数额巨大，构成事实认定错误。[4]这种案件往往会集中出现在社会转型时期，社会观念变化剧烈，对于特定行为的刑事责任认定争议较大。如改革开放初期的“投机倒把”案件、“挂靠”企业“挪用公款”（实际是私营企业正常企业行为）案件、“流氓罪”等。最近案件如“气枪案”“兰花案”“鹦鹉案”等也可以归入这一类。误判事实的法律性质，主要源自于长期固化的案件类型化适用，以及司法裁判者与社会现实生活之间的巨大差异。时代已经发生了剧烈变化，甚至在法律也已经变化的情况下，裁判者所理解的犯罪、犯罪故意等认识依旧保留旧时期的内容，裁判者依旧按照过去的类型化模式来处理案件。[5]

“误信”和“误判”都属于“确有错误”，虽然在本质上都是“裁判事实不清”问题，但在事实认定错误的具体情况上并不相同。如果前者可以称为“证据不足”案件，后者则并一定能被称为“证据不足”。因而，“误信”可以被案件判决后发现的“新证据”纠正，但是“误判”在目前法律中并不能适用最高人民法院“新证据”的规定。

3. 事实清楚与裁判准确

事实清楚是“事实不清”的反面状态，实质上都是指向裁判认定事实的

---

〔1〕［2015］刑监字第138号于某风贪污一案刑事决定书。涉案房产在性质上应属房改房，其更名行为未造成所在单位中国广澳开发总公司房产所有权的转移，该房产在财务账上仍反映为公司所有的固定资产。

〔2〕陈磊：“犯罪故意认定的证据法学解读”，载《证据科学》2012年第4期。

〔3〕［2015］刑监字第211号宋某华故意伤害（申诉）一案刑事决定书。

〔4〕［2016］最高法刑申34号宋某顺非法经营同类营业一案刑事决定书。

〔5〕法院内部的阶层化控制也许能够在“误信”方面有所防范，但是并不能有效纠正“误判”问题，因为这些不同阶层的法官事实上具有几乎一致的生活经验和社会阅历。“误判”问题的防范，必须建立多主体有效参与的诉讼庭审，通过不同社会经验和法律认识争论来进行最终的裁判。

“准确性”问题。如果从证据角度来讲，事实的误认存在两种可能：一是基于目前的技术手段对于证据存在错误鉴定；二是某些社会事务存在较为激烈的争议，其社会属性、法学属性的判断在一定时间内难有定论。前一种事实误认，可以通过新的技术或手段进行纠正；后一种误认，则难以在确定时间内取得明确结论，因而应当以庭审当时的裁决为准，进行事实审一审终审。根据上文，事实清楚应该包括了对单纯行为追溯的准确性，也应当包括对这些行为的法律性质判定的准确性。刑事诉讼法规定的“事实清楚”应当包括三个方面的内容：第一，法庭认定的事实在对于已逝的“身体动静方面事实”的清楚；第二，这种追溯指向对于这些行为的法律定性和评价方面清楚或“准确”；第三，法庭在认定事实时，能够规范约束审判行为，导致证据的采信和事实的评价不存在有理由的质疑。

法庭事实认定不仅是对于事实的复原、重现过程，还是在多方主体参与下进行的法律性质判断。多方主体的法律性质判断决定了“庭审中心主义”的实际存在意义。“庭审中心主义”存在的最现实原因并不是让法庭去发现被告人在犯罪发生时的身体动静层面的证据，而是独立核实这些身体动静方面的证据，更重要的是在多主体有效参与下对于已经发现的身体动静进行法律评价。如果我们所理解的“事实清楚”仅仅只是单纯强调案件中行为人的特定行为动静层面，而不包含行为的法律性质分析，那么侦查机关的侦查行为明显更能发现这种所谓的“事实”真假问题，庭审无论是辩论还是交叉询问都不具备或者比较少具备这种对于案件发生时的具体身体动静的查实能力。同时，如果庭审中事实的追溯过程只是指向对于这些身体动静的复原，那么庭审法官自身的经验、情感往往会被理解为是对于复原事实本身的干扰因素，所以才需要进行多层次的案件事实把关，进行多程序的事实问题重复审理。所以，基于“事实”的片面理解才是导致“侦查中心主义”的根本原因。

裁判责任体系的核心内容应当是裁判者针对案件证据的评价行为规范的体系构建。审慎对待案件中出现的各种证据，不因证据的外在形式而对于证据所能证明的事实进行慎重的多方面可能性考察，是法官作为案件裁判应具备的基本素养，也应当是法官裁判行为责任的内容要求。事实的多个层面往往会交错纠缠地出现在案件当中，有时候法官需要通过各种行为细节来进行案件分析，有时候却又不得不摆脱细节问题进行全局性甚至直觉性考虑。“一些基本事实明晰的案件被视为真伪不明，当事人不当地承担了败诉风险。……法官通过简单适用对于证明责任规范分配败诉风险来规避自己的裁判责任。"[1]"滥用证明责任无形中降低了证据在事实认定中的价值，助长了法官裁判简单化的惰性思维，即法官不注重对证据本身和证据之争过程的考量，而倾向于直接依据证明责任制度作出裁判，这种惰性思维已经偏离了证明责任制度的初衷。"[2]

综上所述，"事实不清"是指法官在事实认定时，违反证据调查规程，未能准确把握案件事实性质或者未能全面把握案件证据，或者存在重大程序违法，导致认定事实定性错误，或者遗漏重要的犯罪情节或者出现"误判""误信"或者忽略当事人诉权行使，导致裁判所认定事实不符合事实本身。

（三）简易程序与认罪认罚程序中的证据

"事实清楚，证据确实、充分"的证明标准，实际是对于所有刑事案件的统一证明程度要求，这种要求意味着在所有的刑事案件中证据证明程度都应当达到案件事实清楚，证据确实、充分的程度。但是，司法实践中，可能存在无法达到上述证明标准要求的特定审判程序。刑事案件适用简易程序和"认罪认罚从宽"程序虽然具有"事实清楚"的前提条件，但是基于被告人认罪而不再存在严格的证据调查程序或者基于控辩双方庭前协议的存在，诉讼不再具有对抗性，致使证据调查与一般刑事案件的证据调查出现较大的不同。具体表现在：第一，被告人认罪后程序，缺乏证据调查程序。认罪后程序更多地呈现一种对于被告人认罪的"自愿""明知""明智"条件的核实，如果其中存在被告人的虚假认罪、顶罪问题，将难以查清案件的真实情况。即使法律明确要求在辩诉交易中法官必须查实当事人自认是基于"自愿""明知""明智"条件，但是在司法实践中仍旧难以保证法官会仔细核实。[3]这就需要在上述程序中建立特定的证据核实程序，单纯的"程序选择权"可能难以保证案件真实性。第二，被告人认罪后的审判程序中，诉讼缺乏对抗性。庭审法官难以通过交叉询问程序的控辩对抗过程探知证据与案件事实之间的

---

〔1〕 罗建芳："事实真伪不明的界定及处置方法"，载《河南工程学院学报（社会科学版）》2011年第1期。

〔2〕 陈科："经验与逻辑共存：事实认定困境中法官的裁判思维"，载《法律适用》2012年第2期。

〔3〕 根据有关的调查数据仅有20%的案件中法官作了有关的告知和对案件证据的仔细把握。参见 Morgan Clloud，"Words Without Meaning：the Constitution，Confession，and Mentallyretarded Suspects"，载《芝加哥大学法律评论》（第69卷）（2002年），第495页以下。

联系。“协商性司法”“恢复性司法”实际都围绕刑事案件裁判所能取得的实际社会效果展开，主要关注刑罚处罚的非刑罚化等问题，而不是案件事实真相。在某些刑事案件中，协商性司法可能存在一定的虚假事实可能。在实际调研中，我们发现过利用现有“认罪认罚从宽制度”规定的一起毒品案件，一位公安人员为完成上级交办的毒品案件数量，与一位吸毒人员进行“协商”，由吸毒人员自愿承认少量贩毒以完成破案数量，这种案件一般不判实刑。庭审程序中，被告人自愿承认了所有指控罪名，法庭未能查清案件事实；但在法官宣判实刑后，被告人反悔，将真实情况告知法官，要求上诉。第三，简易程序中无法进行证据的严格证明。虽然说，简易程序只是对于证据调查程序和法庭辩论程序进行了一定简化，仍旧保留了证据调查程序和法庭辩论程序，但是这种简化实际上对于案件证据调查的仔细程度有很大影响。刑事简易程序的适用条件虽然存在“事实清楚”“证据充分”“争议不大”的条件，但是不能将程序准入要件的“证据充分”等同于案件事实确实是清楚的，未经法庭的案件证据调查程序，案件事实实际是无法预估的。

二、证据排除

欺骗，一般认为是用虚假的言语或行为来掩盖事实真相，使人上当。在刑事诉讼领域，欺骗性取证一般是指侦查人员利用犯罪嫌疑人正处于强制措施或其他不利状态时，利用一定的欺骗性手段，通过设置圈套或者明示或暗示地让其了解一些警方事先准备好的信息或者细节，诱使犯罪嫌疑人出现错误判断，引导犯罪嫌疑人最终做出符合侦查指向的一种取证手段。欺骗性取证包括欺骗性讯问方法、卧底侦察、线人、隐秘探话等方式，其主旨在于通过若干手段迷惑对手，让其产生错觉，从而获取所需要的证据，属于侦查策略的借势、造势以及用势。技术侦查措施具有明显的欺骗性，《刑事诉讼法》虽然保留了欺骗属非法取证方法的表述，但在非法证据排除事由中却并未列入。[1]

在2018年《刑事诉讼法》第52条法条表述中，“诱供、骗供”等行为，被列为与刑讯逼供居于同一地位，均属于“严禁”对象。虽然在第56条非法

〔1〕 参见杨宗辉、杨青玖：“论欺骗与侦查策略——法意及实证视角的探究”，载《河南大学学报（社会科学版）》2013年第6期。

证据排除的事宜中，并没有包括欺骗性取证，但是这种否定仍然具有特定的证据法学含义。另外，第52条与第56条的这种字面“矛盾”，不能被误解为立法者对于欺骗性的取证手段处于矛盾状态或者被解释为“逐步限制”的现实主义选择。[1]使用“架空”手段来解释《刑事诉讼法》第52条的“严禁”表述，以及实践中公安机关对于技术性侦查过程的“秘而不宣”，实际都是误判了技术侦查所获证据的审查程序。

蒋鹏飞博士提出，《刑事诉讼法》第52条的“严禁”应该是一种对于技术侦查措施及其所获证据的概括性定性与概括性否定，《刑事诉讼法》第52条所规定的“严禁”与《刑事诉讼法》第150条至第154条规定的“技术侦查措施”之间存在内在逻辑的一致性。[2]但迄今为止，“概括性否定”的具体含义并不清楚；立法者在“概括性否定”之后，并没有明确设立司法事后审查程序。在司法实践中技术侦查的实施过程实际是对检察官、法官保密的，庭审并不存在证据“鉴真”过程，“违法性前提”难以对技术侦查行为进行来源审查。借助于侦查不可诉和保护隐私权这两个主要武器，“技术性侦查手段”一直被理解为应当秘而不宣的一种侦查方式，或者偶尔“飞鸿一现”，实则隐藏在侦查阶段从不示人的水下“冰山”。[3]按照这种理解，技术侦查措施所获证据是否具有合法性，法庭无法真正查实。警方提交给法庭的“情况说明”，既无法说清证据来源，也往往无法讲清侦查行为的实施过程。

“概括性”否定，就是否定了特定的侦查行为原本具有的合法性假定。警方的其他取证行为可以被推定为合法取得，但是欺骗性取证行为则被假定为非法取得。这就要求控方在具体案件中必须证明自己取证行为和取证过程的

---

〔1〕 主流意见认为司法实践中“欺骗性”侦查或者带有欺骗性的侦查措施具有一定的合理性、必要性，立法中的“严禁”存在立法表述问题；或者认为目前司法实践中的主要目的应该是禁止“刑讯逼供”，相对于“欺骗”取证手段，前者具有明显的对于人权的更巨大威胁，应该渐次进行立法规范。参见何家弘：“论‘欺骗取证’的正当性及限制适用——我国《刑事诉讼法》修改之管见”，载《政治与法律》2012年第1期；龙宗智：“欺骗与刑事司法行为的道德界限”，载《法学研究》2002年第4期；李奋飞：“刑事诉讼立法应摆脱‘崇高’”，载《中国检察官》2010年第1期。

〔2〕 蒋鹏飞：“《刑事诉讼法》第50条欺骗性取证部分的学理解释”，载《东方法学》2016年第1期。

〔3〕 侦查机关以秘密措施为由，拒不出示秘密侦查卷宗成为中国刑事诉讼中的惯例。一般只是出示“情况通报”保证侦查员的安全，但是这种情况通报内容极为简化，并不能防止权力滥用和证据失误问题，所以部分法院拒绝接受。这种现象说明，目前在警察秘密侦查部分的证据使用中，依然存在明显的公检法各管一段的问题。

合法性。“概括性”否定，阻断了控方证据合法性推定，使得侦查所获证据的资格审查与侦查行为司法审查出现程序混同。技术侦查所获证据的证据资格取决于审判阶段对具体案件中技术侦查的必要性审查以及侦查过程审查。因此我们有理由认为，“概括性否定”实际是一种证据违法性假设，是立法者隐设的一种对技术侦查措施的司法事后审查程序。

技术侦查法治化目的，是为了规范技术侦查措施行为的实施范围以及实施手段，而技术侦查措施法治化的主要实现方式包括侦查前的程序许可以及审判阶段的证据审核。简单讲，前者主要表现为侦查行为实施的程序许可，后者主要表现为对侦查所获证据的证据资格审查。从审查的范围来看，事先审查实践中往往只能阻止部分技术侦查措施行为开启，事后审查则能够对于技术侦查措施所获所有证据进行证据资格审查，从而间接规范技术侦查措施行为的合法实施。所以司法事后审查对于侦查行为的间接规范力度要明显大于事先许可。按照这种思路，所谓的“概括性否定”的具体含义实际是清楚的。

1. “概括性否定”与“违法性假定”

按照字面理解，“概括性否定”就是假定技术侦查所取得的证据本身具有违法性，与一般非法证据排除程序不同的是这种证据不需要被告人申请就应当进行证据审查。这是《刑事诉讼法》第52条关于欺骗性侦查方式或者欺骗性取证手段的否定含义。“概括性否定”意味着这一类侦查方式在本质上具有更应当被质疑的特点。当然这种假定，只是一种法律推定，允许反证推翻。这种假定也并不是对于所有取得的证据手段进行一概否决或者排除，证据是否有效，还需要最终审查的结论。但是这就需要控方，实质上也就是警方原则上必须随卷移送本案证据取证方面的具体细节内容，不能一概以“危害侦查秘密”的借口或者仅仅是以“情况说明”取代证据来源，否则这种假定不能被推翻，所获证据应该被排除。[1]

2018年7月3日，最高人民检察院印发了《人民检察院公诉人出庭举证质证工作指引》。其中明确规定，检察官应当关注证据的取得是否符合法律规

〔1〕 龙宗智：“强制侦查司法审查制度的完善”，载《中国法学》2011年第6期。“（刑事诉讼法）并未规定技术侦查措施的具体类型与内容，也未规定“严重危害社会的犯罪案件”的具体标准是什么，还未明确技术侦查的应用对象、应用空间的具体要求，更未规定审批程序与审批主体。”“因此，我国刑事诉讼法如果要明确规定允许运用监听等技术侦查手段取证，并允许所取证据作为诉讼证据和定案依据，就必须严格法律程序，并建立对电子监听等技术侦查手段的外部审查制度。”

定以及“发现证据时的客观环境”。《刑事诉讼法》第59条规定，在对证据收集的合法性进行法庭调查的过程中，人民检察院应当对证据收集的合法性加以证明。最高人民法院2017年11月27日发布实施的《人民法院办理刑事案件排除非法证据规程（试行）》第6条规定了，“证据收集合法性的举证责任由人民检察院承担”。这实际就是要求，控方必须证明技术侦查的具体实施过程。但是《人民检察院公诉人出庭举证质证工作指引》第60条没有规定庭审检察官对于技术侦查所获证据的证据合法性证明。辩护方质疑采取技术侦查措施获取的证据材料合法性的，公诉人可以通过说明“采取技术侦查措施的法律规定、出示批准采取技术侦查措施的法律文书”等方式，有针对性地予以答辩。〔1〕公诉人出示采取技术侦查措施的法律规定、出示批准采取技术侦查措施的法律文书，只能证明技术侦查经过了相应事先审查的批准，并无法证明技术侦查证据收集的实施程序，也不能排除技术侦查过程是否存在“以非法方法收集证据”。这就基本否定了“概括性否定”与“司法事后审查”的存在空间，使得所有获得事先批准的技术侦查，都不能经历证据来源审查与司法事后审查。

2. “概括性否定”与司法事后审查

“概括性否定”实际就是证据的证据资格审查，但是概括性否定意味着这种侦查行为所获的证据假定为非法获取的证据，控方必须证明这种方式的必要性和合法性。不能将“概括性否定”解读为“概括性肯定”，或者成为价值优势选择的道德判断途径。〔2〕技术侦查措施程序的合法性控制主要有两大程序：技术侦查措施前的许可程序与司法审判中的审查程序。对于刑事指控所依据的所有证据，审判法官必须能够对于侦查移交的证据进行来源审查。对于具体案件中的欺骗性取证所取得的证据是否有效，应当在具体的案件条件中，依据明确的程序和明确的条件进行具体分析。主要表现为合法性审查和必要性审查，合法性审查是指所取得的证据是否具有证据资格。必要性审

〔1〕 最高人民检察院发布的《人民检察院公诉人出庭举证质证工作指引》第60条规定：“辩护方质疑采取技术侦查措施获取的证据材料合法性的，公诉人可以通过说明采取技术侦查措施的法律规定、出示批准采取技术侦查措施的法律文书等方式，有针对性地予以答辩。”

〔2〕 参见龙宗智：“欺骗与刑事司法行为的道德界限”，载《法学研究》2002年第4期。所谓“实际允许”，是指实践中并没有谁指责这类行为系违法，也还没有发现因此而排除口供的案例，更不存在对于这些措施的具体核实、评判。

查是指所取得的证据是否符合侦查行为的比例性原则。

基于侦查保密性，刑事诉讼被分割为侦查、起诉、审判等不同阶段，由公检法三职能主体各管一段。技术侦查保密，就是指技术侦查资料被秘密保存在侦查机关，审判机关无法得到具体侦查行为实施的过程性材料和审查机会。“审判中心主义”必然包含对于侦查程序中欺骗性取证行为的合法性审查，其中应该包括侦查实施的具体过程。技术侦查可能得到的言词证据，多表现为“线人”“卧底人员”的证人证言，“让这些侦查人员暴露于法庭公开质证的场合，的确是冒着极大的人身危险……但也不能因此就允许技术侦查人员不作证，或大量使用书面证人证言和庭外作证的方式”。〔1〕目前，对于具体案件如何进行技术侦查的证据审核，《刑事诉讼法》中语焉不详。但是，这并不意味着在刑事司法中不存在表述明确的部分规定、部分标准。现有对欺骗性侦查所获证据的审查标准，主要规定在贪污案件、毒品案件、有组织犯罪案件几类特殊的案件中，主要表现为会议纪要等规范性文件。〔2〕

欺骗性取证的合法性以及所获证据的合法性，必须依赖个案法官的具体判断。技术侦查手段的存在是否具有现实必要性，应当按照哪种方式实施侦查行为，没有相关的证据，就不好评价具体的行为是否存在违法性，不能决定是否禁止使用这些证据。以欺骗性讯问方法为例，被讯问人能否明确知晓侦查人员所用方法或所出示证据，可以作为判断讯问是否存在欺骗性方法的标准；欺骗方式是否具有引起虚假供述的现实可能，可以作为判断欺骗性讯问所获证据是否应当排除的标准。假如侦讯人员将与作案工具相似的一把小刀放在桌子上，让犯罪嫌疑人主观认为这就是他所用的作案凶器。这种方法可以属于欺骗性讯问，但是不具有证据排除的可能性。因为，无论被讯问人

〔1〕王骄：“技术侦查证据庭外核实的程序性障碍”，载《贵州警官职业学院学报》2012年第4期。

〔2〕《公安机关办理刑事案件程序规定》第262条对侦查人员在实施隐匿身份侦查中采取的方法作出了具体要求，即不能使用可能引发重大人身危险和危害公共安全的方法，更是禁止采用“犯意诱发型”侦查方法诱使本无犯意的人犯罪。《大连会议纪要》规定：运用特情侦破毒品案件，是依法打击毒品犯罪的有效手段。对特情介入侦破的毒品案件，要区别不同情形予以分别处理。对已持有毒品待售或者有证据证明已准备实施大宗毒品犯罪者，采取特情贴靠、接洽而破获的案件，不存在犯罪引诱的，应当依法处理；行为人本没有实施毒品犯罪的主观意图，而是在特情诱惑和促成下形成犯意，进而实施毒品犯罪的，属于“犯意引诱”。对因“犯意引诱”实施毒品犯罪的被告人，根据罪刑相适应原则，应当依法从轻处罚，无论涉案毒品数量多大，都不应判处死刑立即执行。行为人在特情既为其安排上线，又提供下线的双重引诱，即“双套引诱”下实施毒品犯罪的，处刑时可予以更大幅度的从宽处罚或者依法免予刑事处罚。

是否作案，总能清楚判别犯罪工具是否被讯问者收集到。如果侦讯人员向犯罪嫌疑人出示了虚假鉴定报告，那么这种讯问应当属于欺骗性讯问，因此所获取口供应当属于被排除的证据。因为这些虚构的证据所具有的专业性，存在对被告人的强势压力，具有使其产生难以质辩的权威性。如果足以吸引无辜者暂时选择做出虚假供述，以求得量刑上的好处，欺骗方式就应当被法律所排除。

3. “概括性否定”与证据禁止

“概括性否定”实质上是一种证据合法性假定，这种假定允许控方举证推翻，所以与“证据禁止”含义并不相同。一般认为，德国的证据禁止分为证据取得禁止和证据使用禁止，前者是国家机关取证的行为规范，后者是法官在审判中裁判证据能力的行为规范。根据《德国刑事诉讼法》第136（a）条规定，禁止用非法的方法取得被告人口供，这些被禁止的方法包括：虐待、疲劳战术、伤害身体、服用药物、折磨、欺诈或者催眠等（后来又增加麻醉分析和测谎鉴定）。“德国刑诉法第136（a）主要采用列举和概括相结合的方式明确规定了禁止使用的讯问方法，限制讯问人员在讯问犯罪嫌疑人过程中对其宪法权利的侵犯，从而保障犯罪嫌疑人决定和确认自己意志的自由；明确了禁止的讯问方法在讯问过程中适用的强制性效力，即使犯罪嫌疑人同意使用，讯问人员在讯问时也不得使用禁止的讯问方法；如果控诉方是以违反禁令获得证据材料，即使犯罪嫌疑人同意，也不允许使用。”〔1〕

从逻辑来看，证据取得禁止与证据使用禁止之间不应该存在完全相等的逻辑关系。一方面，刑事案件涉及的社会利益众多，警察在案件中所采取的方式、方法也并不相同，在法律禁止的方法以及法律禁止之外的方法实施中，都应当赋予案件法官以一定酌定权力；另一方面，证据的使用禁止实际存在对于证据取得方式禁止的包容关系，所有警方按照取得方式获得的证据，最终必然经过法庭的证据审查。侦查方式的批准程序，尤其是技术侦查措施的批准程序如果被过分强调，自然就会出现对于司法事后审查的实际效果的过于忽视。最终导致，法庭审判时只能凭借简要说明式的“情况说明”来直接决定证据是否适用。法律必须赋予法官在证据使用禁止中根据“利益权衡”进行自由裁量的权力，这与“审判中心主义”具有天然密切联系。这种证据

〔1〕 兰跃军：“论言词证据之禁止——以《德国刑事诉讼法》为中心的分析”，载《现代法学》2009年第1期。

排除的规定，实际与英美法中的非法证据排除具有基本相同的含义。[1]

4. 欺骗性取证手段的否定方式

侦查手段的合法性问题与侦查所获证据的容许性问题，实际存在一定的区别。侦查手段的合法性来自于法律的授权，或者事先审查条件的满足；侦查所获证据的容许性，实际是审判程序中证据资格审查问题，指向的是司法事后审查，依据的是相关的证据规则。欺骗性讯问，并不如同刑讯逼供一样直接被规定为非法证据，而是需要实际审判法官的仔细考量，被讯问人能否明确知晓侦查人员所用方法或所出示证据、以及欺骗方式是否具有引起虚假供述的现实可能，判断欺骗性讯问所获证据是否应当排除。假如侦讯人员将与作案工具相似的一把小刀放在桌子上，让犯罪嫌疑人主观认为这就是他所用的作案凶器。这种方法可以属于欺骗性讯问，但是不具有证据排除的可能性。因为，无论被讯问人是否作案，总能清楚判别犯罪工具是否被讯问者收集到。但是如果侦讯人员向犯罪嫌疑人出示了虚假鉴定报告，那么这种讯问应当属于欺骗性讯问，因此所获取口供应当属于被排除的证据。因为这些虚构的证据所具有的专业性，存在对被告人的强势压力，具有使其产生难以质辩的权威性。如果足以吸引无辜者暂时选择做出虚假供述，以求得量刑上的好处，欺骗方式就应当被法律所排除。[2]

在技术侦查措施方式的讨论中，学者们的一般讨论均假设了“系统外监督”所具有的效果，但是问题在于，依靠检察官或法官掌控的事先批准程序并不能够真正有效限制技术侦查措施程序的“欺骗性”问题。目前无论检察院还是法院均不具有技术侦查措施权力，如何审查技术侦查措施行为实施的合法性？无论是检察官还是法官，在技术侦查措施的事先审查方面能够进行

---

〔1〕 英国《1984年警察与刑事证据法》第76条第2款规定：在任何公诉方计划将被告人供述作为本方证据提出的诉讼中，如果有证据表明供述是或者可能是通过以下方式取得的——（a）对被告人采取压迫的手段；或者（b）实施在当时情况下可能导致被告人的供述不可靠的任何语言或行为，则法庭应当不得将该供述作为对被告人不利的证据被提出，除非检察官能向法庭证明该供述（尽管它可能是真实的）并非以上述方式取得，并且要将此证明到排除任何合理怀疑的程度。参见：中国政法大学刑事法律研究中心组织编译：《英国刑事诉讼法（选编）》，中国政法大学出版社2001年版，第318~319页。

〔2〕 对于欺骗性取证的范围界定，必须考虑到“欺骗性”自身的逻辑涵盖范围，对于采取极度威胁、指明问供、过度欺骗等方式获取的口供，如果严重违背任意性自白规则，应属于刑讯逼供范围，所以不在本书讨论范围之内。

的权力控制，都必然是有限的、表面的。因为权力制衡的一项重要的原则就是，决定者的权力最少在部分案件范围内具有足以取代被决定者的职权；司法实践证明对于检察院不具有侦查权的案件，检察院实际难以对公安机关进行有效的立案监督。另外一方面，实践中必须赋予警察在实施技术侦查措施中一定范围的自主性权力。检察官或者法官，往往远离侦查一线，判断是否开启必要侦查手段的信息来源于警察提供，事先审查的正确决定与及时决定均存在一定风险。即便是在实现侦查法治化的德国，尽管法律明确规定了侦查前的决策程序与侦查后的事后审查程序，但是为了保证侦查及时性，警察仍然具有实施技术侦查措施的较大自主性，司法审查实际上只能更依靠庭审中的非法证据排除来实现事后审查。〔1〕可见，过分关注技术侦查措施的事先审查程序，可能会夸大刑事法律对于警察的实际约束力。系统外监督可能更多依靠的是权力制衡制度，难以保证决定本身的准确性。“（证据）开示程序能使诉讼各方在审判前对证据做仔细的调查和认真的审查思考，因此而能在审判中针对那些貌似真实的情况进行提问和检验从而获得案件的真实……禁止提出未经开示的证据，是最有力、通常也是最严厉的制裁措施。”〔2〕

国内学者主要在概念上进行概括讨论或者使用“必要的恶”这种比较模糊的语言，分析卧底侦查等技术侦查措施行为，并没有直接明确卧底侦查等侦查措施的“必要性”以及其中的“界限”到底应该包括哪些内容。其分析中也没有直接涉及技术侦查措施实施过程中的行为规范问题，以及是否因卧底等行为不当进行言词证据或物证的排除。因为实践中只有很少的案件公布进行了技术侦查措施，这些案件所进行的具体的秘密侦查行为往往又被隐匿在法庭卷宗之外，我们无从得知卧底的具体细节。

基于对有组织犯罪的应对，警察所真正实施的卧底侦查等技术侦查措施行为，必然应该是一种有组织行为，卧底警察必须有相应的情报收集、后勤保障、调度指挥、资金支持等多个要素支持，司法的事后审查必然具备收集足够线索的现实条件。我们也应当考虑到，基于卧底侦查等技术侦查措施所实施的巨大代价，卧底行为并不会是某种单一的侦查手段，必然是集口供、证言、物证等多种证据收集方式于一体的，包含多种情报收集、情报分析等

〔1〕 谢佑平、邓立军：“德国的秘密侦查制度”，载《甘肃政法学院学报》2011年第6期。
〔2〕 龙宗智：“证据开示与诉讼公正”，载《法商研究（中南政法学院学报）》1999年第5期。

综合侦查手段集合的“组合”侦查方式。对于卧底所获证据的合法性、必要性判断，必须是包含广泛的法律组合规范内容和个案中具体现实的价值比较。卧底侦查的法律规范部分应当考虑到卧底程序启动、卧底侦查卷宗移送、卧底侦查行为规范、卧底证据排除原则、卧底警察证言、卧底所获其他案件证据处理、卧底警察保护、卧底证据法庭出示与质证、善意第三人利益求偿程序、卧底侦查国家赔偿等多个问题的研究。基于刑事侦查行为的不可诉特点，法官的证据审查实际上决定了之前警察侦查行为的有效与否，间接决定了相关人的利益保护问题。所以，司法事后审查方式，是对于侦查行为有效性的决定，也是对于其他相关人权利保护的前提决定。具体来讲，就是在具体的案件中，法官对于本案的卧底侦查实施的最终结果进行最终的衡量，以决定是否采纳这些证据。其中考量的主要因素就应当是卧底所获证据的“可采性”问题。

是否违背比例性原则是判断欺骗性取证措施是否导致正当性缺失的核心标准。隐匿身份人员采取的秘密取证行为必须与所侦查罪行的严重程度及当时的具体情势相适应。在事前审查或事后核准时，审查主体必须结合相关情况做综合判断。隐匿身份人员在紧急情况下，可以先实施秘密取证行为，也必须坚持比例原则，以合适的强制手段对付犯罪行为，能采取较少强制的行为就没有必要采取较强烈的强制行为获得证据。严重超越了这种必要性比例，该取证行为就丧失了正当性。2012 年《刑事诉讼法》第 151 条及《公安机关办理刑事案件程序规定》第 262 条对侦查人员在实施隐匿身份侦查中采取的方法作出了具体要求，即不能使用可能引发重大人身危险和危害公共安全的方法，更是禁止采用“犯意诱发型”侦查方法诱使本无犯意的人犯罪。[1][2]

---

〔1〕《大连会议纪要》规定：运用特情侦破毒品案件，是依法打击毒品犯罪的有效手段。对特情介入侦破的毒品案件，要区别不同情形予以分别处理。对已持有毒品待售或者有证据证明已准备实施大宗毒品犯罪者，采取特情贴靠、接洽而破获的案件，不存在犯罪引诱，应当依法处理；行为人本没有实施毒品犯罪的主观意图，而是在特情诱惑和促成下形成犯意，进而实施毒品犯罪的，属于“犯意引诱”。对因“犯意引诱”实施毒品犯罪的被告人，根据罪刑相适应原则，应当依法从轻处罚，无论涉案毒品数量多大，都不应判处死刑立即执行。行为人在特情既为其安排上线，又提供下线的双重引诱，即“双套引诱”下实施毒品犯罪的，处刑时可予以更大幅度的从宽处罚或者依法免予刑事处罚。

〔2〕《联合国反腐败公约》第 50 条规定：“为有效地打击腐败，各缔约国均应当在其本国法律制度基本原则许可的范围内并根据本国法律规定的条件在其力所能及的情况下采取必要措施，允许其主管机关在其领域内酌情使用控制下交付和在其认为适当时使用诸如电子或者其他监视形式和特工行动等其他特殊侦查手段，并允许法庭采信由这些手段产生的证据。”

各国根据本国实际纷纷对秘密取证方式、方法和手段作出了相应规定，综合各国规定，这些秘密取证方式、方法和手段具体包括：卧底侦查、诱惑侦查、控制交付、通讯拦截、秘密拍摄、电子侦听、电话监听、电子监控、秘密拍照或录像、秘密力量、秘密搜查、秘密辨认、秘密逮捕以及运用其他技术侦查手段和刑事科学技术鉴定等。[1]联合国大会通过的《联合国反腐败公约》第52条再一次规定了特殊侦查手段，该公约在《联合国打击跨国有组织犯罪公约》的基础上更进了一步，允许法庭采信由特殊侦查手段产生的证据，解决了特殊侦查手段所产生的证据的许容性问题。

但是需要明确的问题是，技术侦查措施的资料是否应当移交给审判法官，目前尚不清楚。从原理来讲，在每个刑事案件中，向被追诉人公开指控涉及的证据材料十分重要，只有这样，他才能够有效地进行辩护。技术侦查措施的实施过程以及所获取的证据，既涉及本案证据资格判断，也涉及侦查行为实施合法性审查。所以应当有一定的标准，规定适度公开的范围。在不危及侦查人员安全的情况下，或者能够采取保护措施的情况下，应当尽可能地公开技术侦查措施行为过程。若一概不予公布，则可能对技术侦查措施的公正实施和案件本身的公正审判产生不利影响。一般情况下，检察机关必须向辩护方披露其掌握的有利于或不利于被告方的所有重要证据，包括技术侦查措施所获证据以及技术侦查措施的实施过程。为确保被告人得到公正的审判，由于权利限制而对辩方造成的劣势处境必须通过救济程序予以平衡。

技术侦查措施之所以要进行司法事后审查，主要原因是这些措施不仅存在证据“失真”的风险，而且还可能因取证行为导致一定的社会危害性。更进一步的证据许可性评判，应该是由具体案件的法官结合案件的实际情况以及具体技术侦查的实施过程进行证据资格的评价。单纯就这种证据的取证方式来论证或者统一规定，则证据是否合法存在以偏概全的可能性。

---

〔1〕 根据2002年《俄罗斯联邦刑事诉讼法典》第75条第1款规定，所有违反该法典要求而获得的证据，不允许在诉讼中使用。该法第235条还补充规定，控辩双方有权从法庭出示的证据清单中申请排除任何证据。如果辩方提出排除证据申请的理由是该证据的获得违反了刑事诉讼法的规定，则在审议时，证明推翻辩方所提理由的责任由作为控方的检察长承担。参见：《俄罗斯联邦刑事诉讼法典》，中国政法大学出版社2003年版，第179~180页。此外，我国台湾地区“刑事诉讼法”第156条第3款规定，被告陈述其自白系出于不正之方法者，应先于其他事证而为调查。该自白如经检察官提出者，法院应命检察官就自白之出于自由意志，指出证明之方法。转引自兰跃军：“论言词证据之禁止——以《德国刑事诉讼法》为中心的分析”，载《现代法学》2009年第1期。

“卧底侦查”是国家针对有组织犯罪进行的特有侦查方法，一般认为“卧底侦查是指经特别挑选的侦查人员隐藏其原有身份，潜伏于所调查的犯罪组织或环境，在法律规定的范围内暗中收集犯罪的证据或情报的一种侦查方法”。[1]就其侦查的实际运作方式来讲，“卧底侦查”与早期国家针对政治案件进行的“暗探”“密探”侦查，抛除案件性质上的巨大区别外，在侦查手段方面实际是完全相同的，也就是说“密探”与“卧底”只有案件性质的不同，实际并无手段上的不同。[2]卧底侦查的启动程序就是想要局限卧底侦查措施所采用的案件范围以及卧底侦查是否能够准确针对适当的案件。

按照卧底侦查的实施过程来讲，卧底侦查的主要欺骗性表现在国家的侦查人员“隐匿身份”以及“秘密取证”（或者“秘密获取情报”）这两个方面。“隐匿身份”的欺骗性主要表现在，作为社会正常交往的基础，人们必须能够信赖自己身边的朋友或者亲人，但是“隐匿身份”使得人们可能无法确知自己身边的人是否可以得到充分的信任。“隐匿身份”并没有直接侵犯公民的隐私权，“隐匿身份”所侵犯的只是公民对于社会的信赖感。国家在隐匿侦查人员身份方面的巨大优势，所带来的不是针对公民自己的个人隐私内容是否会被国家得知的不安，而是国家是否会滥用这种信息从而获得侦查中的某种便利所带来的不安。“秘密取证”和“秘密获取情报”的欺骗性主要在于取证方式的秘密性所带来的个人隐私泄密风险，以及这种秘密证据能否得到法庭上的“交叉询问”机会。也就是说，公众无法确知与案件无关的个人隐私是否正在被他人窥知以及侦查人员收集的案件证据是否能够在法庭得到公正的评判。[3]虽然我们认为在刑事司法中过分强调国家司法行为的“道德洁癖”并不能完美解释和规范具体的司法行为，但是在卧底侦查方面进行一定的法律制度规范，确实可以防止国家司法行为的“过度”问题。

“Mr. BIG 技术”主要的技术风险存在两个方面：如何提高自认的可靠性

---

〔1〕 参见杨明：“论卧底侦查”，载《现代法学》2005 年第 5 期。

〔2〕 参见米镝：“论德国的卧底侦查制度及启示”，载《河南师范大学学报（哲学社会科学版）》2011 年第 4 期。

〔3〕 龙宗智：“欺骗与刑事司法行为的道德界限”，载《法学研究》2002 年第 4 期。对犯罪的侦查是一种极具对抗性的活动，为有效获取证据、查明案情，有时需要采用带有欺骗性要素的侦讯谋略。但在另一方面，刑事司法机关对待犯罪嫌疑人的态度与方法，涉及国家权力与公民权利的合理界限；同时，国家刑事司法行为具有一种社会示范作用。侦讯谋略设计与使用不当，可能损害公民权利，败坏国家形象，损害社会善良风俗，而且也会损害刑事司法效益尤其是长远效益。

和避免防止偏见。在“女王诉哈特一案”（R. v. Hart，2014 SCC 52）[1]中，虽然加拿大最高法院并没有限制警察使用 Mr. BIG 措施进行案件侦查的权力，但是为了保护被告人权利，规定了两项规范要求：所获自认必须保证具有可靠性以及警方已经采取有效措施防止发生预断。其中“自认的可靠性”认为，所有通过“Mr. BIG 自认”的情形必须被预先假定为普通法证据中的“不具可采性”证据，所以刑事案件的控方负有证明责任来证明 Mr. BIG 口供的真实性。加拿大最高法院同时提醒使用“Mr. BIG 自认”的法官，必须明白 Mr. BIG 操作在本质上是暴力性的和强制性的，因而违背了自白任意性规则。

卧底侦查的欺骗性主要表现在，警方所实施的侦查行为一定意义上存在对于社会基本道德规则的破坏，或者对于人们社交基础性的共识的破坏。这种欺骗性会因为具体卧底人员的操作过程而呈现出等级不同的破坏性。所以对于卧底侦查的实施行为不能够秘而不宣，应当在保护卧底人员安全的情况下，尽可能地进行法庭盘查。

警察在卧底侦查措施中利用了人们的善良习俗，存在取证行为的欺骗性。警察利用了目标任务的各种心理或者癖好，在其未予防备的情况下进行“投其所好”的示好，利用了每个人心目中的“互惠”习俗，来获得以后阶段的侦查行为便利。“方案推进”和“证据方案”利用了犯罪组织中的考核晋升方式和群体内部“相互不再设防”的群体心理，取得犯罪集团首犯的“自白”。虽然警方行为针对的是某些严重犯罪的犯罪嫌疑人，但是这些利用公众对社会有益的道德习俗的行为，总是不那么光彩的。如果这种侦查行为再被滥用于普通犯罪的侦查，国家侦查行为具有因此引起社会跟风的风险，这种风险与政府建立一个法治社会的正常善良习俗的法律目的是背道而驰的。

警察利用目标在被警方采取措施期间或者监禁期间进行卧底，可能会滥用警察的各种职权和便利。卧底警察在这个阶段中的行为以及“目标”的行

---

〔1〕 R. v. Hart，2014 SCC 52，大概的案情及侦查经过：2002 年 8 月 4 日，哈特的双胞胎女儿被溺身亡。警方怀疑是哈特谋杀了这一对双胞胎姐妹，但是因没有充分的指控证据，于是在 2004 年警方决定进行“Mr. Big”侦查计划。当时哈特正处于失业期，离群索居，很少离开自己的住所。警方卧底将其介绍加入一个非法组织，并且在该组织警方卧底人员与哈特成为好朋友。在此期间，警方给予大量的经济资助，哈特获得额外 15 000 美元收入，多次在全国旅游，出入高档宾馆。哈特视警方的卧底为知己好友，甚至兄弟。最终，哈特分别三次向警方卧底交代自己杀死了双胞胎女儿。一审期间，哈特的这些自认被视为有效的证据，但是上诉审中法官认为其中的两份应当视为无效，一份有效。加拿大最高法院认为三份自认全部无效，哈特被无罪释放。

为均是违背社会交往“一致性”的习惯的，警方就是这种社交规则的实际破坏者。卧底警察在之前的观察时间，就已经基本掌握了目标的各种心理、癖好，自然会对于目标产生比较大的“吸引力”，但是这种经过精心布置或者训练的“表现”并不是卧底警察的真实面目。警方利用了被采取措施的人的感情，也同时会涉及第三方的人的感情利用问题。这当中应当存在一个度的问题，所有通过过度行为取得的证据都应当被宣布为无效。

“隐秘探话”并不局限于毒品案件，一些无法找到证据的案件也会使用这种措施。隐秘探话是通过“线人”或者化妆侦查员在犯罪嫌疑人不经意之间探听犯罪的细节问题。实施的空间，大多集中于犯罪嫌疑人、被告人被羁押期间。“化妆”警察或者是受警察指令、指示的“线人”甚至是出于“立功”目的的同囚室的人，在取得犯罪嫌疑人、被告人的信任后，进行“探话”，也就是通过言语刺激、撩拨，使得该人谈及案件的重要情节或内容，帮助警察查清案件的行为。隐秘探话的实施并不需要太多的资金投入和警方的组织行为，但是在本质上，隐秘探话依旧应当被视为卧底侦查措施，因为这种措施具有卧底侦查的主要要件，即“欺骗性”，其主要的实施目的也是为了获取特定的证据。

隐秘探话的欺骗性主要表现在三个方面：信任、同情以及悔过。人类社会在正常发展中，必须存在一些对于社会发展有益的善良习俗。这些习俗就如同空气一样不可或缺，其中就应当包括人与人之间的“信任”。信任是人类相互之间形成协作关系的重要基础。基于信任，我们可以对别人进行交流，甚至是对于那些“陌生人”，我们也会进行适度的关照。隐秘探话的侦查行为，会给那些被囚禁起来的人造成一种“人人自危”的相互隔阂，当然会导致囚室中的压抑气氛。怜悯之心，人皆有之。在他人不备之时，进行言语撩拨，进而获得自己减刑的机会，实际上存在对于“怜悯”善意的破坏。如果囚室中出现一例成功案件，对于其他同囚室的羁押人员来讲，必然存在比较恶劣的“示范效应”，如果群起而效，囚室中就没有人再去同病相怜。在正常社会交往中，悔过也是一项重要的社会基本要素。人们对于自己的过错真诚悔过，意味着对于过往的错误的真实认识，也意味着对于自己人生道路的一种重新选择。现代刑罚所进行的减刑制度、假释制度，其主要的目的不是为了鼓励他人告发，而是为了鼓励有过必改，鼓励罪犯能够正确认识过往的错误行为。隐秘探话实际对于被囚禁的人提供了一种错误的“捷径”示范，不论是卧底警察实施，还是暗示其他人实施的“隐秘探话”时机是在告诉被囚禁的人，告发他人的罪过可以减轻自己的刑罚。

“线人”是警察进行案件侦查时的有效情报网络中间的有效组成之一，甚至也是一些行政执法机关进行某些社会管理工作时所广泛使用的一种情报来源。[1]“线人”广泛存在于社会各界，他们可能是普通的社会成员，与“被举报人”素昧平生，只是基于“义愤”或者基于“奖金”进行举报；也可能是因为与“被举报人”的生意伙伴、竞争对手或者与“被举报人”存在其他社会利益争端而进行举报。但是在毒品案件中，往往存在一种情况是警察通过骚扰或者奖金引诱，使得一些吸毒人员进行情报汇报，极端案件中甚至存在警察与吸毒者勾结在一起，伪造情报来源、制造假案的情况。“线人”对于现行刑事侦查情报来源方面具有明显优势，但是存在相关法律漏洞也是极为明显的。目前的相关研究主要集中于“线人”的法律地位等问题研究，[2]但是笔者认为迫切需要的是对“线人”提供情报的法律行为进行规范。因为从行为意义上来讲，“线人”具有某些特征是与卧底侦查完全一致的。“线人”在一定意义上讲，虽然不是警察正式的侦查行为，但是往往“事先接受警察资助”或者“事后接收奖金”，从而构成为警察侦查行为的“延伸”，应当与警察侦查行为等同视之。虽然现实中，也确实存在基于“义愤”，并不以经济报酬为目的所进行的举报，但是依旧应当视为警察有效促成之侦查行为。因为，这种行为的结果是由警方获利的，所以应当视为警方组织的行为。

“线人”的危害性主要体现在：鼓励告发和质证权困境。告发不法是国家用来与犯罪作斗争的主要手段之一，但是这种手段如果使用不当会存在比较麻烦的法律问题。国家的初衷是鼓励所有知情人告发不法行为，但是当告发同时也可以成为一种威胁工具，比如，为获取不法利益甚至出于犯罪目的的告发，就不能认为是合理的。因为这种告发实际使得国家成为告发者的权力背书人。一般来讲，线人是无法在法庭作证的，这就会为刑事审判中被告人的质证权正常行使带来危险。理论上讲，当线人所做的证言成为案件定案的一部分内容时，线人就有必要出庭接受辩方的证据质证。但是线人的取证行

---

〔1〕 国家烟草专卖局、公安部《关于严厉打击生产销售假冒伪劣卷烟违法犯罪活动的通告》第5条规定，对于举报、协助查处生产、销售假冒伪劣卷烟活动有功的单位或个人，按有关规定给予奖励。

〔2〕 吕志祥、王凤涛：“法律视野中的‘线人’及其制度构建”，载《云南行政学院学报》2007年第1期。

为，不论是基于经济利益还是基于其他目的，只要国家使用了他所提供的情报，意味着国家必须保证线人的相关安全以及其存在的隐秘性。如果要求线人出庭，无疑又破坏了国家与线人之间的先期“承诺”，存在国家违约责任。

隐匿身份侦查之所以能够在刑事侦查中奏效，就在于其隐秘性可以有效抗制有组织犯罪等反公开侦查的能力。警方总会千方百计地防止秘密力量的身份和取证行为的泄密。但这也意味着，被追诉方很难在事后知悉隐匿身份侦查的情况，从而针对证据收集的过程寻找隐匿身份侦查所获证据的瑕疵。在英国，有关隐匿身份侦查情况或资料的开示可以适用于公共利益豁免的例外。尽管在1993年的“Ward案”中，英国法院宣称应开示所有侦查记录，当然包括技术侦查措施在内的手段的所有使用情况，以便于对侦查机关所获证据在公开法庭上予以质询。[1]但后来《刑事程序与调查法令》又恢复了公共利益豁免的范围，对辩方知悉秘密信息的权利进行了限制。在大陆法系国家，即便存在针对技术侦查措施的情况记录，侦查控诉机关通常也会将技术侦查措施手段的使用情况排除在案件卷宗记录之外。这样做的理由主要是，隐匿身份侦查有时只是提供获取证据的线索，而不直接提供证据，不产生证据的隐匿身份侦查没有必要记录在卷宗中。而且，在有些国家（如荷兰）许多隐匿身份侦查措施开始于侦查阶段启动之前，根据2001年之前的法律，这些行为无须记入卷宗。但是在经过激烈的争论之后，荷兰2001年立法时开始明确规定，侦查机关必须在侦查报告中完整地记录秘密取证的实施情况，并要求详细记载侦查取证的收集以及获取的证据信息。

如果从卧底侦查的实施过程来看，欺骗性取证主要包括伪装潜入、骗取信任、收集证据及情报这三个步骤。按照这样的顺序，卧底侦查等技术侦查措施行为的主要危害可能存在于下列几点：第一，没有经过批准程序或者违反了批准程序的某些要件所错误实施的技术侦查措施行为可能导致的危害，即卧底侦查的“出界”问题；第二，技术侦查措施行为在实施方面存在问题，可能因此导致的社会危害，比如卧底打入犯罪组织时所实施的手段以及打入犯罪组织后为博取信任所实施违法行为的问题，技术侦查措施行为对于第三

[1] Chrisje Brants, Stewart Fiield, “Legal Culture, Political Culture and Procedural Traditions: Towards a Comparative Interpretation of Cavertand Proactive Policing in England and Wales and The Netherlands”, in Nelken, D. ed. Contrasts in Criiminal Justice. Advances in Criminology, Aldershot: Ashgate Dartrnouth, 2000. pp. I01.

方的伤害问题，即卧底的“代价”问题；第三，卧底在进入犯罪组织后，主要目的是负责收集犯罪组织的证据和情报，其行为应当有一个基本的“度”，如果超出这个度，卧底侦查所导致的伤害超出犯罪组织的原罪问题，即卧底侦查的“失控”问题。卧底侦查的启动程序所担忧的主要问题是技术侦查措施行为可能会被滥用于一般案件，不但浪费警力也会导致社会治理方面的负面作用。以笔者所见，欺骗性取证的主要法律问题就是证据的合法性审查，因为无论是警察还是检察官、法官进行事先审查，主体虽然有所变化，据以裁决的侦查线索必然不是十分充分的。排除对于系统内监督的不信任感之外，法官、检察官的开启决定，在实体真实性方面未必会绝对优于侦查机关决定；但是系统外监督所付出的代价却是对于侦查一线办案自主权的完全剥夺，倘若因此丧失相应的侦查时机，整个社会为权力制衡目的所付出的实际代价就比较高昂。概括性否定并无法向公众解释卧底侦查的必要性以及卧底侦查的具体约束内容。所以欺骗性审查主要的审查内容应该集中于卧底侦查行为的“度”和“失控”问题，因为这实际上涉及卧底所获证据的效力以及这些法律证据在庭审中可能的适用范围问题，就本质上来讲也是证据资格问题和证据排除问题。证据排除在这里既是司法所实施的技术侦查措施的事后监督，也是法庭所进行的非法证据排除，即审判权运行的内容。卧底侦查所获证据并不仅仅是指卧底警察的证言，更多地应该包括卧底所获信息、卧底期间秘密提取的证据以及非警察身份的人卧底所获证据等这些非常现实、非常具体的问题。

事实上，卧底侦查等措施的存在合理性是与特定案件中欠缺有效事实发现手段和侦查取证手段密切联系的，正因为如此，卧底侦查只能严格限制，不能完全禁止。完全禁止国家实施窃听、卧底侦查等具有欺骗性侦查手段的立法国家，在现实中应该是不存在的。很多国家对欺骗性取证采取一定程度的“容忍”，主要的原因就在于这种侦查手段具有明确的“现实性”和“必要性”。“现实性”是指几乎所有的国家在法律有效规范侦查手段之前，这种侦查行为早就存在并进行了比较广泛的实施，警察机关并不会因为没有法律的具体授权就不去进行技术侦查措施，实践先行是秘密侦察问题当中比较敏感，但又实际存在的问题；“必要性”是指国家必须具有这种侦查手段和途径，非此不足以应对特定的犯罪，所以法律不可能建立起对于技术侦查措施手段的全面禁止或者全面司法审查，只能规范实践中存在的比较严重的错误或者违法侦查行为，至少需要部分保留警方一线侦查人员的办案自主权。

按照笔者的理解，卧底侦查的法律规范大体可以分为两个部分，其一是卧底侦查的程序控制，主要是指卧底侦查实施前的审批程序，其二就是卧底侦查所获证据的审查问题，既是卧底侦查时候的审查也同时属于非法证据排除问题的部分内容，但卧底所获证据也具有部分特殊性。卧底侦查的程序控制程序主要包括警察内部的启动程序控制与司法事前审查两种情况。警察内部程序主要是按照警察部门内部的阶层性，由一定级别的警察批准后方能进行卧底调查或者“潜入”“化妆”“线报”等特殊调查程序，主要表现的是警察内部的控制、掌控；司法事前审查主要是规定特定的司法机关进行这种特殊侦查程序启动的控制，主要表现为一种程序外控制。基于对警察行为的不信任感，人们比较喜欢对警方行为进行系统外控制，但是这种思路实际忽略了侦查及时性的要求以及在一定程度上高估了司法审查的准确性，甚至可能忽视了对于卧底侦查所获证据事后审查的实际效力。在卧底所获证据审查方面对那些严重违反现行法律，有违宗教传统、职业道德和家庭伦理，或者可能导致犯罪嫌疑人违背意愿供述的威胁、引诱和欺骗性取证，应视为非法证据并予以排除。这对于实践中规范卧底侦查具有特殊的效力。

《联合国反腐败公约》第 50 条规定，为有效地打击腐败，各缔约国均应当在其本国法律制度基本原则许可的范围内，并根据本国法律规定的条件在其力所能及的情况下采取必要措施，允许其主管机关在其权力范围内酌情使用控制下交付和在其认为适当时使用诸如电子或者其他监视形式和特工行动等特殊侦查手段，并允许法庭采信由这些手段产生的证据。对犯罪的侦查是一种极具对抗性的活动，为有效获取证据、查明案情，有时需要采用带有欺骗性要素的侦讯谋略。但在另一方面，刑事司法机关对待犯罪嫌疑人的态度与方法，涉及国家权力与公民权利的合理界限；同时，国家刑事司法行为具有一种社会示范作用。侦讯谋略设计与使用不当，可能损害公民权利，败坏国家形象，损害社会善良风俗，而且也会损害刑事司法效益尤其是长远效益。禁止那些严重侵犯人权的威胁、引诱、欺骗性取证，而非禁止所有带有威胁、引诱、欺骗性因素的侦查谋略，这就需要司法机关对于技术侦查的实际实施过程进行个案审查。

国家实施带有欺骗性因素的侦查措施，主要的原因在于特定案件存在的证据收集难度。欺骗性侦查措施在一定范围内存在或者在侦查一定案件范围内存在，其合理性主要在于这些案件对于国家社会秩序的巨大威胁以及国家侦查机关在了解实际案情、收集特定证据时的巨大困难，出于维护整个社会整体利益的考虑，必须要容忍一定范围的“欺骗性侦查手段”。主要是当个人利益遭受侵害时，人们往往能够迅速反应，积极谋求权利的救济，尽管结局并不是每个人的权利最终都能够得到救济，但无论是“理性的人”还是现实的人，均不会缺乏抗争的动力。但是对于公众性的巨大社会危机而言，人们却往往缺乏洞察力或者足够的抗争勇气，如果没有这种洞察、抗争、呼吁，公众未必会明白社会利益面临的危机。

三、陪审员与毒品案件

（一）陪审员的裁判权

为改变我国人民陪审员“陪而不审”的现状，2018 年 4 月 27 日第十三届全国人民代表大会常务委员会第二次会议通过的《陪审员法》将陪审员的参审职权调整为人民陪审员与法官共同负责事实认定问题，法官单独负责法律适用问题。这就形成了一种有别于其他法治发达国家的全新的陪审员职权配置模式，即“混合模式”。但在此种模式下，改革试点法院却在司法实践中面临着事实问题与法律问题的“区分困境”。其直接原因在于我国在法律规范层面从未对事实问题和法律问题作具体的区分，法官无章可循；根本原因是明确界分事实问题与法律问题本身就是一个理论难题，试点法院很难有可行的“区分方案”。以“司法责任制”为核心的司法改革，主要的目的是改变过去重“赋权”而轻“行为规范”的弊端，着力于权力行使的规范研究。行为规范制定，必须考虑到人和人的行为的复杂性。行为规范的制定，不能仅仅止步于赋权或者基于单纯赋权基础进行的所谓“权力制衡”。司法行为研究的重点也在于，司法行为不仅仅是警察、检察官、法官这些司法人员的执法行为的法律规范化，同时还是一种针对纠纷行为的评判行为规范化。从一定意义上讲，司法行为既是对于特定社会失范事件的评判补救行为，其本身也应当是经得起评判补救的行为，所以司法行为的规范，自然也应当包括评判方面的内容规范。

《陪审员法》并未改变审判组织的总体构架，仍由人民陪审员和职业法官共同组成合议庭对案件进行审理，但人民陪审员的参审职权发生了重大的实质性变化。对于人民陪审员的参审职权，陪审员法实际规定了两种合议庭组成方式：三人合议庭与七人合议庭。这两种合议庭中的陪审员审理的对象并不相同。因其所参加的合议庭不同，人民陪审员的审理职权具有不同内容（《陪审员法》第21条和第22条规定），具体包含：首先，在审理对象上，三人合议庭中的人民陪审员具有完全的表决权，但是七人合议庭中的人民陪审员在合议庭评议时只负责事实审理，即仅就案件事实问题独立发表意见；人民陪审员“可以”（并非“应当”）对案件的法律适用问题发表意见，但不参与法律问题表决。其次，在评议结果形成方式上，三人合议庭的陪审员具有与法官相同的表决权，案件的事实认定问题由法官与人民陪审员共同进行表决，按多数人意见对案件事实作出认定。七人合议庭中的陪审员对于法律问题没有表决权，法律适用问题只由法官进行表决或决定。最后，人民陪审员的评议意见因为参加合议庭不同，具有不同的法律效力。三人合议庭中，陪审员具有完整审理权，所做决定与法官同样具有决定效力，但在七人合议庭中陪审员只对案件事实认定部分产生直接效力，人民陪审员与法官共同对案件事实认定负责。七人合议庭中的人民陪审员关于法律适用问题的意见只具有参考性质，对法官没有约束力。

采用类型化、模式化的研究方法，通过与其他主要法治国家进行对比，我们能够更好地把握此次参审职权改革的特色，以及我国陪审员制度在世界范围内陪审制度当中的定位。德国学者利伯将陪审员的职权配置模式概括为“分离模式”和“合作模式”。陪审制采分离模式，参审制则采合作模式。不经意间，我国此次人民陪审员制度改革创设出了一种与众不同的人民陪审员职权配置模式，既“分离”又“合作”，可将其概括为“混合模式”。〔1〕结合相关文件内容以及部分文件起草者传递出的信息来看，此次改革试点调整人民陪审员参审职权的目的在于确保人民陪审员实质性参审，真正发挥人民陪审员的作用，解决我国长期以来存在的“陪而不审”问题，进而提升人民陪审员制度的公信度。〔2〕但是问题的另一面则是，陪审员制度的改革在明确权力主体行为的一个问题的同时又出现更加困难的规范标准问题。

---

〔1〕 贾志强：“人民陪审员参审职权改革的中国模式及反思”，载《当代法学》2018年第2期。

〔2〕 2015年《人民陪审员制度改革试点工作实施办法》中提出了“提升人民陪审员制度公信度”这一新目标。“提升人民陪审员制度公信度”却也成为此次改革的总体目标之一，这说明我国目前实行的人民陪审员制度其本身的公信度或公信力也出了问题。

在诉讼当中想要清晰区分事实问题和法律问题，或者说抽象出事实问题和法律问题的区分标准，是较为困难的。一方面，实体公正所表征的案件“真实”和“真相”，往往与复杂、多样的社会现象相连，本身具有不确定性；另一方面，在现代诉讼主义背景下，实体公正只能通过程序来予以实现，程序本身的形式性和节制性决定了实体公正的实现必然面临着诸多技术上的难题。实体公正，包括了两层含义：一是事实认定正确；二是法律适用无误。但实际上，不论是事实认定，还是法律适用，都内含着诸多不确定性因素。审判实际上就是审判者在事实和法律基础上对证据的审查与取舍，对双方当事人所主张内容的认可与否定的活动。可以说，裁判书中所认定的事实，是审判者对证据审查后所形成的心证，是一种主观感觉，因而审判者的业务素质、道德修养、司法经验等对于案件真实的回复和实体公正的达成有重要影响和作用。对于同一个证据的审查，不同的法官可能会形成不同的心证，并据此得出不同的结论。这就使案件事实的查明带有较强的主观色彩。“认真的事实审理者，由于他的经验有限以及受社团的看法派生出来的偏见，就可靠的证据作出错误的假设，从而得出完全不正确的结论。”因此，案件事实是可塑的，深受法官个人因素的影响。人们通过诉讼机制所能查明的实际上只能是一种法律事实，即经过法官主观评价的事实，而非客观事实。美国现实主义法学代表人物弗兰克法官宣称，法院的事实调查乃是司法中的弱点之所在，亦即阿其里斯的脚踵。[1]他带着极大的兴趣对可能会渗入法院裁定事实中的无数的错误来源进行了彻底的研究。根据他的认识，这些错误来源包括，“作伪证者、受人指使的证人、有偏见的证人、在陈述所举证的事实时发生误解的证人或回忆其观察时发生误解的证人；有证人失踪或死亡、物证灭失或被毁的情形；有为非作歹和愚蠢的律师、带偏见的和心不在焉的陪审官，也有愚蠢、‘固执’或对证词有偏见或漫不经心的初审法官。”他指出，在所有上述因素中，最为重要的是法官那种不可预测的独特个性，因为它会使任何提出相互冲突的证据的诉讼变成一件高度主观的事情。根据弗兰克的观点，法官（或陪审团）具有“一种实际上不受控制的和实际上无法控制的事实裁决权或最高权力”。尽管弗兰克也为法院程序的改善和合理化提出过不少建设性

〔1〕 希腊神话中，阿其里斯出生后被其母倒提着在冥河中浸过，除去未浸到水的脚踝外，浑身刀枪不入。因此，阿其里斯的脚踵比喻唯一致命的弱点。

的建议，但他认为，在司法事实调查中永远会存在大量非理性的、偶然性的、推测性的因素，而这些因素的存在，则会使人们根本不可能对诉讼结果作出预见。[1]

（二）陪审员裁判的公正性

法律作为一种社会行为的调整规范，其内容被社会公众期待为是具体明确的，这些规范内容的明确来源，既可能来自于立法者的具体规定，也可能来自于职业法官的具体解释，但是最终都是来自于特定时期的社会需求。如同周维明教授所言，"社会的确在通过法律子系统，不断地透过一定的行为期待，调整社会中芸芸众生的行为方式。（同时）人们在社会生活中，也确实能够说出很多社会借以调整人类行为的期待方式。"[2]"法律子系统持续性地对其他社会系统的运作及其事件进行评判，其功能就是维持社会的规范性的行为期待，在没有实现或落空时也会得到社会肯定的行为期待。"[3]当面对具体案件时，人们期待能够受到公正并且客观的司法对待，这种客观性期待，既来自于法律规范的具体化需要，也来自于朴素的公正观念。但是在事实认定程序中，法官实施裁判时却不可避免存在一定主观性因素，职业法官既有司法经验的个别性与法官职级制度所内在的局限性，导致群众的客观期待与司法现实往往存在一定距离。

在刑事案件中，社会公众期待法官能够公正、客观进行案件审理。这种期待在诉讼法理论中一般被描述为法官的"中立性"或者称为"居于其中，踞于其上"，但是公众对于法官的这种要求，更明确表述应当是"公正无私"和"不偏不倚"两大要求。"公正无私"就是指法官在司法裁判中，应该积极追求裁判的公正结果，而且法官不存在从裁判结果获利的可能性；"不偏不倚"，意味着裁判者与案件双方当事人之间的等距离，具体在刑事诉讼中就是既不偏向控方，也不偏向辩方。追求案件的公正裁判结果是社会公众对于刑事司法系统的首要期待，所以"公正无私"的重要性显然要高于"不偏不倚"。

客观来看，目前社会公众期待的"公正无私"和"不偏不倚"与现实的

---

〔1〕［美］E. 博登海默：《法理学：法律哲学与法律方法》，邓正来译，中国政法大学出版社1999年版，第155~156页。

〔2〕周维明："雅各布斯的客观归责理论研究"，载《环球法律评论》2015年第1期。

〔3〕周维明："雅各布斯的客观归责理论研究"，载《环球法律评论》2015年第1期。

法官裁判的裁判行为之间尚存在一定的差距。法官在裁判中存在一种具备主观因素的空间，无论这种空间被称之为“法感情”或者是“经验法则”，实际指向的都是法官在行使案件裁判权时，所具有的相对自由的权力空间。对于这种空间的描述，学者们常表述为“法律常常授予法官以权力或责任，使其在某种情况下可以行使自由裁量权，有时是根据情势所需，有时则仅仅在规定的限度内行使之”，〔1〕或者表述为“裁判究竟是基于理智获得，还是基于感情获得，处于非常模糊的状态”。〔2〕这种空间不仅存在于法律适用和法律解释之中，同样也存在于事实认定环节。在对具体案件适用法条之前，首先要对案件事实加以陈述，而判决书中的“案件事实”并不是从一开始就“既存地”显现给了裁判者，事实上，裁判者是一方面考虑了已知事实，另一方面考虑了个别事实在法律上的重要性之后形成了“加工过”的案件事实。〔3〕

原本被期待能够客观存在的裁判行为，所具有的这种主观性因素，使得当事人与社会公众对于裁判的结果，可能存在一种对“公正无私”和“不偏不倚”是否能够实现的担忧。这种空间，最终会表现为裁判中某种程度的法官个体性特点，法官在运用经验法则认定事实时，不可避免地受法官性格、情绪、心理素质、道德情操、职业水平等因素和社会大环境舆论和价值观的制约和影响，可能造成推定事实的偏差。〔4〕现行司法管理方式加剧了公众对于法官的权力运行的担忧心理。无论是在裁判权力运行，还是在考核评价要求中，现实社会中的法官往往受制于诸多案外因素的影响。有学者将现行的司法裁判总结为“以高度行政化的手段，围绕案卷的形成完善，并且通过犯罪嫌疑人或被告人的口供展开对证据的收集和案件事实的认定工作”。〔5〕陈瑞华教授认为，“从根本上说，事实审的形式化是由我国现行司法体制所造成的

---

〔1〕张榕：“事实认定中的法官自由裁量权”，载《法律科学（西北政法大学学报）》2009年第4期。

〔2〕赵希：“德国司法裁判中的‘法感情’理论——以米夏埃尔·比勒的法感情理论为核心”，载《比较法研究》2017年第3期

〔3〕参见［德］卡尔·拉伦茨：《法学方法论》，陈爱娥译，商务印书馆2003年版，第160~161页。

〔4〕羊震：“经验法则适用规则之探讨”，载《法商研究》2012年第2期。

〔5〕袁志：“对我国刑事诉讼案件事实认定的分析与反思”，载《西南民族大学学报（人文社科版）》2004年第4期。

一种结果。因为包括移送侦查案卷、行政审批、承办人独自办案、判决留有余地、内部移送案件审理报告等在内的诸多做法，既来自于现行的公检法三机关分工负责的体制，也与现行司法管理方式有着密切的关系。"〔1〕这种权力运行缺陷，还表现在机械司法当中：如果不考虑个别情况下违法办案的"需要"，法官们一般都希望手头的案件有明确的法律规定，如果法律规则不足，法官们往往无所适从，法官们更容易将只言片语的法律规定奉为圭臬，宁愿进行机械司法。〔2〕

长期以来，合议庭最终的裁判意见几乎完全依赖于案件承办人的决定，不受合议议程的有效约束，这使得原有裁判中的个人主观因素表现出更加明显的负面作用。目前合议制度中缺乏合议程序的一些具体运行规范，诸如多数意见的形成过程，以及少数意见的表达方式等程序均缺乏具体规定，导致案件承办人往往实际拥有了裁判的最终决定权。按照庭审推进程序来看，基于现有合议庭审理的"合不如独"现状，案件承办人还基本独自行使争点管理权、证据主导权、庭审保障权、书面审理权、技术运用权等庭审推进权力；基于目前的判决书公开情况，案件承办人基本可以独断行使判决权，判决书说理难以形成对裁判权力的有效约束。在公布的裁判中，缺乏足够具体的证据细节，社会公众难以探查裁判者是否认真倾听和尊重控辩双方的意见，公众对于裁判的依据和理由缺乏有效的了解途径。司法裁判中事实认定问题所要求的基本理智分析能力，只是一种普遍性存在的基本思维能力，普通群众参与裁判不仅具有"民主性"，还具有现实可能性。

四、审判的有效性

审判实际上就是审判者在事实和法律基础上对证据的审查与取舍，对双方当事人所主张内容的认可与否定的活动。可以说，裁判书中所认定的事实，是审判者对证据审查后所形成的心证，是一种主观感觉，因而审判者的业务素质、道德修养、司法经验等对于案件真实的回复和实体公正的达成有重要影响和作用。因此，案件事实深受法官个人因素的影响。这就需要建立其规

---

〔1〕 陈瑞华："论彻底的事实审　重构我国刑事第一审程序的一种理论思路"，载《中外法学》2013 年第 3 期。

〔2〕 李杰："法官'机械司法'的博弈分析"，载《法律和社会科学》2012 年第 0 期。

范化可靠的裁判行为规范，来保证裁判内容的可靠性和可接受性。过于依赖证明标准等“书面上的法律”，无法真正有效地厘清那些事实认定错误的具体原因，诸如证人的错误证言、被害人的错误指认、警察检察官法官的怠于公正行使职权问题，并不是单纯程序设置就能够完全避免的。[1]

1. 避免对事实的误解

中国刑事诉讼中的一些缺陷设计，比如多次重复的事实审、错案追究制、侦查中心主义等都与其有关。“事实”被解释为对于被告人先前行为动静层面，这种认识应该是存留自古代中华法系在事实审理方面的观念。[2]在这种真相追寻中，侦查程序中的各种侦查手段显然在整个侦查、起诉、审判阶段中具有决定性的作用。如果去除掉侦查主体的滥用权力可能性，固定于各种笔录中的“事实”自然在审判之初就奠定了全案的基调甚至是最终判决的事实基础。基于这种原因，基于传统的事实观念如果不发生改变，控辩审三方关系实际上不可能发生大的变化，最终侦查的权力的自由与扩张就不可避免，法庭的言词主义与庭审中心主义必然无法建立。

现实刑事司法中，对于交互式询问的适用并没有实质性改变庭审的作用与地位，主要就是我们没有建立事实多层面内容的认识。正是这种对事实的单一理解决定了法庭对于被告人口供、证人证言等证据的采用，必然建立在公安机关的庭前所做笔录内容基础之上的“侦查中心主义”。法官在实在无法找到证据证实的情况下依旧不敢进行事实推理，也可以理解为我们所理解的“事实”是单纯指向被告人的行为动静追溯层面的具体表现。人们认为这些“事实”是客观的，自然也就是可以被反复查证的，因而案卷、法院内部程序决定案件判决等这些现象的出现也就不应当奇怪了。从一定意义上来讲，事实的这种认识自然也就决定了程序意识的缺失；所以，中国刑事诉讼法改革中的最大困难和根本问题就是，人们在观念中并不认为审判过程会实质性影响事实认定结果的公正。

很明显，司法层面的事实应当包括对于被告人已逝行为的溯及，也应当

---

〔1〕 刘磊：“案外因素对于催生刑事冤案的作用力分析——以美国1188件冤案的结构性分析与案外成因为参鉴”，载《现代法学》2014年第2期。虽然笔者并不认同该文最终的结论，但是其论文分析的角度部分可以印证本书。

〔2〕 罗洪启：“实质真实发现主义——中国传统刑事审判中事实认定”，载《中国优秀传统法文化与国家治理学术研讨会暨庆祝研究院（所/中心）成立三十周年论文集》。

包括对于被告人行为的法律分析、定性。这两者在司法实践中至少应当被视为同样重要的事实认定问题。[1]也许我们会担心把司法工作者进行的法律评价、事实推理作为事实的重要部分会扩大司法擅断的可能性——事实上确实存在此种可能性，人性中的贪欲和权力欲望必然会存在滥用各种可能存在的制度缺陷——但是我们不得不承认的是否认事实的这些层面内容，实际并无助于帮助提高司法事实认定的准确性。无论我们如何缩小事实的实际含义，事实认定的过程都不可避免的必然夹杂司法工作者的主观认识过程与内容。无论是侦查还是检察机关的权力运作必然以工作人员的有罪认定为前提，否则就不会有侦查和起诉行为。单纯把事实缩小为行为动静的追溯，实际更多地表现为对侦查行为与起诉行为的偏向，或者使法官面对证据不足的案件更倾向于发回重审。

案件事实的层次性决定了案件事实认定的不同结果。比如在某个办公场所发生盗窃案，我们没有办法找到直接的证据证实是某人实施的盗窃行为。但是如果能够找到证据证明该人进入办公场所的时间、出入所带的包裹形状变化，那么我们就可以推知该人实施了盗窃行为（允许反证推翻）。事实问题是通过感观或通过行为或事件的推论而确立的，涉及调查过去某时间、某人、某事的存在、状况或事态内容，包括对诸如时间、地点、气候、速度、色彩以及人的所论、所做、所听也包括人的目的，精神状态、心理状态及知识等需要推理的部分，另一方面认为事实部分还包括对适用于某事件的法律规则适当的解释。司法所认定的事实，是上述两种层面含义的复合，不论是公安机关侦查的案件，还是检察院起诉的案件，必然会积极追求案件事实的原本内容，也必然会积极追寻事实的法律意义部分，所以事实部分包括了自然事实的查证，也包括了理性的法律评价。

就事实的范围而言，庭审并不应该将控方指控证据视为庭审的根本性的内容，相反，法庭审理中心问题却是法庭在庭审中对这些行为作出的准确法律评价。控诉方必须证明行为发生，即特色时空下的举止、心理，也必须证

---

〔1〕 被告人林真须美被指控于1998年在日本和歌山市造成4人死亡63人砒霜中毒的“毒咖喱案”，庭审无法查清犯罪动机，也无法确认其有明确的杀人意图，虽然仅将之视为“故意的杀人意图”，但法庭仍以“其行为的刑事责任极大”为由，判处被告死刑。“日本最高法院判十年前‘砒霜咖喱女杀手’死刑”，载网易新闻：http://news.163.com/09/0422/09/57GCAN610001121M.html，访问日期：2016年1月6日。

明这些行为是犯罪行为，同时也必须使评价行为的标准能为法官或陪审团接受，被告者可以在此上三个方面任意一点进行自卫，只要推翻以上任何一点，那么法官指导下的陪审团将认为犯罪没有发生。在司法实践中，可能轻视行为人的举止、自然环境状况。哈奇逊法官认为，“法官作出决定，的确是通过感觉而不是通过判断，通过预感而不是通过三段论推论……作出决定的关键冲动是在特定案件中对于正确或错误的直觉。”〔1〕在司法实践中我们经常会发现有些案件的局部证据甚至是全部证据都极为精准，完全指向唯一的证明目的。无论是从各种证据使用条件还是证据的审查判断手段都无法发现案件的疑点，但是案件证据本身确实是被伪造的。〔2〕这些案件中的表面证据由于基于某些侦查人员参与的原因，证据之间的矛盾在卷宗中都被完全处理妥善，审判人员如果依赖于事实的第一层面来理解，那么单纯身体动静方面的证据无论如何都是不存在问题的。

“在侦查中心主义构造的影响下，法院审判往往流于形式，成为对侦查结论的形式审查和确认过程而已，失去了自行产生诉讼结论的能力；侦查机关一旦在认定事实上出现重大失误，法院审判也不具备基本的诉讼纠错能力，甚至纵容和掩盖侦查机关所制造的冤假错案。”〔3〕审判为中心的诉讼制度构建，必须要从证据入手，对庭审事实认定的方式进行改革。以审判为中心，法庭必须具有足够事实认定能力，才能变“侦查中心主义”为“审判中心主义”。

2. 保证证人出庭

2012 年《刑事诉讼法》已经基本构建起证人出庭的主要框架，包括证人作证义务、证人强制出庭、证人保护、证人经济补偿等内容。《以审判为中心的刑事诉讼制度改革的意见》《关于全面推进以审判为中心的刑事诉讼制度改革的实施意见》以及北京、福建等地还在当地发布了进一步的规范性法律文

---

〔1〕［美］博西格诺等：《法律之门》，邓子滨译，华夏出版社 2002 年版，第 29 页。

〔2〕比如马进孝勾结公安人员制造假证使得荆爱国、彭清、杨树喜等人被冤入狱案，报道见 2005 年 6 月 16 日《兰州晨报》。本案最终发现真相，是基于十分偶然的因素，在甘肃省高级人民法院审查既往案件判决时发现上述原本应该分布于不同辖区的毒品案件，竟然存在一个共同的“线民”或者“特情”，从而使一系列冤案得以昭雪。

〔3〕陈瑞华：“审判中心主义改革的理论反思”，载《苏州大学学报（哲学社会科学版）》2017 年第 1 期。

件，但是证人出庭比率依旧不高，证人出庭难问题基本没有根本性改变。[1]证人、特别是现场目击证人，包括作为侦查过程重要证人的公安机关侦破案件的办案警察，他们的出庭对于查明案件事实有着非常重要的作用。最高人民法院《关于全面推进以审判为中心的刑事诉讼制度改革的实施意见》明确规定："对影响定罪量刑的关键证据和控辩双方存在争议的证据，一般应当单独质证""证据未经当庭出示、辨认、质证等法庭调查程序查证属实，不得作为定案的根据""控辩双方对证人证言有异议，人民法院认为证人证言对案件定罪量刑有重大影响的，应当通知证人出庭作证"等内容。这表明中国将会建立以传闻规则为主体的庭审证人作证规则。这些规定，虽然可能增加了控诉的成本，但是应该会有效提高法庭发现能力。

证人出庭的目的是亲自为法庭提供第一手的资料，及自己所见所闻的具体内容。这使得法庭可以将自己的裁判依据通过证人的耳闻目睹，超越时空限制，进入案发当时的具体环境。但是我们同时也应该注意到，证人也存在帮助法庭最终进行准确行为性质判断的作用。即使在证人陈述中就存在潜在的判断内容，而且就证人的经验，当时的判断必有其一定的依据和理由。法庭对于行为细节的盘查或者对于判断依据的盘查，都是有利于案件事实的近景认识或远景认识，都存在帮助法庭对被告人行为法律性质决断的影响作用。所以不能单纯认为证人出庭只是有利于当事人行使"质证权"。还应当认识到，证人出庭具有对于法官事实认定权力一定的制约含义，所以不宜直接规定"由法官决定"案件中哪些证人可以不出庭或者哪些证人"没有必要"出庭，尤其是由法官决定这些人"没有"出庭必要，这种思路明显违背"程序公正"原则。

就证人证言而言，包括被害人陈述、鉴定意见甚至部分被告人供述在内的言词证据，如果能够统一使用交叉询问规则，将会进一步增强法庭的事实发现能力和证据质证能力。侦查人员出庭，如果不局限于查明刑讯逼供目的限制，比如允许侦查人员以专家身份进行案件的事实分析或侦查经验判断，自然法官对于现实案件侦查经验也就具有更多的借助可能。这都是有利于提

〔1〕田源、杨继伟："新刑诉法实施后证人出庭率低的原因分析"，载中国法院网：http://www.chinacourt.org/article/detail/2014/04/id/1285118.shtml，访问日期：2018年5月5日。巨野法院分析了2013年已审结的411件刑事案件后发现，有证人证言的案件287件，审判阶段证人出庭的案件为3件，占全部案件的0.7%。

高法庭事实发现能力的。

3. 认真对待旁证

平等看待各种证据对于案件事实的证明作用，对于法庭准确认定事实具有重要作用。不能说直接证据对于案件事实的证明更加准确或者更不准确。至少现在没有类似的科学调查可以证实这种认识，相反有一些统计认为旁证的可靠性绝对高于证人指认的准确率，也远高于自白的可靠性。[1]实践当中，法官对于间接证据证明中的主要疑虑往往不是旁证的可靠性问题，而是对于旁证证明过程和原理的不解。直接证据使用时，必须依赖于法官对证据的信任，结论只能是全信或者全不信。间接证据则往往会出现同时具有信与不信的判断，旁证的使用规律就是证据内容是否可靠与事实推定（推理）是否可靠会同时出现在同一个证据的使用中。所以，旁证使用中存在的主要问题是旁证会形成一种对于法官心理上的压力。按照直接证据所判定的案件，如果未来一旦出现错案，法官往往不会将其归因于自己——因为证人做了伪证或者证人、被害人的错误指认，所以才出现的错判要比法官自己直接进行推理出现的错案，对于法官来讲，压力可能更小一些。因为旁证使用则必须依赖于法官的个人判断，一旦出现错案，只能归因于法官个人。这种潜在的压力使法官一般不会轻易使用旁证，因此，事实发现问题，实际上也是法官权力规范行使问题。

旁证最大的优势是数量优势。在每一个案件中，或许只存在数量极为有限的直接证据，但绝对会存在大量的间接证据，这使得我们惯常认为一些“证据不足”的案件，其实还存在大量的旁证。另外，旁证的使用规律更符合法庭的事实发现能力。法庭的事实发现与侦查机关具有很大的不同——有些案件中，比如毒品案件，几乎没办法进行庭外证据调查或者调查的效果并不如其他案件——旁证的调查则相对比较适合法庭的“时空”特点。比如，案件发生时的证据不好收集也极易灭失，但是案发前、案发后的证据则比较容易收集。这些证据不能直接证明案件的发生过程，但是可以起到一定的证明作用。比如，可以用来证明罪过、目的等犯罪构成要件的存在。

---

〔1〕 Eugenee M. Heeter, “Chance of Rain: Rethinking Circumstatial Evidence Jury Instrctions”, *Hastings Law Journal*, 64 (2013), 527.

参考文献

［1］［法］蒲吉兰:《犯罪致富——毒品走私、洗钱与冷战后的金融危机》，李玉平、苏启运译，社会科学文献出版社 2002 年版。

［2］东京审判文献丛刊委员会编:《远东国际军事法庭庭审记录》，国家图书馆出版社、上海交通大学出版社 2015 年版。

［3］韩华:《罪证——从东京审判看日本侵华鸦片战争》，中国言实出版社 2015 年版。

［4］李明:《秘密侦查法律问题研究》，中国政法大学出版社 2016 年版。

［5］何家弘:《司法证明方法与推定规则》，法律出版社 2018 年版。

［6］［美］约翰·马丁格:《秘密线人：最有价值的执法工具》，张辉、芦鹏、邹晶译，新华出版社 2012 年版。

［7］彭勃:《英国警察与刑事证据法规精要》，厦门大学出版社 2014 年版。

［8］［美］伯纳德·罗伯逊、G. A. 维尼奥:《证据解释——庭审过程中科学证据的评价》，王元凤译，中国政法大学出版社 2015 年版。

［9］［德］罗伯特·阿列克西:《法律论证理论》，中国法制出版社 2002 年版。

［10］贵阳市毒品问题比较研究课题组:《魔咒与迷障：贵阳市新型毒品与传统毒品问题研究》，贵州人民出版社 2008 年版。

［11］崔敏:《刑事诉讼与证据运用》（第 2 卷），中国人民公安大学出版社 2006 年版。

［12］常林:《证据理论与科学：第三届国际研讨会论文集》，中国政法大学出版社 2012 年版。

［13］魏晓娜:“刑事证明标准的两个维度”，载《证据学论坛》2001 年第 2 期。

［14］陈卫东:“认罪认罚从宽制度研究”，载《中国法学》2016 年第 2 期。

［15］［法］贝尔纳·布洛克:《法国刑事诉讼法》，罗结珍译，中国政法大学出版社 2009 年版。

［16］闵春雷:《刑事诉讼证明基本范畴研究》，法律出版社 2011 年版。

［17］吴洪淇:《转型的逻辑：证据法的运行环境与内部结构》，中国政法大学出版社 2013

年版。
[18] [澳] 罗斯·库柏:"非法毒品市场研究",载《云南警官学院学报》2016年第4期。
[19] 闵春雷:"严格证明与自由证明新探",载《中外法学》2010年第5期。
[20] 左卫民:"规避与替代——搜查运行机制的实证考察",载《中国法学》2007年第3期。
[21] 张明楷:《刑法的基本立场》,中国法制出版社2002年版。
[22] 孙长永:《侦查程序与人权》,中国方正出版社2000年版。
[23] 刘海鸥:"英国警察拦截与搜查权的发展变化",载《河北法学》2006年第8期。
[24] 谢佑平:"论公民人身自由权的宪法保障与司法保护——以刑事司法为中心",载《上海交通大学学报(哲学社会科学版)》2003年第4期。
[25] 王利明:"隐私权概念的再界定",载《法学家》2012年第1期。
[26] 左卫民:"规避与替代——搜查运行机制的实证考察",载中国法学2007年第3期。
[27] 熊秋红:"秘密侦查之法治化",载《中外法学》2007年第2期。
[28] 周长军:"语境与困境:侦查程序完善的未竟课题",载《政法论坛》2012年第5期。
[29] [日] 田口守一:《刑事诉讼法》,刘迪等译,法律出版社2000年版。
[30] 龙宗智:"中国作证制度之三大怪现状评析",载《中国律师》2001年第1期。
[31] 万毅:"论'反复自白'的效力",载《四川大学学报(哲学社会科学版)》2011年第5期。
[32] 褚福民:"刑事法官庭外调查活动的初步研究",载《当代法学》2014年第3期。
[33] 汪海燕:"建构我国污点证人刑事责任豁免制度",载《法商研究》2006年第1期。
[34] 史立梅:"我国刑事证人出庭作证制度的改革及其评价",载《山东社会科学》2013年第4期。
[35] 陈瑞华:"鉴定意见的审查判断问题",载《中国司法鉴定》2011年第5期。
[36] 金雷霆等:"论美国专家证言的采信规则",载《中国司法鉴定》2018年第3期。
[37] [法] 蒲吉兰等:"毒品贸易、经济犯罪及其经济社会后果研究:对国内外公共毒品控制的政策建议",载《世界经济与政治》2003年第12期。
[38] 贾志强:"人民陪审员参审职权改革的中国模式及反思",载《当代法学》2018年第2期。